文學研究叢書・俗文學研究叢刊

閩南文化研究視野下的
水神與財神信仰

李淑如　著

王序

　　夫長城者非違章建築而亂蓋之建物也。若以中國地理視角來看，實為自然氣候與人文之分界線，北方屬寒帶遊牧民族生活區域，語屬阿爾泰系；南方則為溫帶，居民以農稼為生，語系隸屬漢藏，兩者生活慣習全然不同。故自商周以迄戰國，每有築城禦敵之舉，以迄始皇一統天下，大興勞役，延至兩漢，雖經大舉征伐，逐敵於千里之外，仍續築長城於關外，至今猶見存其跡。

　　然而勿論征伐，或以牆隔，終非長策。秋冬時至，大雪紛飛，遍地盡受覆蓋，為求生存，仍不得不奮起於北方。是以兩晉以來，南下牧馬不斷，中原貴族被迫而向南喬遷，造成江南之開發與朝代之更迭。隋唐一統之後，人口不斷增長，南方糧食乃成國家經濟命脈。為了南糧北運，開通運河，於是河海水運乃成交通要務，以至於有唐玄宗一朝，既有市舶漕運之設司，更有海神之祭祀。逮經晚唐黃巢寇亂，關中淪為廢墟，政經中心於焉東轉，由汴而杭。故唐由五代入宋，非只朝代政治制度之變革，諸如科舉繁興，商賈競利，教育普及而庶民興起等，已非往日莊園之農業生活狀態，此中探索，學者論述者眾矣。

　　只是人類文明之進步並非一蹴而成，也非齊頭並進，蓋有主從先後。故首發軔之觸媒必以思想居於先趨，而後始有新科技帶動新產業，然後復見廣大庶民群眾享受全新之物質生活與精神上之藝文娛樂，而政治制度亦在此一情勢之下，不得不隨之因應變化，此勢所必然也。故印刷術者，非只中國科技史上之偉大發明，亦人類文明史上極為重要之一頁。若究其始，早源出於印拓，後則始有今日所見陀羅

尼之實物短篇，更多見存於敦煌各式冊葉文獻及蜀地刻本中，幾盡唐末五代以迄宋初之書跡。兩宋以來，個人詩文集子蜂出，而重要之經史刊本及諸大類書或總集，以迄宗教開寶佛藏或道藏，皆見先後雕版重製。此後，人類知識之傳承乃為一變，邁入可以大量複製之時代，文明再也不易斷裂或失傳，而得代代傳習，更日益求精，是又宋元轉入近世重要契機之一也。

然而書籍印製除了教化及信仰所需外，必有商業利益為之驅動，然後才能無脛而走，此即通路之謂也。書籍之流播終需由人攜而陸行，或因漕舶載運，才能達於四方，斯又閩地得以著力處。蓋福建多山而少平原，務農受限於地形，然而天無絕人之路，嚮往水中發展未嘗不是一條活路。加上處處都是港灣舶澳，處於南方亞熱帶氣候，永不冰封，因此伴水而居，深知水性。至於武夷福杉及油桐木，全是造船必要材料，亦是雕版印刷事業的設廠要件，而充分的童工及婦人更是刻書業的人力資源。尤其閩地從五代王審知之治閩，以迄南宋朱文公之白鹿洞與嶽麓講學，晚居建陽，民智日開，皆是知識經濟必備之基本要件。於是福船船工透過自然風力，翻轉帆舵，便隨風向，沿著大陸岸邊北往天津、營口；順著西南風向則往越南、高棉。更因遠走離岸後，往來於日韓，或臺、菲、印尼、馬來西亞等第一島鍊，甚至穿越麻六甲海峽，遠航緬甸、印度、錫南或阿拉伯及非洲大陸矣。也因如此，唐代祭祀之四海神祇，到了宋代，不但西北海神只能遙祭，而閩地信仰之媽祖，一躍成為福船上懸掛的信旗及船上信仰之唯一海神，而四海神祇在閩人信仰中成為可有可無，非關緊要之海神，甚至為在地神祇所取代。故《西游記》孫猴子能將四海龍王呼之即來，驅之而去，並獲贈寶物於一身，定海神針則成玄奘西天取經之護法神器。至於最倒楣又可笑者莫過於居大陸東面之龍王，受盡欺負外，還經哪吒一件圍兜兜——混天綾之翻動，使水府地震及海嘯接踵而至，而多少蝦兵蟹將也為之而亡，自己更在南天門外倍受凌辱。

　　也因閩地在此地理環境及宗教文化背景下，終有淑如女史《閩南文化研究視野下的水神與財神信仰》一書之作也。蓋其所探索者勿論起自「臺南總管」，或經「金門蘇王爺」、「福州拿公」、「馬祖水部尚書陳文龍」、「臺灣天官武財神」等，皆以閩地傳說與信仰為主體，然後隨著福船及船工信仰，流播於閩人所及區域，而平安及求財二項，又為人類夢寐以求而不易求得者。而今斯類現象及庶民願望，全在淑如女史之研究中一一給予付之於實證，形之於筆端，此非個人之所虛言妄見也。讀者如或不信，請看淑如女史之大作也。

時二〇一九年四月一日

國立成功大學名譽教授　王三慶謹序於臺北青田家居

目次

第一章
緒論

　　閩南文化的基本精神在於立足福建，面向海洋的多元發展。閩南文化圈的範圍涵蓋臺灣與東南亞諸多國家，甚至隨著閩南人的腳步遠揚琉球，閩南文化與海洋文化關係密切，閩南移民的腳步將閩南文化的影響力擴展到海峽兩岸、東南亞地區，形成了豐富的文化成果。

第一節　由來與基礎

　　閩南文化保有中國傳統文化也保有地方性文化的特質，既力圖在地方傳承和固守中華文化早期的核心價值觀念，也在一定程度上滋養了閩南區域文化，同時藉由國家社會經濟的生命力，從而使得閩南社會及其文化影響區域能夠有所發揚與開拓。關於閩南文化的相關研究有大量的出版品，談論面向包含閩南社會與文化、方言的源流與嬗變、教育、戲曲、建築、民歌與民俗及民間信仰等，特別是閩南民間信仰種類繁多，影響最為多元，隨著不同神祇的信仰，造就不同的信仰圈，也成為近幾年民俗信仰發展最受關心的面向。閩南民間信仰特別發達，密集的宮廟，各式各樣的神靈，廣布的信徒與五花八門的宗教活動構成閩南文化特殊的民間信仰，實在難有全面性並深入的討論，故本書以閩南文化為研究視角出發，聚焦在水神與財神信仰。隨著明末清初閩人大批移民臺灣，民間信仰快速傳播，在臺灣在地化後成為本土的民間信仰，也因為受海上移民所影響，水神自然成為移民信仰的大宗，而移民對新土地生活的想望與企圖伴隨著械鬥、盜匪事件的發生，求生存與求財富成為民間信仰發展的方向。清代臺灣有

「三年一小反、五年一大反」之說,當時臺灣治安動盪不安,百姓朝不保夕,朝廷兵力又無法完全發揮作用,只好求助神靈並仰賴地方菁英積極參與防禦工事,兩相結合之下造成臺灣的民間信仰蓬勃發展。

本書在閩南文化的觀察視角下反映民間信仰的概貌,從中選擇深具代表性與特色的神祇與宮廟著重予以介紹。力圖由民間信仰的視野體現閩南與臺灣之間深遠緊密的文化淵源,展現民間信仰流播對閩南文化擴散至其他區域的重要性。

第二節　方法與範圍

自宋代開始,中國經濟重心逐漸南移,這些經濟活動與航運的關係甚為密切。內地仰賴漕運,沿海地區的貿易則依賴海運,「水」成了經濟命脈的載體,元朝《海寧州志》卷十四〈金石〉載王敬方所撰〈褒封水仙記〉言「國朝漕運,為事最重。故南海諸神,有功於漕者皆得祀。」說明了水神與漕運的發展關係密切,而水上行舟的風險則成了仰賴航運為生的百姓最擔心的問題,也為了祈求行舟平安造就了豐富多元的水神信仰。水神信仰的發展隨著社會經濟的運作與水上人家的傳播,原本的江河之神順應人民需求成了海神,跟隨船舟出沒波濤間。南宋時期為了鞏固政權統治地方社會,加強與地方社會的聯繫,因此對百姓崇拜的地方神祇屢屢加封,地方神祇的正統性隨之提高。

這些移民所傳播的民間信仰最大特色在於,他們都把特有的地方神迎往遷入地,甚至藉由國家力量將地方神祇迎上冊封舟,將地方信仰與國家發展緊密結合,同時展現地方特性並在遷入地繼續發展。為了生存而被迫遷徙的百姓往往把平日供奉的神祇或香火帶上,以求一路平安。抵達遷入地後,這些地方小神成為來自同家鄉的百姓共同信仰的核心。

本書藉此展開,以水神體系的地方神祇信仰研究,針對宋元明清

以降，乃至今日閩南文化圈的信仰研究，補充地方傳說信仰的個案研究，能見出近代閩南信仰系統的延展。這些閩南文化視野觀照下的信仰都是庶民、菁英雅俗共敬的信仰，閩南地區蜿蜒漫長的海岸線，從宋元時期開始，航海與海上貿易都相當發達，明末清初的福建移民大舉飄洋過海，移向臺灣和東南亞，由於航海面對海洋的高風險危及生命安全，所以造成水神信仰特別發達。因為許多海神並非成神之始即為海神，而可能是水神或船神，故本書不以海神之稱統攝之。但從水神－舟神－海神之間的神職轉換與關聯的探析，可以使我們更了解地方神祇與移民信仰的聯繫，並進一步知悉其信仰在地化後如何順應現代化生活，發展為現今民間信仰的樣貌。這些水神有的是地方鄉賢，有的是護國功臣，經常與仕紳宗族緊密結合，具有地域性的特徵，但隨著民間信仰結合佛、道的高度融合，在國家祭祀與地方官員、商賈百姓的信仰作用下，透過一次次靈驗故事的感應，得到民眾的崇敬與供奉，神格提升的同時神職也不斷擴充，透過廟宇修建，祭祀文化圈不斷擴大，甚至遠播海外，成為雅俗共敬的信仰文化。

第三節　延續與開拓

　　本書集結筆者近年來科技部專題研究計畫的成果與實地田野調查報告，延續已結案的研究計畫，持續關注議題的發展，同時也開拓更寬廣的考察範圍。

　　第二章臺南總管傳說與信仰研究，為執行科計部專題研究計畫「金元七總管傳說之調查研究（105-2410-H-006-093）」的部分成果，以〈從江南到臺南——臺南總趕宮總管傳說之演變與信仰網絡的形成〉[1]與〈金元七總管傳說與信仰之調查研究——以張家港市與湖州地區為

1　李淑如：〈從江南到臺南——臺南總趕宮總管傳說之演變與信仰網絡的形成〉，《臺灣文學研究學報》第25期，2017年10月，頁117-157。（THCI）。

例〉[2]為基礎擴充增寫而成。總管神是地方性的水神，有各種姓氏，以金姓為最著名者。在江南地區，傳說總管姓金，家中排行第七，故又稱金元七、金七、金總管等。在地方文獻中，他原稱「利濟侯金元七總管」，是宋代一位傳說能「陰翊海運」，被封為「利濟侯」的總管，明代發展成庇護漕運的神祇，成為壯大漕運的傳奇人物，明末漕運沒落以後，又順應江南農村的人民生活，信仰形象隨之轉變，把他封為「隨糧王」，地方總管廟每年皆有慶典祭祀。隨著時代發展，江南地區甚至有民眾將他視為財神供奉，但在河陽地區的傳說和民間信仰中，他卻成了一個抗倭英雄，得到民眾的愛戴與祭祀，並編成寶卷講唱，在傳說故事、文化風俗中都有他的身影，並年年盛典加以祭祀。

而在臺灣，臺南總趕宮主祀姓倪的總管神，是熟悉港道的航導神，舟人立廟祀之，現今已隨著臺江內海淤積，水神性格轉為地方性守護神。馬祖高王爺廟，主祀姓高的總管神，原稱高總管廟，後方改名高王爺廟，位於南竿鄉清水村，是水流屍漂至梅石澳海邊，託夢漁民於面海處立廟祭祀，此後漁民出海常豐收，若遇難則默禱高總管可得救，屢顯靈驗，多方護佑。起源於江南地區的總管信仰是守護漕運的地方性水神，隨著閩南移民的文化遷移傳布至臺灣，甚至是馬祖地區，至今在臺南與馬祖仍有總管廟。

這個過去起源於江南地區的土神信仰，隨著廟宇與信眾需求的影響，神職漸漸產生改變，流傳至臺灣後發展為與現今湖州或張家港地區截然不同的總管信仰，為了深刻剖析總管信仰在臺灣的發展，將其信仰現況與湖州、張家港地區兩相對照，同時也照見閩南文化對信仰的影響。舉例來說，因為開漳聖王信仰在臺灣蓬勃發展的關係，形成一個以陳元光為主的信仰體系，陳元光的親屬、部將都被奉為神祇，而總管信仰在此影響下被誤以為是陳元光信仰的支脈。臺南民間以為

2　李淑如：〈金元七總管傳說與信仰之調查研究——以張家港市與湖州地區為例〉，《成大中文學報》第63期，2018年12月，頁101-136。（THCI）。

倪總管是陳元光麾下的輔義將軍，這說明陳元光的部將崇拜也隨著移民來到臺灣，但這可能不是事實。據詔安縣許氏理事會文史資料研究委員會編《南詔許氏家譜》所載南宋紹興二十年（1150）朝廷追封陳元光的六部將封號是：許天正——翊忠昭應侯、馬仁——威武輔順將軍、李伯瑤—威武輔勝將軍、歐哲—威武輔德將軍、張伯紀—威武輔應將軍、沈世紀—威武輔美將軍。[3]這些封號是否屬實有待商榷，但值得注意的是並無倪聖芬之號，以倪聖芬為輔義將軍並祭祀之乃見於臺南八吉境總趕宮，顯見這是信民受陳元光信仰影響而私封倪聖芬之故。[4]

　　第三章金門蘇王爺傳說與信仰研究，部分內容取自與邱彩韻合著〈仁周海滋：金門蘇王爺傳說考察——兼談馬來西亞蘇王爺信仰〉[5]一文，本書所撰寫之內容，另再經增修改寫而成，因金門蘇王爺信仰在馬來西亞的流播狀況，有待進一步深入的全面性調查，故未將邱彩韻所撰馬來西亞的蘇王爺信仰納入討論，本書中所分析的金門蘇王爺信仰仍以金門、臺灣兩地為主。許多臺灣廟宇多至大陸地區祖廟朝香，但金門新頭的蘇王爺廟相當特別，反而受到大陸許多蘇王爺廟認為是祖廟，而年年至金門進香。每年農曆四月十一日為蘇王爺聖誕，展開為期三天的祝壽活動與儀式，其中仍保留傳統消災儀式「過布橋」，由小法主持，讓當地居民按生肖行過布橋以求平安，但以男性為主，女性僅能有六歲以下女童參加。整個儀式活動仍保留傳統性與在地性，從居民提供的貢品也可一窺端倪，貢品多數仍以臉盆或筐簍盛裝，儀式結束後由居民自行取回。而臺灣的蘇王爺信仰，以臺南、

3　詔安縣許氏理事會文史資料研究委員會編：《南詔許氏家譜》1995年，頁199-203。

4　彰化縣田中鎮的鎮安宮，也認為輔義將軍倪聖芬是開漳聖王麾下的四大將軍之一。

5　李淑如、邱彩韻：〈仁周海滋：金門蘇王爺傳說考察——兼談馬來西亞蘇王爺信仰〉，《2016金門學國際學術研討會論文集》（金門縣：金門縣文化局，2017年），頁111-1440。

鹿港為主要發展區域，多半與金門蘇王爺廟有交陪關係，但不一定以金門蘇王爺廟為祖廟，呈現在地化後的系統發展。

第四章福州拿公傳說與信仰研究，內容主要以科技部計畫「拿公傳說及信仰之流播研究——從福建到琉球（計畫編號：106-2410-H-006-100-）」成果為主，是在〈福建拿公傳說及信仰之流播研究〉[6]的規模上擴充而成，是該文的增補。這個福州當地的信仰神，透過小說《閩都別記》的書寫保留傳說的樣貌，是極具地方性特色的神祇，廟多在福州地區，有逐漸蕭條的趨勢。

第五章馬祖水部尚書陳文龍傳說與信仰研究，此章為執行科技部計畫「水部尚書陳文龍傳說及信仰之流播研究——從福建到琉球（計畫編號：107-2410-H-006-085-）」的部分成果，並且是延續第四章拿公信仰研究而來的議題，同樣著重在中國清代琉球冊封使對福建水神信仰流播的影響。

馬祖水部尚書陳文龍的信仰源自福建，陳文龍（1232-1277），南宋人。據《宋史》卷四五一〈陳文龍傳〉載：

> 字君賁。福州興化人。丞相俊卿之後。……咸淳五年（1269年）廷對第一，丞相賈似道（1213-1275）愛其文，雅禮重之。由鎮東軍節度判官、歷崇政殿說書、秘書省校書郎。數年，拜監察御史，皆出似道力。……時邊事甚急，王爚、陳宜中不能畫一策……文龍上疏曰：「《書》言『三后協心，同底於道』。北兵今日取某城，明日築某堡，而我以文相遜，以跡相疑，譬猶拯溺救焚，而為安步徐行之儀也。」……是冬，累遷文龍至參知政事，未幾議降，文龍乃上章乞歸養。……五月，

益王稱制于福州，復以文龍參知政事，……〔元〕大兵來攻不克，使其姻家持書招降之，文龍焚書斬其使，有諷其納款者，文龍曰：「諸君特畏死耳。未知此生能不死乎？」乃使其將林華偵伺境上，華即降且導兵至城下，通判曹澄孫開門降，執文龍與其家人至軍中，欲降之，不屈，左右凌挫之，文龍指其腹曰：「此皆節義文章也，可相逼邪？」強之，卒不屈。乃械繫送杭州，文龍去興化即不食，至杭餓死。[7]

明朝始出現陳文龍歿而為神的傳說，透過陳文龍的生平可知其被奉為神祇乃源於他的節義與賢良，也因其正直與忠義，而有被封為福州府城隍之說。然而在福州一帶，陳文龍被視為水神供奉，從明永樂到清光緒年間，於萬壽，新亭，龍潭，竹林建有四座尚書廟，陳文龍由福州府城隍，內河保護神最後成為海神。

　　忠臣陳文龍，與媽祖同為海神，並同登冊封舟，一為男神，一為女神，但同樣來自福建莆田。關鍵都是從宋代起始，以莆田地方為發源，而綿延外地，從海上到陸上，都有海神拓展的遺跡。那麼我們從淺而深，由信仰起源至信仰流播就能為水部尚書與水神信仰，給予更深邃的文化意義討論。

　　商賈、水師官兵、冊封使對水部尚書的信仰擴大了陳文龍的影響力，不論海峽兩岸陳文龍論壇叢書中的傳說故事是否為民族情感需要所編寫，都可以看見陳文龍信仰被賦予現代化意義。而陳文龍信仰流傳至馬祖後，與馬祖地區每年一度的宗教盛事——「擺暝」[8]結合，成為元宵期間重要的民俗活動。「擺」是陳列、擺放之意，即指夜晚擺設供品祭神的儀式，此習俗源自福州農村，盛行於馬祖。二〇一八

7　〔元〕脫脫等撰：《宋史》（臺北市：臺灣商務印書館，1988年），頁5392-5393。
8　擺暝是福州話「排夜」之意。

年六月九日在杭州舉辦首屆西湖陳文龍文化節，特別表彰陳文龍節義
的精神，認為陳文龍在杭事蹟應該被加以挖掘並研究，同時也提及仍
在編纂中的《民族英雄陳文龍紀念文集》，顯現大陸對陳文龍的重視
乃在於民族節操的發揚。

　　此外，這裡再稍作補充的是，筆者曾就第三、四、五章的部分內
容進行修改，以〈順風相送──清代琉球冊封使與船神信仰〉為題，
於二〇一七年十一月二十四日中央研究院舉辦的「明清時期東亞宗教
文化研究工作坊」上宣讀。[9]

　　第六章雖然以臺灣天官武財神傳說與信仰研究為主題，但其實與
水神亦有關聯。本書所討論的拿公、蘇碧雲為福建沿海導航之神，倪
總管亦為熟知航道之水神，而本章所討論的財神趙公明其實也具有水
神性格，山東沿海地區俗稱趙公明為老趙、老人家、趕魚郎等，是位
魚神，即鯨魚。漁民認為鯨魚能逐魚入網，故稱趕魚郎，魚獲豐收即
為發財，故又稱財神趙公明為老趙。因此，財神趙公明的信仰起源其
實也與水神有關，在此以臺灣規模最大，主祀趙公明為天官武財神的
北港武德宮為討論對象。流傳到臺灣的趙公明信仰沒有水神的痕跡，
而是明確地以財神神格被祭祀與供奉。本章內容以〈財神爺的使者：
黑虎、金孔雀」的動物神祇傳說研究──兼論東興廟兔爺公傳說〉[10]、
〈從北港武德宮十三天尊論其香火網絡與文資保存〉[11]、〈眾神上凱
道──傳統信仰與現代香火的問題探析〉[12]等三篇論文為基礎擴充而
成。

9　會中並蒙主持人黃繹勳教授與廖肇亨教授賜予寶貴意見，特此致謝。

10　李淑如：〈財神爺的使者：黑虎、金孔雀」的動物神祇傳說研究──兼論東興廟兔
　　爺公傳說〉，《臺灣虎爺信仰研究及其他》（臺北市：里仁書局，2017年4月），頁311-
　　339。

11　李淑如：〈從北港武德宮十三天尊論其香火網絡與文資保存〉，《臺灣寺廟文資保存
　　與社會貢獻》（臺北市：里仁書局，2018年4月），頁75-99。

12　李淑如：〈眾神上凱道──傳統信仰與現代香火的問題探析〉，《雲林文獻》第60
　　輯，2018年12月，已接受。

財神是民間俗神中信仰興起較晚，但廣受信眾歡迎的神祇，明末清初的閩南移民面對臺灣的社會環境自然以求生存與利潤為主，臺灣的財神信仰也跟這些移民相關，例如文、武財神信仰都明顯並非臺灣本土信仰，但真正讓財神信仰在臺灣熾熱發展的是民國六、七十年代的六合彩、大家樂等博弈遊戲，熱衷求財的信眾加上逐步攀升而穩定的經濟狀況，讓求財成為信仰的理由之一，也因為經濟狀況穩定，臺灣許多知名的財神廟，都是在那個年代所興建。追求富庶與穩定的生活乃人之常情，而無所不應的神祇則成為信眾求利的對象，造就臺灣許多神祇都具有財神性格。例如：土地公與有應公。但隨著大家樂、六合彩等博奕遊戲熱潮退去，這些因靈驗而被信徒宣傳的廟宇，漸漸地廟宇主神神格也被認為是財神了。例如南投紫南宮與中和烘爐地及車城福安宮。而本來就以財神廟為名的廟宇，卻也因過去的賭博熱潮而受累，例如嘉義文財殿與北港武德宮。比較有趣的現象是，不以財神為正神的廟宇多半會去強調所祀主神賜財的靈驗性，並強調其財神的職能，例如：可借發財金。但真正以財神廟為名的廟宇，卻強調社會教育與心誠則靈。顯見財神廟為過去盛名所累，怕誤導社會大眾以為信徒皆是好賭之徒。故財神廟反而會強調正財的取得與道德教化，乃君子愛財，取之有道之意。同時，文、武財神都具有正直無私的性格，象徵賜財公允，有德者得。

這些特殊的神祇信仰成為閩南文化中常民信仰的特色，包括了古代的先賢、英雄與傳說人物，這些神祇多數獲得帝王敕封，或被當地信徒在重要時刻舉行儀式崇拜，而廟宇成了體現信仰的場所與祭祀空間。為了防禦傳染病（瘟疫）和其他災害（例如海難），位階較高的神靈更能安撫人心，因此逐漸將保護生命的神祇提升為地方的守護神，神格提高的同時，守護的範圍也逐漸擴大，由地方到異鄉，由河道到海道，具功能性的特色促使地方色彩發展，呈現出地方多樣發展的樣貌。提升到官方能接受的神明系譜內則是透過官方合法承認而得

到崇敬地位的有效方式，朝廷對於這些地方性神祇的冊封形成一個標準化的過程。[13]而民間崇拜則透過不斷地提高神格，以適應廣大信仰者熱烈崇奉的需求。

從地方性轉變為地域性的水神，從福建傳入臺灣與海上交通、族群信仰、瘟疫疾病以及原為地方守護神等因素有關，這些神祇以廟宇為信仰傳播的載體，形成一定的祭祀圈，廟宇可以是固定的祭祀空間，更可以是船上流動的神龕。閩南文化是中國傳統文化中一個極具鮮明特色的地域文化。閩南文化的形成與發展，經過漫長的歷史演變與文化融合，以及東南沿海地區特殊的地理環境等多種因素積累而成。本書就閩南文化影響下地方水神與財神傳說及信仰之流播研究為題，進一步擴及琉球與福建的民間信仰為討論對象。透過本書的討論，我們可以發現在明清兩朝隨著中琉冊封關係而蓬勃發展的福建水神信仰能有全面性的觀照與思考，對中琉民間信仰與水神信仰的傳播關係研究也有所補充。同時延伸至對臺灣天官武財神信仰的觀察，分析其信仰的起源與發展。

區域文化研究近年來得到學界熱烈的關注，閩南文化更是備受矚目的焦點，雖然是區域文化，但輻射範圍卻相當寬廣。以地理概念而言，閩南地區指的是福建南部包括泉州、漳州、廈門所屬的各個縣市。然而就文化傳播的角度而言，閩南文化輻射範圍卻遠遠超出了以上的區域。由於閩南文化在歷史長程發展中都具有面臨大海的特徵，不斷地向東亞的海洋地帶傳播。影響範圍包含浙江沿海、廣東南部沿海、海南沿海，甚至是臺灣、金門、琉球，皆深深受到閩南文化的影響，呈現即使是在東南亞地區以及海外地區，閩南文化都深具影響性的事實。因此，閩南文化既深具地方性也同時放眼全球，在全球化的趨勢之下，研究閩南文化顯得格外有意義。

---

13 例如James Watson（1985）對原屬於海岸地區媽祖信仰的研究，或是陳元光信仰體系的開展，又或是五帝、五通信仰都是類似的模式。

第二章
臺南總管傳說與信仰研究

　　總趕宮，亦可稱「總管宮」[1]，相傳明鄭時期建廟，在西定坊，位於臺南市中西區，古稱「聖公廟」，清時隸屬府城廟宇聯境「八吉境」，主祀倪總管。據傳倪總管生前為「海舶總管」，死後為神。過去關於倪總管的傳說眾說紛紜，普遍認為是總管海舶之神，追根究柢，我們會發現其實倪總管應是江南地區總管信仰的延伸，海神之屬。總趕宮創建後曾經過幾次整修重興，如道光十五年（1835）重修後泐碑「重興總趕宮碑記」，碑記中可見重修過程不乏境內清代仕紳大力支持，如海澄儒學黃化鯉、鹽商吳春祿等人，廟中至今仍供有「賞戴藍翎軍功六品職銜前任海澄學正堂黃印化鯉號春池長生祿位」及「署臺澎兵備道兼提督學政臺灣府正堂楊名廷理號雙梧之長生祿位」。故本章釐清總趕宮總管傳說演變的過程，就廟宇變遷分析該廟宇的創建與沒落並細究其信仰網絡的形成，剖析清代地方仕紳對總趕宮信仰網絡連結的影響。

第一節　總趕宮主祀神倪總管的來歷

　　總趕宮，是全臺唯一一座主祀倪總管的廟宇，同時也是直轄市定古蹟。《續修臺灣縣誌》：「神姓倪，軼其名。生長海濱，熟識港道，為海舶總管，歿而為神。舟人咸敬祀之。」[2]相傳倪總管生前為漳州

1　現址位於臺南市中西區中正路一三一巷十三號，二○○五年〈文化資產保存法〉公布實施以前為國家三級古蹟。

2　謝金鑾、鄭兼才纂修：《續修臺灣縣誌》（臺北市：武陵出版社，1999年），頁411-412。王必昌《重修臺灣縣志》（臺北市：行政院文建會出版，2005年）亦有所載。

海舶總管，死後為臺江濱海船舶的守護神。乾隆年間改稱「總管宮」，道光年間又口誤訛稱「總趕宮」。[3]因目前廟宇仍名「總趕宮」，本文為行文方便，逕以「總趕宮」為統稱，特此說明。關於倪總管的來歷，有以為是開漳聖王陳元光部下者，亦有以其為鄭成功部將者，或認為倪總管是幫代天巡狩的「王爺」總管一切民間事務者，不論這些來歷傳說是否可考，傳說內容都和臺南的地方發展與群眾記憶緊密連結。關於倪總管的傳說與廟宇來歷，可見以下四種說法：

（一）相傳總趕宮為明鄭水師所建，民間傳說倪總管為鄭成功麾下的輔義將軍，原姓李，總管船舶，歿後因口傳之誤，「李」總管訛誤成「倪」府總管。[4]

（二）為唐末五代時開漳聖王陳元光的部將之一，是為「輔義將軍」倪聖公。

（三）海船總管，舟人所祀之神。

（四）認為倪總管是臺灣王爺信仰中王爺平時派駐人間的神祇，代替王爺「總管」一切事務，王船上的總趕公。

目前對總趕宮的討論以盧嘉興的研究結果為主，[5]盧嘉興著有〈由明鄭時期的古廟宇來談總管宮〉、〈總管宮大事記〉及〈由鹽商添

3　杜建坊則言這並非訛稱，他認為「總管」讀「總趕」是臺語的古音與古義一起保存的最佳證據，同時也可證實總管的來歷。「總管」是掌管戎克船的水首頭，不是一般小漁船的掌管者，掌管小漁船者稱「舵公」。詳見杜建坊：〈臺南「總管宮」讀「總趕宮」个因端〉，發布時間：2013年9月4日，網站名稱：「杜建坊个臺灣曆」，上網時間：2016年10月18日，網址：http://blog.xuite.net/getting.rich/hopefully/85975671。

4　劉還月：《臺灣歲時小百科（下）》（臺北市：臺原出版社，1989年），頁508。另外，總趕宮廟口西側豎有鋁製古蹟介紹說明牌，上載：「總趕宮沿革：相傳供奉鄭氏部將，祀倪府總管……臺南市政府立。」

5　盧嘉興，自號廢盧主人，曾在著作自言：筆者於光復後離南在外，回南後於四十二年擇居於總趕宮黃曆附屬荒廢的房屋，所以名為「廢盧」，承蒙倪總管公的庇護合家均安。見〈新舊赤崁樓的分別〉，《臺灣研究彙集4》，1967年，頁45。許因感念倪總管的庇佑，盧嘉興對總趕宮有多篇研究成果，並旁及周邊境內歷史與境民。

典契字來介紹郡城總管宮黃家〉三篇關於總趕宮的文章，先後發表於報章期刊，後均收錄於《臺灣研究彙集》第十九集，盧嘉興是臺南有名的地方文史工作者，又曾為總趕宮委員，掌握了許多可貴的一手資料。一九六八年〈由明鄭時期的古廟宇來談總管宮〉此文當為臺灣最早研究總趕宮的論述，文中仍堅持以「總管宮」的舊名稱之，盧氏認為「總趕宮」乃誤稱，起因於「廟名的來由漸次失傳」，又因「臺地奉祀王爺的廟宇有總趕爺代替王爺總管事務」，故有人誤認倪總管就是王爺部下的總趕爺，導致「總趕宮」的訛稱出現與命名原義不符。〈總管宮大事記〉則詳載廟內管理委員會名單與歷年爐主、頭家名單，文中亦載有廟內祭祀時間一覽表，屬廟方資料文獻整理。而〈由鹽商添典契字來介紹郡城總管宮黃家〉係起因於一張黃邦綸以總趕宮為名的添典契字，盧嘉興以其對臺灣鹽務的專家背景，探究總趕宮與黃家的關連，證實總趕宮於清代是地方仕紳與鹽務富商鼎力支持的廟宇。另外，也因黃家就在總趕宮境內，所以由黃化鯉主籌總趕宮重修事宜，除了「重興總趕宮碑記」外，廟內至今仍供有兩座長生祿位，分別是「賞戴藍翎軍功六品職銜前任海澄學正堂黃印化鯉號春池長生祿位」及「署臺澎兵備道兼提督學政臺灣府正堂楊名廷理號雙梧之長生祿位」。

　　卓克華〈臺南市總趕宮——歲久不知神來歷〉對總趕宮的歷史有細膩的探討，針對總趕宮創建與沒落之因及主祀神倪總管究竟是誰？等重要問題有所分析，卓克華認為是「漳泉來臺的船夫漁民共同出資擇地在西海岸較高的地方，建廟奉祀，祈求護佑」。後又因臺江內海淤塞，舟人漁民漸去而沒落變成一般境眾的守護神。至於倪總管究竟是誰？卓克華礙於過去資料有限，「苦於史料缺乏」無法有更詳盡的說明，但他認為有可能「總管」是過去海舶上協助船長分理事務，被視之為副船長職司之人，又稱「船總」或「總爺」。但此說與倪總管的來歷傳說有所矛盾，導致在無法判斷之餘卓克華僅能言「不過『總

管宮」之倪聖公、倪總管似乎不是如此單純」。此矛盾令人狐疑之處，即是本章欲解決的問題，站在前人研究的基礎上，進一步探究倪總管的傳說與信仰發展。

筆者認為，要探查倪總管的來歷，可由民間傳說與地方信仰尋得線索。倪總管與漳、泉移民有密切關係應無疑義，循著信仰起源之地回溯，可發現泉州地區就有「聖公宮」，據《閩南民間諸神探尋》載：

> 聖公宮位於鯉城區東街第三巷南端，坐南朝北，面對第三巷。始建年代不詳，現存系清光緒年間建築，有拜亭、主殿，西側佛祖殿系近年重建……主祀昭福侯倪國忠。相傳為晉江二十八都陳江前社倪厝人，生於宋寶慶年間，行伍出身，護宋幼主帝昺入閩，農曆八月二十一日戰死福州郊外。聖公宮東西牆內壁有四幅珍貴的清光緒十一年（1885年）壁畫，描繪昭福侯解救皇后產厄、皇宮受災和驅除水怪、救護船戶等民間傳說。[6]

書中明確指出倪聖公是宋人，昭福侯倪國忠，清光緒年間有廟，因護主戰死有功受祭祀，同時還有水神的職能，能驅水怪及保護船民。就倪總管的各種傳說來說，倪總管的信仰應與清代江南地區總管信仰有所相關，屬地方性神祇，在總管信仰中有不同姓氏的總管神，如金總管、王總管、倪總管等。總管的稱號，與民間信仰相關者首次出現於《元典章》中，來源於從事海運的船團指揮官。總管神廣見於明清時期的江南地區，雖有不同姓氏的總管神，然而其中最知名且占絕對信仰優勢的就是金元七總管（以下簡稱金總管）。關於金總管的來歷也是眾說紛紜，目前最常見且普遍認定的，主要來自明正德《姑蘇志》

6　鄭鏞：《閩南民間諸神探尋》（鄭州市：河南人民出版社，2009年11月），頁119-120。
　　陳垂成：《泉州習俗》（福州市：福建人民出版社，2004年3月），頁339中亦有相類似
　　的記載。

中的紀錄，這可能是現存方志史料中最早記載金總管的資料：

> 總管廟在蘇臺鄉真豐里，神汴人，姓金。初有二十相公名
> 「和」。隨駕南渡，僑于吳，歿而為神。神其子曰「細」，第
> 八，為太尉者。理宗朝嘗顯靈異，遂封靈祐侯。靈祐之子名
> 「昌」，第十四，初封「總管」。總管之子曰「元七」，仍為總
> 管，元至正間，能陰翊海運。初皆封為總管，再進封，昌為洪
> 濟侯，元七為利濟侯。[7]

此後眾多關於金總管的傳說與來歷多半皆源於此志，有信以為海神
者，亦有以其為兵神者，更有以其為地方土神者。這個江南地區民間
信仰的金總管，在地方文獻中，原稱「利濟侯金元七總管」，是元代
一位傳說能「陰翊海運」，被封為「利濟侯」的總管，明代發展成庇
護漕運的神祇，成為壯大漕運的傳奇人物，明末漕運沒落以後，又順
應江南農村的人民生活，形像隨之轉變，把他封為「隨糧王」，地方
總管廟每年皆有慶典祭祀。隨著時代發展，江南地區人民在「隨糧
王」的傳說基礎上將他視為財神，也有將其視為抗倭英雄崇拜者，每
年維持祭祀慶典。[8]回顧過去關於金總管的研究，濱島敦俊對江南的
金總管信仰做過深入的調查，自一九六〇年開始結合江南社會狀況與
水利及徭役制度的相關研究，以明清時期的江南區域為研究重點，並
結合田野調查工作，濱島敦俊認為江南三角洲所特有的三種土神信仰
（總管、猛將、李王）都存在著「總管」的性質，故將此類信仰統稱
為「總管信仰」。濱島敦俊認為金總管是江南三角洲的地方性土神，

7　〔明〕吳寬、王鏊修：《姑蘇志》（上海市：上海書店，1990年），卷27〈壇廟上·
　　總管廟〉，頁560。

8　如張家港地區祭祀金七，每年農曆四月初八為神誕，有固定例祭與《總管寶卷》流
　　傳。

與巫師家族造神結合漕運有關。總管雖然神格不高，僅以地方性神祇
信仰盛行於明清的江南地區，但其信仰影響卻遠及臺灣，因為臺南便
有直接以總管命名的「總趕宮」。濱島敦俊《明清江南農村社會與民
間信仰》探討金總管信仰時亦曾約略提及總趕宮：

> 據此，倪總管的名字不詳，生前是「海舶總管」，死後成神，
> 在漳州、泉州一帶深受船民崇拜。另外，過去總管宮前逼大
> 海，自古稱為「聖公廟」，但建廟時期可追溯到鄭成功時期
> （但倪總管信仰何時發生則不詳）。現在，該神已成為當地普
> 通的社神。[9]

過去學界對總管傳說的研究不多，比較著重總管信仰的研究著述，以
濱島敦俊相關著作為主，除此以外的論述作品數量甚少且著墨都相對
簡略。相關研究的單篇著作中三筆是書評，皆是針對濱島敦俊《明清
江南農村社會與民間信仰》而發。[10]從國內外相關研究來看總管傳說

---

9 濱島敦俊：《明清江南農村社會與民間信仰》（廈門市：廈門大學出版社，2008年9
月），頁26。

10 這三篇書評，分別是：吳滔：〈評濱島敦俊，《總管信仰──近世江南農村社會と民
間信仰》〉（東京市：研文出版社，2001年）、何淑宜：〈評濱島敦俊《總管信仰：近
世江南農村社會と民間信仰》〉、蔣竹山的〈評介近年來明清民間信仰與地域社會的
三本新著──濱島敦俊，《總管信仰：近世江南農村社會民間信仰》、趙世瑜：《狂
常與日常：明清以來的廟會與民間社會》、鄭振滿、陳春聲編：《民間信仰與社會空
間》〉。蔣竹山一文肯定這三本書是近年來結合宗教史與社會史研究較具代表性的三
本專著，認為他們的共同特色是採取由下而上看歷史的觀點，且三者都談論民間信
仰與國家的關係，無論是在題材或者是研究方法上都有相當大的突破，可視為是今
後民間信仰研究的新指標。蔣竹山認為這三本書最值得借鏡的應屬田野調查與歷史
學的結合，而這是臺灣的明清史學者較不擅長的部分，反而受到日本香港和大陸的
重視，文末強調田野調查工作的重要性，才能更深一層的認識明清時期民間信仰與
地域社會間的互動關係。吳滔認為金總管由漕運之神變為施米神的過程由士大夫所
編寫的筆記，文集和地方志等文獻幾乎沒有相關記載，為彌補這一空白，他肯定濱

與信仰，除個人專書述及、書評與單篇論文外，碩博士學位論文竟付之闕如，總管信仰在明清之際的江南地區大為風行，臺灣也不是沒有，但從盧嘉興之後這處被列為古蹟的總管廟就此隱身巷弄，目前的先行研究不多，絕對還有值得探討之處。

相傳於明鄭時期建廟的總趕宮曾經過數次整修重建，如道光十五年（1835）的重修，完工後勒碑「重興總趕宮碑記」，從碑記中可知重修過程不乏清朝的臺南地方仕紳大力支持，如海澄儒學黃化鯉、鹽商吳春祿等人。為了能釐清總趕宮總管傳說流變的過程，筆者試圖蒐集鄉鎮區志書、廟宇書誌、碑記史料、田野調查成果、各類采風錄、學術論著、報刊雜誌與網路資料，以及仍流播於民眾講述之中的總管傳說，同時分析總管傳說所反映的地方思維及信仰心態。並連結各種與倪總管相關的傳說就廟宇變遷與整建，分析總趕宮的創建與沒落並探究廟宇與地方信仰連結，來思考傳說背後追求境內秩序及和諧的庶民思維與心態，剖析清代仕族鄉紳[11]對總趕宮的認同與影響。本文將依循以下脈絡探討總趕宮的總管傳說：首先，說明各種倪總管來歷傳說中的敘述結構，即透過歷史人物（如鄭成功）或地方信仰（王爺信仰）得以解釋倪總管的來歷，而後發展成新信仰成為府城聯境廟宇中

島敦俊利用民俗學者採集的口碑資料，後又組成以他為首的研究小組，對江南做了長期的實地調查，最終提出明清江南民間信仰形成和變化的學術新見，意即：他把共同信仰構造的變動與明清江南社會經濟變遷的過程緊密地結合在一起。但同時吳滔也認為由於資料的不足，濱島不得不借助推論來構成部分重要的邏輯環節，導致有些論證不免生澀，例如解錢糧中鎮廟與村廟的上下級關係，吳滔認為有些以村落為中心的民間信仰活動，其組織的原則是按照神祇靈力的大小進行分類。用支配與被支配關係來概括共同信仰的社會組織的構成，是值得商榷的。何淑宜認為與其說濱島敦俊在描繪明清時期江南農村社會信仰的樣貌，不如說是透過信仰這個主題，探究一個變動的社會中，人群結合的原理。濱島教授的江南研究呈現另一種有別於以宗族為主體的人群結合與地方事務運作的模式。

11 這些地方上的鄉紳多是具有官方承認、表彰的特殊身分、地位與權利者，如具有文、武生員以上學銜的地方仕紳，皆是當時的社會菁英。

地方社神的過程；其次，探討總管信仰來到臺南之後透過清代地方仕
紳家族認同的重構與調整；復次，從地方認同與信仰的角度，揭示總
管傳說所銘刻的地方記憶及探究長生祿位與廟宇祭祀的關係；最後為
結語。期待藉由臺南總趕宮總管傳說的探討，對此類型之信仰傳說有
更深刻的理解與思考。

第二節　總趕宮的創建與總管傳說考察

　　明鄭初期因赤崁地方西邊海岸的隆昇，致海岸線西伸，在新浮覆
地的西邊新海岸地區是漁民與船夫的居所：

> 當時西海岸所住的船夫、漁民都係漳、泉地方移民，都信奉他
> 們的航海神。在臺灣奉祀的海神除媽祖以外，閩南尚有一位總
> 管船舶的神，所以漳、泉來臺的船夫、漁民就共同出資擇地在
> 西海岸較高的的地方建廟奉祀，以資保護，這就是聖公宮。[12]

文中提及的聖公宮即為現今的總趕宮。關於倪總管的來歷傳說，分以
下四種：
　　一、相傳總趕宮為明鄭水師所建，傳說倪總管為鄭成功麾下的輔
義將軍，原姓李，總管船舶，歿後因口傳之誤，「李」總管訛誤成
「倪」總管。
　　現今的總趕宮廟方亦採此說，以為是鄭成功水師所建之官廟，因
廟前門聯有「輔主慨天心靳許朱明延一祚；義臣憂國瘁扼屯金廈抗全
師」之句，直指倪聖公為鄭成功部將。倪總管和馬公廟[13]的馬公爺都

---

12 盧嘉興，〈由明鄭時期的古廟宇來談總管宮〉，《臺灣研究彙集》第19集（自印本，1979年），頁72。

13 馬公廟創建於永曆年間，初主祀馬王爺（29宿中之天駟星），後來蛻變成主祀航

被傳說是鄭成功的部將，以馬公爺為輔順將軍，倪總管為輔義將軍，盧嘉興認為輔義將軍之封係昔人為了躲避日人毀廟與整理廟籍，遂捏造顯聖托夢之說以建廟，由總趕宮廟前柱聯「炎儌殄餘氛績留漳郡；崇封褒輔義澤及台疆」的「輔義」二字而來。

　　這個以倪總管為鄭成功麾下將軍的傳說，連帶著明清水師建廟與總趕宮中秋節博餅一俗，在地方傳說與廟宇活動的相互影響之下，漸漸成為一個有脈絡系統的鄭成功在臺故事，正因明鄭水師建廟而鄭成功部將洪旭為了安慰水師的思鄉情緒在中秋節發明了博餅取「秋闈奪元」之義，金門、廈門也有相同的民俗活動。王浩一認為總趕宮為明鄭水師的信仰中心，其著《在廟口說書》載：

> 永曆十八年三月，……「中秋博餅」原創者洪旭，也把這個活動帶到了臺南，每當中秋夜圓，便在水師創建的「總趕宮」廟埕舉辦。[14]

然而考辨這則傳說的真實性，遍尋各類志書，均不見明鄭水師建廟的記載，僅能就倪總管信仰是源自明代江南地區總管信仰推斷，當是透過漳、泉移民傳播來臺而於明鄭時期建廟，但詳細建廟時間不詳。永曆十九年建廟之說，並無切確的依據，故「祭祀海戰之神的總趕宮神廟，成了鄭軍水師在赤崁的信仰中心，也是水師們平日聚集之處」[15]是一種鄭成功神話想像與口說記憶。民間對中秋博餅的起源流傳著許

海，拓墾之神輔信將軍馬援，或謂奉祀開漳聖王之滬從馬公爺，或訛傳所祀馬公爺為鄭成功定都臺灣時之掌軍主將，於乾隆四十二年（1777）知府蔣元樞重修，咸豐五年（1885）大修，民國十五年再修，近年改建，已是鋼骨水泥的廟殿建築。

14　王浩一《在廟口說書》認為建廟時間是永曆十九年（1665），因鄭軍水師擊退荷蘭海軍，為感謝水戰之神庇佑，將原本的草廟擴建成磚瓦的總趕宮。這個由明鄭水師建廟的傳說經王浩一《在廟口說書》記載後，成為網路上常見的說法。

15　王浩一：《在廟口說書》（臺北市：心靈工坊文化，2008年12月），頁25。

多不同的說法，流傳最廣的是洪旭發明一說，[16]而以洪旭為發明者的說法也有諸多研究者認為理當不是，[17]但這樣的傳說仍還是與鄭成功有關，可視為鄭成功在臺故事之一。關於中秋博餅之俗，高拱乾《臺灣府志‧歲時》：

> 中秋，祀當境土神，蓋古者祭祀之禮，與二月二日同，春祈而秋報也。是夜，士子遞為燕飲賞月，製大麵餅，名為中秋餅，以紅硃書一「元」字，用骰子擲四紅以奪之，取「秋闈奪元」之義。[18]

乾隆進士錢琦在《臺灣竹枝詞》中，有一首寫中秋博餅之事，詩云：「玉宇寒光淨碧空，有人覓醉桂堂東。研朱滴露書元字，奪取呼盧一擲中。」詩人自注云：「中秋士子聚飲，制大餅朱書『元』字，擲四紅奪得之，取秋闈掄元之兆。」[19]可知在清朝臺灣地區確實已有中秋博餅之俗，然當時的總趕宮是否有這樣的民俗活動不得而知。但可以確定的是二〇〇七年總趕宮以恢復三百年前傳統之名舉辦了「中秋博餅」活動，[20]隨後每年皆續辦，甚至籌組了臺灣第一個「中秋博餅

---

16 林良：《中秋博狀元餅》（金門縣：金門縣文化局，2010年10月）。

17 劉海峰〈狀元籌、博會餅與金廈科舉習俗〉：兩岸中秋博餅習俗並不是傳說的那樣由鄭成功部屬洪旭所發明，而是從明清時期全國多數地區都有的博「狀元籌」或「狀元簽」的科第習俗演化而來。見《科舉制度在金門論文集》（金門縣：金門縣文化局，2016年12月），頁213。李淩霞〈廈門中秋「博餅」民俗〉認為「博餅習俗是何人於何時何地所創尚無定論」，見《臺灣源流》第43期，2008年，頁93。

18 高拱乾：《臺灣府志》（臺北市：文建會，2004年），頁322。

19 錢琦：《澄碧齋詩鈔》卷2（上海市：上海古籍出版社，2010年），收入《清代詩文集彙編》第315集，此版本乃據清光緒22年刻湖墅錢氏家集本影印。

20 搏餅為利用六顆骰子和一個大碗公，每人輪流擲骰，依擲出紅豆（紅色四點）的骰子數量多寡，分為狀元、榜眼、探花等共十一類科名，可得到三兩至五臺斤不等的月餅。若月餅重量達一臺斤以上的狀元還可再參加擲筊活動，幸運者可獲得機車或腳踏車等獎項。

會」來推廣這項傳統活動，[21]由會員繳費購買大餅，與眾同樂，藉此推廣傳統活動。這項活動同時也是為了募集整修資金，總趕宮一面向官方爭取經費，一面積極舉辦活動，邀請民眾來親近、認識總趕宮，進而對總趕宮產生認同感。而這個以鄭成功及其部將的英雄神化傳說在明鄭水師建廟的歷史傳說下，成功的活化了總趕宮的廟宇經營活動，帶來周邊民眾的民俗雅趣與香火。「洪旭發明博狀元餅的故事，在特定歷史階段內有一定的積極意義，它促進了博餅習俗的普及，並在某種程度上推進了博餅文化節的設立，有其歷史作用」。[22]總趕宮於二〇〇七年首辦中秋博餅活動，與其說是懷念鄭軍在臺記憶與民俗，不如說是受了二〇〇五年起廈門、金門兩地共同舉辦的「海峽兩岸中秋博餅中王大賽」影響[23]，而共同參與的民俗盛會。

　　鄭成功傳說與信仰於不同時代，因應人民需要而展現不同的職能，神力如助戰、登科、祈雨、治水、協尋失物等；而主政者亦依各自政治立場予以重新詮釋，明代、清代、日治時期、以及二次戰後當代的「鄭成功信仰」都有不同的展現。倪總管信仰也在此風潮下，被誤以其為鄭成功部將，與其他也被認為是祭祀鄭成功部將的廟宇傳說相結合，變成地理傳說。傳說總趕宮與馬公廟、聖公廟、大人廟的地理位置恰巧連成一直線，宛如一隻射向中國的箭，發展成反清復明的傳說，這個傳說的流傳範圍僅在臺南地區，地方耆老聽過者眾[24]，可

21 黃文鍠：〈總趕宮籌組中秋博餅會〉，《自由時報》，2009年9月24日，參考網址：http://news.ltn.com.tw/news/local/paper/337813。上網時間：2017年4月17日。

22 劉海峰，〈狀元籌、博會餅與金廈科舉習俗〉，《科舉制度在金門論文集》（金門縣：金門縣文化局，2016年12月），頁213。

23 二〇〇五年起開始舉辦的該活動迄今仍持續舉行，已連續十一屆，規模也由最初的廈門、金門合辦逐漸擴大到漳州、澎湖、臺灣共同舉辦，二〇一〇年跨地巡迴在各地同步進行的分站比賽，各地分站狀元集結在廈門牛頭山，最後是由高雄七十八歲的陳老先生博得狀元。詳見鄭友賢：〈海峽兩岸博餅狀元大賽臺灣78歲老人登頂〉，《海峽都市報》，2010年9月30日。

24 筆者甚至在良皇宮採錄到以為此說跟「蔣元樞七寺八廟壞地理」相結合者，認為這

知反應的是歷史背景與口述記憶。隨著時代轉移，政治重心的改變，傳說也不斷的被重構而重組，這些重新被創造又與事實出入極大的傳說，當然不能當史料看，但仍有其所彰顯的價值與社會意義。

這個傳說倪總管不僅出現姓氏上的改變，也出現職能上的差異，不論是倪總管或李總管，皆無從追查其真實身分，江南地方的各姓氏總管神信仰也都有此共同點。鄭成功在臺傳說，結合反清復明的意識，導致過去隨著漁民護佑船隻來臺、熟悉港道、「歲久不知神來歷」的倪總管被包裝成輔義將軍，加入鄭成功部將行列，也是信仰在地化之下而形成的傳說。

二、為唐末五代時開漳聖王陳元光的部將之一，是為「輔義將軍」倪聖公。同為陳元光部將並在臺南有廟宇供奉者還有「輔信將軍」沈毅、「輔順將軍」李伯苗。[25]日治時期傳說「此神姓倪，名聖分，海澄縣人，是開漳將軍的從祀。」[26]《臺灣廟宇榜》亦載此說：

> 開漳聖王有四個部將，列為從祀，即輔順將軍、輔顯將軍、輔信將軍和輔義將軍。民間以馬仁為輔順將軍，倪聖芬為輔義將軍、沈毅為輔信將軍。[27]

因著上一則傳說，倪總管以輔義將軍之號而被附會為是陳元光部將的說法，隨著臺灣開漳聖王的信仰而展開。自宋代開始，祭祀開漳聖王

個地方將出能人而攻向中國的故事是「蔣元樞七寺八廟壞地理」故事中的一環。受訪者：魏先生，採訪時間：2017年5月8日，採訪地點：良皇宮廟埕。

25 據位於臺南市樹林街一段的「聖公廟」中沿革所載，其抄錄自〈中國福建漳州市興泉府聖王廟祖廟石碑〉說明「五輔將軍」分別為：輔義將軍（倪總管）、輔仁將軍、輔信將軍、輔禮將軍、輔順將軍。另可參見仇德哉：《臺灣之寺廟與神明》（二）（臺中縣：臺灣省文建會，1984年6月），頁68。

26 鈴木清一郎著、馮作民譯：《增訂臺灣舊慣習俗信仰》（臺北市：眾文圖書公司，1989年1月），頁619。

27 真陽居士：《臺灣廟宇榜》（臺北市：子午線出版社，1986年），頁44-48。

已成為漳州地區信仰的風俗，祀廟眾多，明清之際進入高峰，開漳聖王成為漳州人民的守護神，威惠廟遍布。康、乾兩朝漳洲移民臺灣人口達到顛峰，漳州移民常佩帶開漳聖王香火渡臺或搭草廟供奉。《彰化縣志・威惠廟》：「漳人祀之，渡臺悉奉香火。乾隆二十六年，建廟於縣城西」。[28] 在移民生活穩定後，臺灣南北皆有眾多的開漳聖王廟，廟中經常配祀輔順、輔顯、輔義、輔信四將軍為其部將，臺南地區也有以這些部將為主祀神而單獨奉祀的廟宇（如馬公廟），甚至陳元光的父親陳政、夫人（王媽）、女兒（柔懿夫人、玉二媽）都被奉為神祇，「閩臺民間出現了一個龐大的陳元光神系」。[29] 在這個龐大的神系下，倪總管在臺南被誤認為是輔義將軍，但在大陸地區卻不見輔義將軍倪聖芬之說（多以其為武德侯沈世紀），可知這個以倪總管為陳元光麾下之輔義將軍的傳說，無疑是開漳聖王信仰傳至臺南後與倪總管信仰相互影響之下的結果。而觀其傳說起源當與開漳聖王廟興南宮遭廢有關，興南宮原在大南門城內大南門街，現址於臺南市建興國中內。日治初期為築日人子弟所就讀的南門小學校，此廟遭日人拆毀，陳聖王就寄祀於總趕宮，不料寄祀時間一長，倪聖公竟被傳說為陳聖王的部將。探究其傳說起源時間當於日治時期興南宮遭毀之後，最遲不晚於大正四年（1915），因為據《臺南廳寺廟取調書》所記，總趕宮祭祀本尊為「輔義將軍」，緣起沿革則記為康熙年間漳州人所建，漳州人民奉祀之神。[30]

　　三、海船總管，舟人所祀之神。明代商船組織中有「總管」一職，統括包含各商船交易在內的全體事務的是「舶主」，他也是商人的中心。張燮《東西洋考》卷九載：「財副一人爰司掌記，又總管一

28　〔清〕周璽纂：《彰化縣志》（臺北市：宗青圖書出版有限公司，1995年），頁157。

29　林國平：《閩臺民間信仰源流》（福州市：福建人民出版社，2003年1月），頁119。

30　《臺南廳寺廟取調書》，大正四年，手抄本，頁碼不詳。

人則總理舟中事，代舶主傳呼。」[31]是實際領導船舶航運的船長。但總管神並非指協助船長分理海船事務之義，而是因熟識港道，能護佑海船航行而有海舶總管之名。乾隆十七年（1752）王必昌《重修臺灣縣志》卷六〈祠宇志・廟〉：

> 聖公廟，在永康里中樓仔街（神姓倪，忘其名。生長海濱，熟識港道，為海舶總管，歿而為神。舟人咸敬祀之。）康熙三十年巡道高拱乾建。又一在大東門內彌陀寺左。一在西定坊，曰總管宮，偽時建。一在鎮北坊總爺街。[32]

以及嘉慶十二年（1807）謝金鑾《續修臺灣縣志》卷五〈外編・寺觀〉：

> 聖公廟：在永康里中樓仔街，神姓倪，軼其名，生長海濱，熟識港道，為海舶總管，歿而為神，舟人咸敬祀之。康熙三十年巡道高拱乾建。乾隆五十四年里衿蔡廷葶等修。又一在大東門內、彌陀寺左。一在西定坊，曰總管宮，偽時建；一在鎮北坊總爺街，今圮。[33]

---

31 〔明〕張燮：《東西洋考》，卷9，〈舟師考〉（臺北市：臺灣商務出版，1979年），頁2。

32 在王必昌之前，康熙五十九年（1720），陳文達《臺灣縣志》〈雜記志九・寺廟〉：「（總趕宮）在西定坊：聖公宮，偽時建。在永康里……聖公廟：在中樓仔街，康熙三十年臺廈道高拱乾建。」已有相關記載，此後地方志書概皆沿用轉抄，詳略不一，但出入不大，如乾隆七年（1742）劉良璧《重修福建臺灣府志》卷九〈典禮・祠祀附〉；乾隆三十九年（1774）余文儀《續修臺灣府志》卷十九〈雜記・寺廟〉；嘉慶十二年（1807）謝金鑾《續修臺灣縣志》卷五〈外編・寺觀〉；嘉慶年間李元春《臺灣志略》卷一〈勝蹟〉；大正七年（1948）連雅堂《臺灣通史》卷二十二〈宗教志〉，均有所載。

33 謝金鑾、鄭兼才纂修，《續修臺灣縣誌》，頁456-457。

這兩則志書的記載說明總管神的特質，還可知除了最早祭祀倪總管的總趕宮以外，清康熙、乾隆年間又分別於北郊中樓仔、大東門、鎮北坊建了三座聖公廟。清代興建三處聖公廟，現僅存二處，一處位於原中樓仔街，日治時期毀頹，光復後重建於三分仔（今北區新勝里開元路），稱勝安宮，[34] 陪祀池王爺。另一處先前位於大東門內彌陀寺左側，據聞是康熙五十七年創建，但日治時期被迫拆遷，位民房之間，後又因東門路拓寬遷建樹林街，即今八協境東門聖公廟，原東門路廟地，現僅餘一白色石柱。而原本在鎮北坊總爺街（今崇安街）的聖公廟，傾毀於嘉慶年間。戰後重建的勝安宮，可說是廟宇規模較龐大者，因緊鄰開元市場，加上周邊住民眾多，在地方住民輪祀倪聖公後又配祀池王爺，而香火日盛。然隨著時代推移，勝安宮主祀神也悄悄改變了。中樓仔聖公廟今名「中樓仔勝安宮」，據《中樓仔聖安宮沿革》載：

> 本宮創建於清康熙三十年，廟址原在東豐路及東豐路八十五巷三角點附近，後因老舊倒塌，遂恭請神尊至中樓仔水源里一帶，由信眾設聖王公爐輪流奉祀，光復後人口遽增，中樓仔一帶居民日眾，民國四十一年五月，於現址建廟完成，命名勝安宮。……勝安宮主祀開漳聖王……。[35]

由聖安宮的沿革已看不出該廟祭祀倪聖公的痕跡，當初盧嘉興所言「祀倪聖公（係原住民輪祀的神像），配祀池王爺」，在沿革已改載為

---

34 勝安宮位於開元路一八三巷十六號。根據田野調查所得知，目前勝安宮廟方認為該廟主神歷來就是開漳聖王，廟宇沿革亦載：「聖王公（開漳聖王）早年救護世人甚廣，上蒼旨意賜封（聖王公）名號。……康熙三十年間建廟」。受訪者：勝安宮廟祝吳先生，採訪時間：2017年5月2日，採訪地點：勝安宮正殿。

35 《中樓仔聖安宮沿革》刻於勝安宮正殿龍邊入口牆面。

「聖王公爐輪流奉祀」，廟宇主祀神變成開漳聖王，配祀池王爺。這樣的改變應是受上述傳說所影響，以為當初供奉的「聖公爺」（倪聖公）屬「聖王公」之類神祇，再加上開漳聖王信仰在臺興盛發展，這座過去清朝時期由高拱乾建的倪聖公廟已成為開漳聖王廟。但從現今廟宇對聯與匾額仍可看出其與總趕宮的些許關係，「聖及極品澤及臺邑崇褒揚，王謂聖芬績留漳郡封輔義。」隱含倪聖芬為輔義將軍之說，廟內有「勝佑民安」之匾乃民國第二壬辰年（2012）八吉境總趕宮所贈，總趕宮正殿內亦有供桌為勝安宮於民國九十九年（2010）入火安座時所贈，可知兩廟過去仍有些許互動，但據總趕宮許委員表示，因勝安宮目前已無供奉倪總管，屬不同主神廟宇，故已無交陪關係。[36]

無獨有偶的，原在彌陀寺左側的聖公廟，也有同樣的情形。目前廟中主祀開漳聖王，陳總幹事表示：

> 以前老一輩的都說聖公爺，不會說祂姓什麼，久來就不知道是什麼神了，問那些比較老的（居民），他們也說不清楚。是因為去了大陸開漳聖王廟，看到他們廟中的對聯，才知聖王公就是開漳聖王，回來才改的（主祀神之名）。[37]

我們可以發現，這又是一個將「聖公爺」誤以為是「聖王公」之例，而隨著倪總管是開漳聖王部將之一的傳說流傳日廣，廟宇自然以開漳聖王為主祀神，倪總管淪為配祀神或甚至消失。在日治初期廟前街道尚以「聖公廟街」[38]名之，民國後因東門路開拓工程而縮小規模移建路旁[39]，民國七十七年（1988）因東門路再度拓寬而廟地遭徵收，地

---

36 受訪者：總趕宮許委員，採訪時間：2017年5月5日，地點：總趕宮正殿。
37 受訪者：聖公廟陳總幹事，採訪時間：2017年5月3日，地點：聖公廟正殿。
38 現為東門路的一部分。過去在龍泉井街以東有「聖公廟街」，即得名自聖公廟。
39 當時地址為東區泉南里東門路一四二號。

方善信許文正[40]捐地，乃於現址重建。[41]關於許文正與地方議員捐地蓋廟一事，尚有一則靈驗故事。據傳許文正為地方建設公司老闆，當初於廟址附近有一建案待售，許至聖公廟祈願，發願若房屋銷售佳績亮眼，便捐地建廟。後果完售，但許氏遺忘此事，直到某日睡夢中見一對白髮老夫婦對他說：「我們房屋就要被拆，將無居所，你不是要幫忙嗎？」許氏方憶起此事，遂有現今之廟。[42]

這些因神籙幽邈而被遺忘來歷，甚至被移花接木為開漳聖王或附會為部將的特點，反應總管神「都是當時當地人才得以知情的信仰」[43]，不同的是，當總管信仰來到臺灣在清代迅速竄紅又沒落後，隨著信民生活與歷史變遷，與開漳聖王信仰匯流融合，成為陳元光龐大的神譜系統之一，勝安宮與八協境聖公廟都是這種情形。

四、認為倪總管是王爺信仰的一支，是王爺平時派駐人間的神祇，代替王爺「總管」一切事務。[44]

盧嘉興認為總趕宮因為臺灣王爺信仰蓬勃發展，而有此說：

> 因那個時候（道光十六年整修後）已距創建廟宇將近百七十年之久，環境業已大為變異，以致廟名「總管宮」的來由漸次失傳。因為台島奉祀王爺的廟宇，有的經塑金身（即神像），有的三年才降臨一次，名曰出巡，所以俗稱謂出巡王爺，或稱代天巡狩，在降臨時才用紙臨時糊製神像，建醮後隨送王船一同焚化，奉送歸位，現西港慶安宮平時係奉祀媽祖，三年王爺代

---

40 許文正為銀皇建設董事長，許氏亦曾於民國七十三年（1984）重建南興萬聖公廟。

41 泉南里樹林街一段七十九號。目前聖公廟與總趕宮也無交陪關係。

42 受訪者：聖公廟陳總幹事，採訪時間：2017年5月3日，地點：八協境東門聖公廟。透過實地調查得知聖公廟與總趕宮無交陪關係。

43 濱島敦俊認為：「正因為如此，他們完全沒有成為歷史、宗教、民俗等方面的研究對象，是沒有什麼名氣的土神」。見氏著：《明清江南農村社會與民間信仰》，頁14。

44 盧嘉興：〈由明鄭時期的古廟宇來談總管宮〉，《臺灣研究彙集19》，頁73-74。

天巡狩降臨建醮。在平時僅祀王爺的派駐神稱做總趕爺，代替
王爺總管一切事務。因為有的人誤以為聖公宮的總管公就是王
爺的總趕爺，以致重建時將總管宮更稱為總趕宮，連重建立碑
亦鐫為「重興總趕宮碑記」，於是沿用迄今。[45]

這個傳說當是起源於王爺信仰在臺蓬勃發展之後，倪總管信仰因香火
沒落而神籙幽邈，導致其原本職能脫落而遭附會為王爺信仰之屬。更
隨著燒王船送瘟的儀式而被誤以為是王船總管，在王船上的確有總管
一職，然總趕宮並未有過燒王船儀式。而供奉王船有王船習俗的王爺
廟，所祀之總管公通常僅在王船上有其小像，並無特別的姓氏、名號
或祭儀，王船上的總管公並未形成祭祀圈，多依附在王爺信仰儀式之
上。然就總趕宮廟宇的歷史發展與信仰傳說看來，明顯與王爺信仰中
的王船總管有相當大的差異，這類傳說的出現其實正是總趕宮香火式
微並受臺灣王爺信仰影響的表徵，而體現在民間傳說上，展現的是王
爺信仰在臺灣的勃發壯碩。[46]

從以上四個傳說的發展看來，倪總管的傳說其實呼應的是信仰的
在地化，隨著臺南歷史的演變在地方人民的記憶中不斷重組，在地化
的歷史記憶與情感連結，都讓總趕宮在不同時代有不同的傳說與功
能，順應信眾需求而得以延續香火。這些與歷史相結合的傳說一如柳
田國男所言「傳說的一端，有時非常接近歷史，甚至界線模糊難以分
辨；而其另一端又與文學接近，有時簡直像要融於其中」。[47]

---

45 盧嘉興：〈由鹽商添典契字來介紹郡城總管宮黃家〉，《臺灣研究彙集19》，頁5。

46 陳宏田認為倪總管信仰系臺灣王爺信仰的一支，並將其歸類為「諸府王爺」中的
　「單府王爺」，但僅述其廟宇所在無進一步分析。陳宏田：《臺南地區王爺信仰》
　（臺南縣：臺南縣政府，2010年12月），頁90。

47 柳田國男，連湘譯，紫晨校：《傳說論》（北京市：中國民間文藝出版社，1988
　年），頁30。

第三節　總趕宮與清代黃拔萃家族的關係

　　總趕宮歷史悠久，可是相關研究甚少與其歷史地位並不相符，先賢研究也曾就總趕宮境內的黃氏家族來討論其與總趕宮的關係。本章除由總管傳說與信仰照見臺南總趕宮信仰來源的些許脈絡之外，也透過報刊新聞、叢刊志書挖掘過去研究未見的新素材，補充說明總趕宮與清代總趕宮黃家的淵源。〈重興總趕宮碑記〉中黃化鯉捐了五十元以為資用，現今總管宮內還保有黃化鯉的長生祿位，顯見黃化鯉與總趕宮關係緊密，仔細追索地方志書或清代臺灣文人作品我們可以發現，與總趕宮關係緊密的不只黃化鯉，可以說整個黃家都是如此，故黃氏一族盧嘉興乃以「總趕宮黃家」稱之。總趕宮黃家與清代府城境內的諸多廟宇都有深刻的連結，這點我們可以從黃化鯉之父黃拔萃看起。臺南早期古諺有「三吳三黃，不值一石」[48]之說，此說用來形容清代臺南首富石芝圃的財力，但亦可知總趕宮黃家在黃拔萃時已在地方富有盛名。總趕宮黃家對總趕宮等寺廟的重修與捐獻不遺餘力，顯示當時府城寺廟的興盛發展與聚落人口的密集，同時也是清代仕紳財力的展現。黃拔萃乃黃化鯉之父，對於當時府城其他廟宇的重修事務也有高度的關心與具體的貢獻，以下就目前所見資料羅列之：

1. 嘉慶十年，「重建彌陀寺碑記」銘記「黃拔萃、黃葵共捐銀一千大元」。[49]嘉慶四年（1799），董事黃鍾岳、林道生等，鳩眾（指趙朝陽、林中鶴、程肇基、陳德壽、陳廷華）重修，同十年（1805）竣工。

---

48 「三吳」指的是：「枋橋頭吳」、「磚仔橋吳」、「竹仔街吳」並稱「府城三吳」。「三黃」說的是：做篾街黃本淵、總趕宮黃拔萃、新港墘黃氏；一石乃指「石鼎美」。石鼎美是石時榮的商號名，石時榮為清嘉慶年間有名的糖郊商人，經商致富後積極參與各種公共事務。

49 《臺灣南部碑文集成（上）》，《臺灣歷史文獻叢刊》（臺北市：臺灣銀行經濟研究室，1994年），頁181-182。

2. 嘉慶二十年，「重修大觀音亭廟橋碑記」鐫為「監生黃拔萃捐銀五十元」。[50]

3. 嘉慶二十一年，「重修魁星閣碑記」載有「黃拔萃（監生），捐出銀二百大員」。[51]

4. 嘉慶二十四年，「普濟殿重興碑記」鐫為「監生黃拔萃捐銀十元」。[52]

5. 大枋橋在東安坊嶺後，架枋為之，偽鄭時建。康熙間，知府蔣毓英修。乾隆間，臺防同知方邦基、邑貢生陳河瑞先後修。嘉慶間，邑紳吳春貴、韓必昌、黃拔萃鋪以磚。道光五年，韓必昌又易以石。今改為壽世橋。[53]

6. 道光十年（1830），「重興大天后宮碑記」載「郎中吳春貴、主簿吳世繩、監生黃拔萃、綢緞布郊、臺郡油車、林元美、廈鹿郊，各捐銀一百員」。[54]

7. 準提堂：在寧南坊，偽時建，康熙四十六年，道標守備婁廣修，嘉慶三年，李黃氏倡修，十四年、二十五年，監生黃拔萃、增生陳廷瑜及韋啟億鳩眾修。[55]

由此可見黃家在黃拔萃時已是地方富紳，關於黃拔萃的生平據盧嘉興言「字、號及生卒，因現後裔已未奉祀其神主牌，而黃化鯉所治的家譜亦已無存，致無法查考詳記」，[56]但釋慧嚴則認為嘉慶四年（1799）鳩眾重修彌陀寺的董事黃鍾岳即黃拔萃，[57]若真如此，那麼

---

50 《臺灣南部碑文集成（下）》，《臺灣歷史文獻叢刊》（臺北市：臺灣銀行經濟研究室，1994年），頁585。

51 同註49，頁205。

52 同註49，頁213。

53 《福建通志臺灣府（上）》，卷8，〈津梁〉（臺北市：文建會，2007年），頁186。

54 同註50，頁593。

55 謝金鑾：《續修臺灣縣志》，卷5，〈外編〉，頁344。即今八吉境重慶寺。

56 盧嘉興：〈由鹽商添典契字來介紹郡城總管宮黃家〉，《臺灣研究彙集19》，頁22。

57 釋慧嚴：〈臺灣佛教史前期〉，《中華佛學學報》第8期，1995年，頁280。

黃拔萃對當時府城寺廟的捐輸與奉獻都該重新評估與檢視，然事實為何？釋慧嚴的考證應該是根據胡南溟一九二九年寫的〈彌陀寺重修碑記〉推斷，內文載：「嘉慶乙未而紳董黃拔萃等復為重建，擴大規模。」[58]但詳查嘉慶十年的〈重建彌陀寺碑記〉載「黃拔萃、黃葵共捐銀一千大元」，碑末刻有「嘉慶歲次乙丑年葭月（缺）日，董事黃鍾岳、林道生……同立石。」我們可知黃拔萃與黃葵為嘉慶四年的重修捐獻鉅額資金，但當時董事是署名黃鍾岳並非黃拔萃。再結合其他文獻我們還可以發現，嘉慶二十一年〈重修魁星閣碑記〉也同時出現「黃生鍾岳（監生），捐銀六百員」和「黃拔萃（監生）捐出銀二百大員」，嘉慶二十四年的〈普濟殿重興碑記〉前有「職員黃鍾岳捐銀四十大元」，後有「監生黃拔萃捐銀十元」，由這些眾多的碑記看來，只能說黃拔萃在嘉慶年間的府城相當活躍，對廟宇重建事宜也出錢出力，但黃拔萃當無同時又以黃鍾岳之名對眾多寺廟重修捐輸之理，且黃鍾岳的財力似乎猶在黃拔萃之上，故黃拔萃當非黃鍾岳，不是一人。道光十年重興大天后宮的捐輸是目前僅知黃拔萃最後的捐輸紀錄，此後黃家由黃化鯉主治。[59]

　　黃化鯉（1781-1837），乾隆四十六年六月十日生，卒於道光十七年四月十六日，名九官，字躍三，號春池，化鯉為其官章。臺灣府學廩生，於嘉慶十一年（1806）海寇蔡牽犯臺時，「以獲許和尚功，奏

---

58 嘉慶沒有「乙未」年，只有「己未」，也就是嘉慶四年，當是胡南溟所撰碑刻有誤。

59 按，當時與黃拔萃友好的文人還有陳廷瑜，也同樣熱心於捐輸奉獻。陳廷瑜，生卒年不詳，字握卿，號和齋，臺灣縣人。嘉慶年間（1796-1820）臺灣縣學增生。因家境富裕，時有善行。乾隆五十四年（1789）曾平息府城古更路遭莊人侵佔事宜，莊中老幼皆感其賢。嘉慶二年（1797）改建南社文昌閣敬聖樓，嘉慶七年（1802）曾邀眾呈〈禁南北義塚積弊勒石示文〉於府城前。嘉慶十二年（1807）參與《臺灣縣志》之增修。嘉慶十三年（1808）倡議重興呂祖廟並與黃拔萃倡議重興準提寺；嘉慶十五年（1810），與拔貢張青峰、優貢陳震曜等議定引心書院課期，生童月考二次，束脩費出自監生黃拔萃之手，陳廷瑜與黃拔萃為詩友，多有往來。

准以教職用。」[60]後獎授訓導，任海澄縣學訓導，任滿回鄉，建宅於總趕宮南側。並建宗祠供奉祖先，名「樹德堂」，即俗稱的「黃氏家廟」，現廟已無存。黃化鯉對總趕宮及鄰境廟宇與府城的防禦與修建有諸多貢獻，這點從開澎進士蔡廷蘭（1801-1859）[61]的詩作中即可看出，蔡廷蘭因任教於引心書院之故，與黃化鯉交情頗深，現今留存於世與總趕宮黃家有關的詩作有二，一為收錄於《蔡廷蘭集》的〈壽黃春池化鯉廣文〉；一為從未披露的〈賀黃廣文次郎邵庭秋捷〉七古一篇，這首詩同時也是總趕宮黃家在清代事蹟新證，以下分別論之：

〈壽黃春池化鯉廣文〉[62]

海外通經舊有名，穎川治譜擅家聲。文章壽世千秋永，節烈匡時一郡傾。槐市昔曾留榘範，榆鄉今已遂澄清。且看大展經綸手，未許閒居老此生。

五十餘年事業垂，天將福命報袁絲。向平心事都酬日，清獻精神自勵時，荊樹聯芳知有弟，蘭堦競秀羨多兒，綵衣舞處祥光繞，齊晉南山酒一卮。

英風俠氣薄雲霄，家計裝寬擅富饒。傾橐恩周千口活，修城義倡萬金銷（去年流民數千集郡，先生助給口糧，全活無數。事定後，捐金修城）。綸指待錫崇榮典，奏牒先馳動大僚。更有

---

60 同註55，頁331。

61 蔡廷蘭（1801-1859）是澎湖地方科舉制度中第一位也是唯一一位進士。道光十五年（1835）赴福州鄉試，回程取道金門將返澎湖，航行中遭遇颱風而漂流越南，歸國後將海上漂流及自越南步行陸路返回中國的歷程寫成《海南雜著》刊行。因其在臺灣文學史上有其獨特的價值與地位，故一九九○年代迄今盧嘉興、高啟進、陳益源、蔡丁進、柯榮三等人均有詳細且深入的研究論著，此處不再贅述。

62 連橫《臺灣詩乘》亦錄此詩，然詩題無「化鯉」二字，且只收首句「海外通經舊有名」一首，亦未見小注。楊雲萍捐贈中央研究院臺灣史研究所之《香祖詩集》抄本即收錄此完整版詩文六首，見陳益源、柯榮三選注：《蔡廷蘭集》（臺南市：國立臺灣文學館，2012年12月），頁245-246。

豐功遺道路，人人豔說蔣公橋（郡北洲仔尾以上一帶長堤、木
橋，係前蔣郡伯捐造，號「蔣公堤」。道光丙午年，先生倡捐
重修，詳載碑記）。勸學興賢設黌庠，引心院拓古禪堂（臺邑
引心書院，係尊夫人倡建，今先生總董其事）。枌榆地近栽培
切，桃李春深雨露長。每見書生群鼓篋，輒思君子善傾筐。即
今玉筍斑聯茂，定信沂公後必昌。

生申佳日永如年，雪藕冰桃作壽筵。荔熟狀元新荐瑞，運開西
子恰爭妍。北窗日臥羲皇侶，東海星傳太乙仙。細展紅箋華祝
慶，薰風好共譜虞絃。

紫氣城西一望收，長庚朗朗照高樓（先生家近小西門），要知
文簡修齡遠，爭羨直卿性分優。服政更多閒歲月，遊仙莫問幾
春秋，屢膺寵秩君恩重，瑞應長添海屋籌。

這雖是蔡廷蘭寫給黃化鯉的祝壽詩，但內容對黃家父子的事蹟有所推
崇與讚揚，保留了黃家在當時為府城事務付出的側寫。詩以「英風俠
氣薄雲霄，家計裴寬擅富饒」肯定黃化鯉的種種義行，也顯示總趕宮
黃家在黃化鯉主治時是當時台郡當道名流，「更有豐功遺道路，人人
豔說蔣公橋」說明黃化鯉曾重修蔣公堤，然詩中所記「道光丙午年，
先生倡捐重修，詳載碑記」，道光丙午年為道光二十六年（1846），當
時黃化鯉早已不在人世，當是《香祖詩集》傳抄有誤，而無法得知詳
細繫年。[63]且此重修蔣公堤碑已佚，對於蔡廷蘭所記之重修事蹟目前
尚無更明確的資料。「引心院拓古禪堂」指的是嘉慶十五年（1810）
由父親黃拔萃出資將原寧南坊檨仔林街白蓮教齋堂改造「引心文
社」，嘉慶十八年（1813），黃拔萃與臺灣縣令黎溶（生卒年不詳）及
府城仕紳協議，將「引心文社」改為「引心書院」。

---

63 若丙、午其中之一正確，則黃化鯉重修蔣公堤的時間則可能為道光「壬午」（1822）、
　　丙戌（1826）、甲午（1834）、丙申（1836）其中一年。

　　黃化鯉與蔡廷蘭的交流，另外還有〈賀黃廣文次郎邵庭秋捷〉七古一篇，是從前未為人所知的佚作，故全文收錄如下：

> 香祖先生又有賀黃廣文次郎紹庭秋捷七古一篇，將黃家世澤源流鋪張揚厲，洋洋灑灑，墨飽筆酣，足光黃氏志乘，爰為錄之：臺陽之山高接天，屹立巨浸臨滄淵，五百年来靈秀發，嵌城蔚起人文先，冠蓋簪纓競赫弈，名家世冑相綿延，溯君氏族三代上，虞廷伯益開其先，漢興特出神明冑，卓卓循吏推穎川，祥之所鐘產孝子，溫清良由性則然。君不見汝南有叔度，汪汪量若千頃泉，江陵七歲隨父側，能言日食機輕圓，五代之間美公紹，編成韻會聲律全，宋朝詩學震異想，清峭難得如庭堅，兼以書法尤挺拔，氣勢何曾驚鴻翩。南渡以來理學盛，簡肅文肅精探研，斯皆芳躅蓋寰宇，遙知貴室多名賢，閩中永泰君祖籍，一支派衍東瀛壖，繼世興宗有令緒，後來往往踰從前，君才磊落更出眾，手握健筆揮如椽，績學早膺博士選，明經旋擁廣文氈，投簪告退居林下，何肯繫馬同鄭虔，況乃靈運原生業，施捨曾不論金錢，育才設院繼父志，營築橋梁恢善緣，憶昔郡城戒備切，招呼義勇提干鋮，惠及磐磐中澤雁，傾賞助卹存矜憐，大府書勳達宸聽，雀翎寵錫秩升遷，承恩感激圖報效，修城慨把萬金捐，議建試場眾拒腕，君獨奮力籌之專。綜敘生平德無景，福善夫豈天道偏，謝氏堦前寶樹立，唐家樓上花萼聯，去年令嗣展鵬翮，雲程捷步凌三千，一朝姓名掛蕊榜，珂里聞信齊歡闐，宴罷鹿鳴報具慶，人望艷說榮梯仙，愧我濫竽廁賓客，相對不覺青藍懸（紹庭受業香祖先生門下），依舊戀頭席帽在，猶復舒管攤賀箋，會看春風得意鳳池邊，走馬高歌衣錦環。

吉光片羽，亦足珍也。[64]

由以上二詩作可見蔡、黃兩人之交情，這首詩雖是恭賀黃景琦在道光十五年考取乙未恩科舉人，但詩中「施捨曾不論金錢，育才設院繼父志，營築橋梁恢善緣，憶昔郡城戒備切，招呼義勇提干鍼」、「傾貲助卹存矜憐」、「修城慨把萬金捐」之句皆在細數黃化鯉經營書院、鋪橋造路、招募鄉勇、捐金修城、救濟貧苦等善心義舉。「育才設院繼父志」指的當是黃拔萃捐資捐地，將引心書院移入東安坊柱仔行街呂祖廟，黃化鯉繼承父志，繼續維持書院運作，為士林所重。蔡廷蘭曾於道光年間受聘主講於該書院，此詩亦可見蔡廷蘭對黃氏一家為官政績與才學的肯定，「營築橋梁恢善緣」指黃化鯉造橋鋪路的善行，顯示總趕宮黃家是當時府城富紳應是無庸置疑。「憶昔郡城戒備切，招呼義勇提干鍼」除了地方事務外，黃化鯉對府城防禦與治安也多有建樹，一生最大的功績乃道光年間蔡牽案，義募鄉勇、制敵有功。

《廣韻》載：「境，界也。」清代府城的街坊聚落有街境，保甲制度實施後有聯境的出現，成為府城防務組織的基礎，雖然街境的範圍、聯境的功能與廟宇的轄境[65]有所不同，但聯境內街境之簽首[66]以宮廟之轄境名來命名者居多。謝奇峰認為「其實街境是屬於戶部在管理跟宮廟沒有直接關係，只是街境與屬於宗教信仰的廟境有其重疊的部分」[67]。但筆者認為街境與廟境的重疊是構成境組織的兩大重要元素，並影響其後廟宇聯境的形成，這點從黃化鯉等府城仕紳對廟宇整

---

64 此詩《蔡廷蘭集》未載，是1912年3月21日《臺灣日日新報》第5版〈瀛南隨筆〉專欄刊載之作，過去因不為人知故未被討論或揭露。

65 轄境一般指廟宇的管轄區域，然在其宗教祭祀範圍有內境、外境之別。詳見謝奇峰：《臺南府城聯境組織研究》（臺南市：臺南市政府文化局，2013年12月），頁12。

66 聯境內每境、每一條街均由簽首來管理，由府城內外各街境住戶遴選誠信可靠者擔任簽首。

67 謝奇峰：《臺南府城聯境組織研究》，頁117。

建的投入與地方防禦事務的付出即可照見。乾隆五十一年（1786）林爽文起義事件促使府城「境」的成立，嘉慶年間逐漸成熟，清同治年間，正式成立「十聯境」，同治元年（1861）年戴潮春事件，臺灣道洪毓琛將府城內劃分為五段，每個區段由一至兩個聯境來負責，而以廟境為劃分依據，利用廟境的區域範圍來達到聯合防禦的機制，以為維護地方安全的民間力量，直到清光緒二十年（1894）甲午戰爭後臺灣割讓給日本才終止十聯境的城防功用。

總趕宮屬八吉境，主要防守城門為大南門。林爽文事件為府城聯境組織的起點，當時雖未正式有「聯境」之名，但楊廷理立柵街巷則已具雛型[68]，更在蔡牽事件面對海盜威脅時，展現聯境組織的基本精神。而總趕宮、黃化鯉也在蔡牽案中扮演舉足輕重的角色：

> 楊廷理的義子周清以海寇蔡牽剛平，他的義父回任臺灣府知府就再逢另股海寇朱濆之役，故每逢初一、十五都向總管海舶的總管公祈求早日平復，每思答謝神恩並祀奉義父，就與黃化鯉洽商。黃氏亦因蔡牽海寇案受神的庇護得緝獲黨首之一，就籌議重建總管宮。[69]

黃化鯉在蔡牽案中出錢出力，不僅任義民首並提供懸賞金，以獲許和尚功，奏准以教職用，經欽差將軍賽沖阿奏受訓導，任海澄縣訓導。除蔡牽寇台一事外，「修城慨把萬金捐」，指的正是黃化鯉對地方防禦事務的關心，雖然〈壽黃春池化鯉廣文〉詩中「修城義倡萬金銷（去年流民數千集郡，先生助給口糧，全活無數。事定後，捐金修城）」

---

68 《東瀛紀事》中載：逆爽進攻諸羅，……臺防同知楊廷理兼理府事，率員弁晝夜修葺城柵，各衢巷居民每數十家添置木柵。可見街巷間添木柵所圍的範圍，已隱含「境」的概念。

69 盧嘉興：〈由鹽商添典契字來介紹郡城總管宮黃家〉，頁20。

捐金修郡城之事無詳細史料說明，但還有道光四年（1824）興建鳳山
縣城一事可證其慨捐萬金，時福建巡撫孫爾準巡臺，復採眾議，再度
奏請於興隆莊建城，逢楊良斌造反，圍攻埤頭街，不久被平定，在興
隆莊建城乃成為當務之急。知府方傳穟認為鳳山縣兵亂多，需建石
城，又因建費高昂，遂請官捐以為民倡。方傳穟乃選紳士黃化鯉、吳
尚新、黃名標、劉伊仲等為城工總理，分門鳩工，不經胥役。自與知
縣杜紹祁親巡督之。[70]知縣杜紹祁下設「督造總理」鄭蘭、藍文藻、
方耀翰、吳廷歲、陳琨；「督建總理」吳春祿、黃化鯉。這些人分工
監督，官民合建鳳山縣城成功，故北門[71]內門額上款「大清道光五年
桂月穀旦」，下款「督建總理吳春祿、黃化鯉，督造總理方耀漢、吳
廷歲」。北門的外門額為「拱辰門」，上款「大清道光五年穀旦」，下
款「福建汀漳龍道攝理臺灣府事方傳穟、鳳山縣知縣杜紹祁建」。

圖一　鳳山城北門內門，督建
總理吳春祿、黃化鯉之
跡仍清晰可見。（筆者
攝，攝影時間：2017年
4月25日）

　　透過蔡廷蘭的兩首詩作，可知黃化鯉、黃景琦父子與蔡廷蘭交遊
往來的情形，更對研究總趕宮黃家提供寶貴的訊息，一如〈瀛南隨
筆〉作者所言，雖是「吉光片羽」但「亦足珍也」。關於黃化鯉對府
城廟宇的貢獻除總趕宮外，尚有以下六項記錄：

---

70 姚瑩：《東槎紀略》（臺北市：臺灣銀行經濟研究室，1957年）《臺灣文獻叢刊》第7
　　種，頁6。
71 北門名拱辰門，位在今左營區勝利路、埤頭仔街及城內舊城巷交會處。

1. 嘉慶八年修文廟,〈重修府學文廟閩籍捐碑記〉刻有:「廩生黃化鯉二百二十五元……」[72]

2. 道光年間溫陵祖廟重建,〈重興溫陵聖母碑記〉鐫為:「海澄縣儒學黃化鯉捐銀五十元」[73]

3. 道光十五年溫陵祖廟後殿重建,〈重建後殿碑記〉刻有「海澄縣儒學黃化鯉捐銀五十元」[74]

4. 道光十五年,〈重興總趕宮碑記〉鐫為「海澄縣儒學黃化鯉捐銀五十元」[75]

5. 道光十六年沙陶宮,〈重修沙陶宮記〉鐫為「職員黃化鯉捐銀十二大元……」[76]

6. 道光十七年興濟宮,〈興濟宮辛卯重修碑記〉銘有「職員黃化鯉……各捐銀二十元。」[77]

　　道光年間這些廟宇重修工作,捐輸參與其中者多有具功名之職員。黃化鯉為其中一顯例,同樣參與總趕宮重修的候補分府吳春祿也是府城大戶,是當時鹽商吳恒記的家長[78]。這些仕紳以擔任鄉職來參與地方事務,既為國家官府所器重,亦為地方百姓所尊敬,監生在清代修築廟宇的具功名仕紳中比例頗高,監生是明清之際國子監肄業的生員,監生自乾隆後多由捐納而得,因賑務、水利費用浩繁,納捐越多,監生多為地方富商、豪強透過捐納取得功名或任官資格,而進入

72　《臺灣南部碑文集成（下）》,頁554。

73　《臺灣南部碑文集成（下）》,頁640。

74　《臺灣南部碑文集成（下）》,頁604。

75　《臺灣南部碑文集成（下）》,頁603。

76　《臺灣南部碑文集成（下）》,頁616。

77　《臺灣南部碑文集成（下）》,頁625。

78　吳春祿因其堂兄吳春貴赴京任戶部廣西司郎中,代為管理業務,吳春貴任滿回鄉後將盈收一半分與吳春祿助其創業,擇總趕宮境轄磚仔橋北邊建宅,號吳昌記,又稱「磚仔橋吳」。

仕紳階級，能反映清代臺灣社會的轉型歷程。[79]

　　道光十七年，黃化鯉逝世後，黃家事務由其次子黃景琦主理，繼任鳳山鹽課。黃景琦，臺灣學生，道光十五年（1835）乙未中式舉人[80]，如前所述有其恩師蔡廷蘭之詩可證，同時複查《道光乙未直省恩科同年錄》也確實有黃景琦的紀錄，只可惜書載極簡，未見更多資訊。

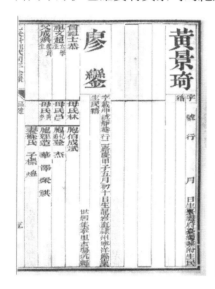

圖二　吳嘉賓：《道光乙未直省恩科同年錄》（北京市：文奎齋，1844？年）「黃景琦」，福建之部，頁15a。哈佛大學燕京圖書館藏。

　　黃化鯉歿後，總趕宮黃家仍持續捐銀修廟，然一度改以「樹德堂」名捐之，如：

　　1.道光十八年〈重修藥王碑記〉載：「……謝干觀、樹德堂、恆

---

79 李國祁：〈清代臺灣社會的轉型〉，《中華學報》第5卷第2期（臺北市：中華學報社，1978年7月），頁137。

80 范勝雄：〈臺灣（臺南）府學的科舉名錄〉，《府城叢談‧府城文獻研究5》（臺南市：臺南市政府，1998年），頁114。按，會試或鄉試的「同年錄」，多為進士或舉人私人編輯或刊刻，既有紀念同榜考取之用，又有聯繫同年交往情誼之能，由於要匯聚同一科年數百名同年的履歷、世系、家族成員等，並非易事，通常是在科年結束的多年後才編纂完成，詳見馬鏞：《清代鄉會試同年齒錄研究》（上海市：上海科學技術文獻出版社，2013年2月）圖一的《道光乙未直省恩科同年錄》中見有著錄乙未恩科舉人後來名列甲辰科（1844）進士的資料，故筆者且將刊行時間繫年於一八四四年。

　　順號……各喜助銀四大元……」[81]

2. 咸豐五年〈臺郡天公壇捐題碑記〉：「……鳳屬總館黃……以上各捐銀十大元」[82]

3. 咸豐六年〈重建馬公廟捐緣啟〉：「黃樹德堂捐銀十二員」[83]

4. 同治二年〈重修北極殿官紳鋪戶姓名碑記〉：「……黃樹德……以上各捐銀二十元」。[84]

5. 同治八年〈臺郡清溝碑記〉：「候補知府黃景琦捐銀三百元」。[85] 黃景琦乃此工程之委員。

6. 同治八年〈重興九營公廟碑記〉：「賞戴花翎選用知府舉人黃景琦捐銀五十元。」[86]

黃景琦對府城廟宇也有諸多貢獻，臺南市良皇宮供有黃景琦長生祿位，甚至高雄內門紫竹寺還有「天竺化雨」之匾，署名「咸豐庚申年[87]春月穀旦即選同知黃景琦立」。如此看來，黃家一脈在清朝不僅對總趕宮有相當的貢獻，甚至是府城的防禦工作與寺廟重修都有高度參與。總趕宮黃家在黃化鯉時是家族由盛漸轉衰的關鍵，但這並不是單一的個案，府城許多仕紳包括總趕宮境內的其他望族，均於道光年間遭遇家道中落的困境。道光二十二年〈上劉中丞言事書〉：

> 無如臺地昔時富人，今多中落。黃化鯉以訟死，其弟欠府中鹽課至於押追久之，縣中正供亦多蒂欠。吳尚新避地遠宦京師。

81 《臺灣南部碑文集成（上）》，頁260。

82 《臺灣南部碑文集成（下）》，頁665。

83 《臺灣南部碑文集成（上）》，頁316。

84 〈四安境北汕尾下大道良皇宮〉，《文化資源地理資訊系統》（臺北市：中研院地理資訊科學研究專題中心，參考網址：http://crgis.rchss.sinica.edu.tw/temples/TainanCity/westcentral/2108016-LHG。上網時間：2017年4月24日。

85 《南部碑文集成（上）》，頁339。

86 《南部碑文集成（下）》，頁699。

87 咸豐庚申年為咸豐十年，1860年。

吳春祿欠府中公項追鹽而完少。[88]

同年「樹德堂因辦鳳屬鹽課累賠封收」，臺郡富紳中落者多，相對的
總趕宮黃家對廟宇的捐輸活動逐漸變少，雖仍算富裕但總趕宮黃家也
未曾擔任總趕宮的管理者之職。

第四節　長生祿位的祭祀與總趕宮黃家

　　總趕宮至今仍供奉黃化鯉與楊廷理的長生祿位，這是較為特殊的
供奉方式，長生祿位一般置於生祠或家廟，但總趕宮與四安境良皇宮
都在清代由境內居民供置長生祿位，且良皇宮所供之長生祿位不是別
人，正是黃化鯉之子黃景琦。以下藉由長生祿位的供奉討論其與總趕
宮黃家的祭祀關係。

　　臺南民間傳說楊廷理於乾隆六十年（1795）任臺灣巡道時曾整修
總趕宮，此後當地居民便在廟中供奉楊廷理之長生祿位。此則傳說在
臺南地區普遍流傳，但不知所本，《臺南市第三級古蹟總趕宮調查研
究及修護計畫》中原本對此亦有所載，後因無法確定而刪除。[89]這則
被刪除的傳說因其無可證之整修紀錄，但可知立長生祿位的初衷是地
方百姓感念楊廷理的恩澤。

　　楊廷理在臺任官時間為乾隆五十一年（1786）至嘉慶十七年
（1812），道光十五年時，其義子周清老為總趕宮的總理，為答謝楊
廷理，遂奉楊廷理之長生祿位於總趕宮內。[90]起因乃楊廷理回任臺灣

88　《中復堂選集目錄・東溟文後集》卷7，《臺灣文獻叢刊》（臺北市：臺灣銀行經濟
　　研究室，1960年），頁142。

89　徐裕健計畫主持：《臺南市第三級古蹟總趕宮調查研究及修護計畫》（臺南市：臺南
　　市政府，2001年）附錄，頁9。

90　依《噶瑪蘭廳志》記載，當地居民在楊廷理生前已為他設立長生祿位，其死後祿位

府知府又再逢海寇朱濆，故每逢初一、十五都向總管海舶的總趕宮祈求亂平，後楊廷理調建寧府知府，為叩謝神恩並奉祀義父，周清老遂與黃化鯉洽商重建總趕宮，於道光十五年（1835）竣工。[91]無獨有偶的，楊氏因官績卓立，清代宜蘭之所能畫入版圖，設噶瑪蘭廳，時任臺灣知府的楊廷理功不可沒，宜蘭民眾感念其恩，現今頭城開成寺有「特棟臺灣府正堂前任台澎兵備道兼提督學政柳州楊號雙梧大人長生祿位」，顯見這個地方官勤政愛民，在嘉慶十七年遷任建寧府知府後，與臺灣民眾、臺南義子音訊遙隔，故二十多年後，周清老為求神庇佑楊廷理尚存，乃置長生祿位，掛念與感恩之情並茂。

　　林爽文事件後，乾隆在南臺灣分別樹立了十通碑文。福康安是平亂重要功臣，乾隆以其平亂有功兼示警臺民，立了二通滿漢合璧的「命於臺灣建福康安等功臣生祠，詩以誌事」，文中明言「近年以各省建立生祠，最為欺世盜名惡習，因令嚴行飭禁，並將現有者概令燬去。若今特命臺灣建立福康安等生祠，實因臺灣當逆匪肆逆以來，荼毒生靈，無慮數萬。福康安等於三月之內，掃蕩無遺，全郡之民咸登衽席」。[92]乾隆御碑原立於府城南郊的功臣祠，[93]祠內還有福康安等人之長生祿位，以表彰福康安之功，也銘記十全老人之「十全武功」。這是官方立長生祿位的目的，既讚揚功臣也示警台地居民。然而地方居民所立長生祿位之目的則不盡相同，黃化鯉在林爽文事件中因捕獲許和尚有功，授海澄訓導，其功在於使臺郡住民免於禍亂，更重要的是為謝神恩而捐款鉅資重建總趕宮，故竣工後為感念其德而與楊廷理同置長生祿位。

被供奉於文昌壇，然今文昌壇並無祿位。〔清〕陳淑均總纂：《噶瑪蘭廳志》（臺北市：臺灣史料集成編輯委員會，2006年），頁117。

91 盧嘉興：〈由鹽商添典契字來介紹郡城總管宮黃家〉，頁20。

92 《臺灣南部碑文集成（上）》，頁143。

93 功臣祠位在今南門路自來水公司和郵局一帶。

除了黃化鯉與楊廷理的長生祿位之外，黃景琦也有長生祿位被供奉於良皇宮，據盧嘉興所言是：

> 咸豐元年鄰境良皇宮重修，黃氏出資出力貢獻特大，這次的修建雖無碑泐碑，而境眾特為對黃氏的崇仰，經置長生祿位祀奉於良皇宮廟內。[94]

目前除盧嘉興的研究資料外，其他文獻對這次良皇宮的重建並無詳細資料，關於良皇宮在清代的兩次重修整建有明確紀錄者有二，一為嘉慶十一年由黃鍾岳鳩眾重修，並有嘉慶十五年〈重修良皇宮序〉為證；一為光緒四年（1878）[95]由黃景琦購地籌募捐購民房擴大廟域的整建工程。然由黃景琦出錢戮力整建良皇宮的時間不可能為光緒四年，因為據黃家後人所奉祀的黃景琦神主牌位裏面記：「考諱獅，字紹庭，號韓圃，書名景琦，行二，享壽五十有八齡。生於嘉慶二十年歲次乙亥，八月廿四日卯時。卒於同治十一年歲次壬申，二月十四日戌時。」[96]黃景琦早卒於同治十一年（1872）斷無可能於光緒四年購地整建良皇宮，可知目前見光緒三年或四年因黃景琦募款整建良皇宮的記載皆有所誤。再者，黃景琦對地方廟宇與建設的捐輸在同治八年後就未見捐款紀錄，原因正是因為三年後的年初黃景琦便逝世了。

長生祿位為古時受人恩惠無以為報或為了孝順父母所立，以達到感恩對方恩德的目的，盼對方能長生不老。若奉於廟宇中通常是地方賢達或對該廟宇有顯著貢獻者，經廟宇同意後始得供奉。官方設立長生祿位的目的與民間百姓自發性的設立在國家運作與地方意識下有不

---

94 盧嘉興：〈由鹽商添典契字來介紹郡城總管宮黃家〉，頁24。
95 良皇宮於民國第二甲午年花月重修入火安座後，已將黃景琦購地遷建時間改為同治三年，詳見良皇宮內沿革碑刻。
96 盧嘉興：〈由鹽商添典契字來介紹郡城總管宮黃家〉，頁32。

同的體現，亦幸黃化鯉與黃景琦長生祿位皆未置於黃氏家廟今乃得存，而今每年黃景琦二月十四日忌日，黃家後人皆至良皇宮內祭拜，以感念先祖。[97]

第五節　日治時期至今的總趕宮與黃家後人的連結

　　嘉慶年間到日治初期，府城仕紳與商號對地方建設及廟宇的捐輸踴躍，倪總管信仰在清代造就以總趕宮黃家為重要贊主的祭祀圈，香火帶來人流與物流，透過地方菁英的捐輸與供奉，地方自治的活動體現經濟與信仰相互影響的現象。沿續清朝時期的街道命名，日治時期總趕宮前仍稱「總趕宮街」，但日治時期以研習所及聯境廟宇的方式轉型為地方的學習與社會服務中心，總趕宮黃家在黃景琦後以黃修甫為代表，黃景琦晚年得子，黃修甫[98]是黃景琦的長子，黃修甫對總趕宮仍有鉅資捐輸以謝神恩：

（九）　家屋奉獻充足寺廟財產例[99]

　　　　讓與契約書

　一、臺南廳臺南市街第二區東轅門街四十七番戶家屋一
　　　棟，坐東向西，東至後路出入口；西至街路；南至
　　　魏慈公壁；北至王珍重公壁為界。一、前記家屋願

97　良皇宮魏總幹事表示：「黃景琦的後代每年都來，今年也才剛來過，我們都認
　　識。」採訪時間：2017年5月5日，受訪者：總幹事魏瑞隆先生，採訪地點：良皇宮
　　廟埕。根據筆者田野調查結果發現，廟方所言每年都來祭拜的後代為黃秀能先生之
　　女，黃秀能為黃修甫之孫，父親為黃真。受訪者：黃秀能先生，採訪時間：2017年
　　5月8日，採訪地點：良皇宮廟埕。
98　黃氏長子邦妝，名思敬，號修甫，日領臺後設置戶籍時以脩甫申報戶口，於宣統三
　　年，即日明治四十四年十二月一日將脩甫申請訂正為修甫。
99　《臺灣私法人事編》，《臺灣文獻叢刊》第117種，1994年，頁319-320。徐梁廷為當
　　時總趕宮的管理人。

獻作為總趕宮廟永遠公共祀業。

一、該家屋許可年收家屋賃金，不得典賣貸借等事。

一、年收賃金開消恭奉黃化鯉祿位、生辰演戲、敬品、酒
　　席、宴會諸費外，其餘剩之項作為公共香煙祀費。

右之契約二通，各執一通，無相違候也。

光緒二十九年五月　　日

右臺南二區總趕宮街八十七番戶

讓與者　黃修甫

同街九十七番戶

讓受者　總趕宮廟

協敬堂

管理人　徐梁廷

　　這是一份過去未被總趕宮相關研究者討論的契約書，總趕宮黃家
在黃修甫時雖無重修總趕宮等活動紀錄，但黃家卻將自己的家屋貢獻
給總趕宮作為公共祀業使用，除了希望持續供奉黃化鯉祿位外，也是
身為境眾舖戶對總趕宮的感念。除此之外我們還能從《臺灣日日新
報》得知總趕宮黃家在黃修甫時仍可稱家境富裕，是大業戶[100]，並且

---

100 黃修甫因黃化鯉所留之祖產在清時是魚塭業主，《臺灣私法物權編》卷3〈物權之
　　特別物體〉〈第一一之一　許贌認耕塭契約字〉該契約業主署名「臺南總趕宮街西
　　港塭業主黃修甫」，簽約日為光緒二十八年二月二十日，見《臺灣私法物權編》臺
　　灣文獻叢刊，第150種，頁960-962。另外還可見〈永遠契約書〉一份，內載「今因
　　府八房有承管臺南廳安定里東堡、新化里西堡等處鑛臍塭及田園業，址在六塊寮
　　莊大洲莊界內，與修甫之黃樹德堂私有北尾雙頭瀨魚塭及田園業毗連，早前原贌
　　修甫祖父黃化鯉為永佃。至同治四年，又與修甫之父黃景琦重新立約為永佃。本
　　當永遠遵約而行，均無異議。前因土地調查，府八房承管之塭田園業主權，歸管
　　理人余家驥等承認；其該塭田園之永贌戶，仍認定黃樹德堂管理人黃修甫」。該契
　　約業主署名「塭業主並鑛臍園塭永贌戶黃樹德堂管理人　黃修甫」，簽約日期為光

透過《臺灣日日新報》得以略窺當時總趕宮的管理、祭祀與研習活動。以下逐一分析說明：

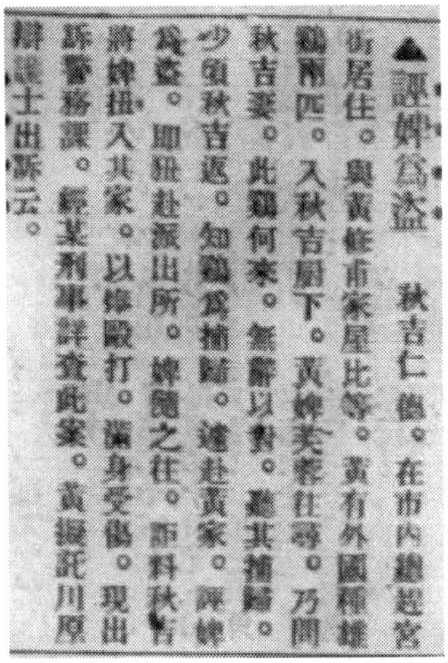

▲誣婢為盜　秋吉仁藏。在市內總趕宮街居住。與黃修甫家屋比等。黃有外國種雄雞兩匹。入秋吉廚下。黃婢芙蓉往尋。乃問秋吉妻。此雞何來。無辭以對。聽其捕歸。少頃秋吉返。知雞為捕歸。遂赴黃家。誣婢為盜。即扭赴派出所。婢隨之往。詎料秋吉將婢扭入其家。以棒毆打。遍身受傷。現出訴警務課。經某刑事詳查此案。黃擬託川原辯護士出訴云。

圖三　明治44年10月15日第4092號，第三版〈誣婢為盜〉

這則黃修甫家婢芙蓉因尋捕走失的外國種雄雞，而遭鄰居秋吉誣告為盜並遭毆打一事，黃修甫託川原辯護士出訴，顯示黃家仍為境內富紳，對於家婢遭誣告與毆打並不姑息。另外，總趕宮在日治時期曾是國語夜學所，黃修甫是地方頭人，更是總趕宮境夜學振興的推手，《臺灣日日新報》載：

> 臺南總趕宮街之總趕宮，每夜皆集市上車夫三百人教以邦語，今于著名之街名、官衙、店號等已略曉之。十月頃即可全部終業，又為便宜計，該教場竝移之五帝廟矣。[101]

又見〈臺南夜學振興〉：

> 臺南斷髮者，倡設夜學研究會，……而總趕宮街黃修甫等，亦聘地方法院通譯某氏，傳習國語，夜學振興，於為斯盛也。[102]

可見當時在總趕宮境內，對於推廣國語學習有明顯成效，在日本政府

緒三十年三月（缺）日。見《臺灣私法物權編》，臺灣文獻叢刊，第150種，頁702-703。

101　《臺灣日日新報》第3041號，明治42年8月29日，第6版〈南部蟬聲〉。

102　《臺灣日日新報》第4033號，明治44年8月15日，第3版〈臺南夜學振興〉。

努力推廣夜學國語的社會教育時，總趕宮曾是這些社會大眾學習語言的場所，隨著教場轉移到五帝廟後，黃修甫以一己之力聘用通譯者繼續語言教育與教學。除此之外，總趕宮也成為社會服務據點，如《臺灣日日新報》〈赤崁春帆〉專欄中「定期種痘」一則載：

> 臺南市內，定自來月六日施行種痘，其場所六日普濟殿內；七日水仙宮內，八日總趕宮內，九日三界壇內，十日武廟內，十一日觀音亭廟內，十三日岳帝廟內，十四日辜婦媽廟內云。

當時日本政府規定臺灣民眾每年需定期種痘一次，以預防天花[103]，這則報導中我們可以發現當時的種痘地點以廟宇為主，既是民眾日常生活中所熟知處，同時也是人群匯聚之所，新聞刊載種痘之廟宇今皆尚存。又如明治四十一年十一月二十一日《臺灣日日新報》臺南零信〈置擊劍場〉內載：

> 我邦人民為大和魂種族，雖習文事，必兼尚武德，故臺南市清水寺街，設一射的場，每日午后十餘名，在場內彎弓挾矢以習射，此次又有二三擊劍家，提唱在總趕宮街置一擊劍場，其經費擬向有志者募集，現正在多方措備云。[104]

可知總趕宮一帶在日治時期仍是人群匯聚與社會活動密集之所，同時我們還能透過《臺灣日日新報》一窺總趕宮在日治時期的部分祭祀與

---

103 臺灣種痘規則：明治39年（1906）1月16日，律令第一號，第一條，種痘分為定期種痘及臨時種痘。第二條，定期種痘每年實施一次，於二月至四月間實施。詳見張秀蓉：《日治臺灣醫療公衛五十年》（臺北市：臺灣大學出版中心，2012年4月），頁520-521。

104 《臺灣日日新報》第3168號，明治41年11月21日，第4版〈置擊劍場〉。

管理狀況，明治四十一年九月二十七日當天「（臺南）市內總趕宮廟，為太子爺生期，境內舖戶依例捐緣，鳩資數十，備設祭品，演戲一臺，是夜熱鬧非常。」報載「臺地慣例，凡各廟宇，如遇神誕，例當演戲，以表熱誠」顯示當時因神誕獻戲的習俗，境內舖戶依例捐緣，舉行祭典與演戲，可知在明治四十一年時，總趕宮廟內供有太子爺且香火主要來源是境內舖戶。但現今總趕宮內祭祀神祇已無供奉太子爺，據今年高齡九十歲的許委員言「我來總趕宮的時候廟中就沒有太子爺了」。[105]

| 圖四　明治四十四年八月十五日，第四○三三號，第三版〈臺南夜學振興〉 | 圖五　明治四十一年十月六日第三一三一號，第四版〈豈有此理〉 |

---

105 受訪者：總趕宮許委員，採訪日期：2017年5月5日，採訪地點：總趕宮正殿。由相良吉哉《臺南州祠廟名鑑》可知當時廟內祭神有「倪聖公、土地公、十八手觀音、虎將軍、韓德爺、盧清爺、麗府聖公爺。例祭為舊曆一月十二日、三月二十日、七月十日、八月廿一日」（臺北市：大通書局，1933年），頁15。書中記載祭神無太子爺，例祭中亦無九月廿七日者，可知一九一五年的總趕宮已無供奉太子爺。

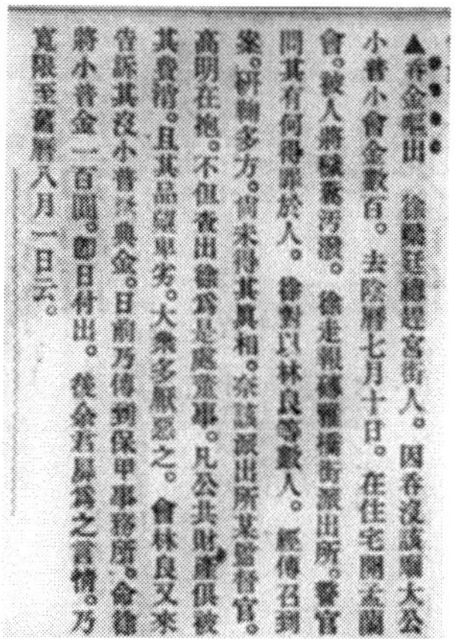

▲吞金嘔出　徐梁廷總趕宮街人。因吞沒該境大公小普小會金數百。去陰曆七月十日。在住宅開盂蘭會。被人將糞穢污潑。徐走報總爺街派出所。警官問其有何得罪於人。徐對只林良等數人。經傳召到案。研鞫多方。實未得其真相。奈該派出所某警督官。高明在抱。不但查出徐爲是處董事。凡公共財產俱被其費消。且其品質卑劣。大衆多厭惡之。會林良又來告訴其沒小普與金。日前乃傳到保甲事務所。命徐將小普金一百圓。即日付出。徐命若屢爲之言情。乃寬限至舊曆八月一日云。

圖六　明治四十一年八月二十九日，第三一〇〇號，第四版〈吞金嘔出〉

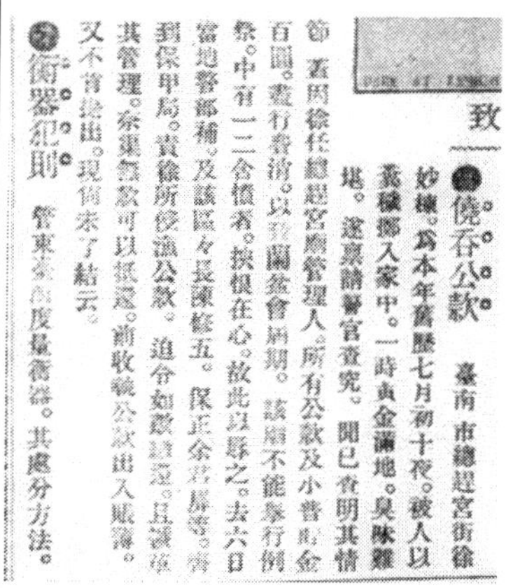

●僥吞公款　臺南市總趕宮街徐妙棟。爲本年舊曆七月初十夜。被人以糞穢潑入家中。一時黃金滿地。臭味難堪。遂禀請警官查究。聞已查明其情節　蓋因徐任總趕宮廟管理人。所有公款及小普貯金百圓。盡行費消。以致蘭盆會屆期。該廟不能舉行例祭。中有一二含憤者。挾恨在心。故此以辱之。去六日當地警部補。及該區々長陳修五。保正余若屏等。齊到保甲局。責徐所侵漁公款。迫令如數繳還。且護其管理。奈渠無款可以抵還。前收之公款出入賬簿。又不肯提出。現尚未了結云。

●衡器犯則　管東…度量衡器。其處分方法。

圖七　明治四十一年十月十三日，第三一三七號，第五版〈僥吞公款〉

另外，《臺灣日日新報》還曾於明治四十一年八月刊載總趕宮管理人徐妙棟（即徐梁廷）於農曆七月十日[106]遭境民潑糞遂報警一事，經筆者調查發現此事件還有後續報導，「蓋因徐任總趕宮廟管理人，所有公款及小普貯金百圓，盡行費消，以致蘭盆會屆期，該廟不能舉行例祭，中有一二含憤者，挾恨在心，故此以辱之」事件中迫令如數繳還的公款因「無款可以抵還」而無下文，但徐梁廷因此遭褫革總趕宮管理權。從新聞中可知日治時期總趕宮有普度祭祀舉辦例祭之習，且境民也以此例祭為要事，徐氏吞金之行乃曝光而轉為地方糾紛。這則新聞還為我們解答了一個謎團，「總趕宮在清末與日據時期，未曾留下任何明確修繕或重建紀錄，僅知其間一度重修，由當時管理人徐樑廷倡首募捐八百餘元重修」，[107]此乃根據一九三三年相良吉哉《臺南州祠

106 農曆七月十日為普度公例祭，總趕宮因為非境主公廟，所以普度例祭稱為小普，時間也與大普錯開。見一九二〇年調查結果。參考網址：http://c.ianthro.tw/159557。上網時間：2017年5月19日。

107 卓克華：《從寺廟發現歷史》，頁417。

廟名鑑》所載，因此先賢研究僅能推知最晚於昭和八年（1933）前曾重修，透過此新聞記載可知，徐梁廷於明治四十一年（光緒34年）遭褫革總趕宮管理權，故「由當時管理人徐樑廷倡首募捐八百餘元重修」的工程最晚應是清朝光緒三十四年前於徐梁廷管理任內進行。

日治時期的總趕宮目前無重修或整建紀錄，戰後因年久失修於民國四十七年（1958）曾修繕並於神龕基座勒題，可資為證。民國五十四年（1965）成立管理委員會，主任委員高炳森等倡議募款修建，民國五十五年（1966）重修，時任總趕宮委員的學者盧嘉興在竣成後作文為記，但無標題，碑立於總趕宮正殿虎邊牆面，內文如下：

> 竊維總管公，姓倪軼其名，為海舶總管，歿後為神。創建於明鄭，原稱聖公宮，後改稱總管宮，府縣志籍各有詳記，歷史悠久，為東瀛古廟之一，迄今將歷三百星霜矣。屢經修茸，境眾咸安，光復以來，迭更二十寒暑，壁裂丹陳，為壯觀瞻，信徒合志，集腋成裘，規模仍舊，棟宇聿新，爰泐石以誌不忘。（下捐題部分省略）中華民國丙午年臘月（缺）日仝敬立。

此次修建於該年十一月舉行落成典禮，建醮祈安並於同年十二月立下此碑留念。其後至民國九十七年七月，進行「第三級古蹟總趕宮修復工程」，[108] 總趕宮修復工程相關補助經費係屬「臺閩地區古蹟維護第四期計畫」中，由廟方自籌兩成經費，公部門補助八成，由廟方依照政府採購法的相關規定自行辦理，符合現行文化資產保存法第十八條

---

108 本工程設計監造及施工紀錄委託黃秋月建築師事務所進行，施工單位經最有利標評選由明義營造有限公司得標。在臺南市，由古蹟所有人因接受補助依政府採購法相關規定自行辦理發包，這是第一件，是臺南市古蹟修復歷史的首件，也是全國修復歷程新頁。另外，這個工程的施工紀錄也將配合拍攝紀錄片，古蹟修復工程依文資法規定都會有靜態或動態的紀錄，惟以工程紀實為主。而以紀錄片的手法，配合進行中的人員及事件拍攝，在臺南市，這也是第一次。

「古蹟由所有人、使用人或管理人管理維護」的規範。因為是政府協助修復，故此次範圍幾乎含括整座總趕宮廟宇的建築外觀與歷次修建紀錄之調查，[109]並於民國九十九年十一月完工舉行入火安座儀式。

總趕宮現今的祭祀以倪聖公聖誕為最重要祭典，其餘例祭儀式與其他聯境廟宇沒有太大差異。現今總趕宮黃家的後人大部分仍居臺南市內，以總趕宮周邊與良皇宮周邊為主，部分移居鳳山，因總趕宮與良皇宮周邊土地過去均為黃家持有，目前仍有租賃事業進行，而總趕宮倪聖公聖誕與黃景琦忌日是黃家後人固定會前往廟內參拜的日子。

總趕宮所在的八吉境過去以兵馬營保和宮為境主，境內廟宇有總趕宮、下太子昆沙宮、五帝廟、關帝廳、重慶寺、樣仔林朝興宮、東轅門土地廟、大南門土地廟、莊雅橋土地廟。境內廟宇發展至今有部分廟宇消失，亦有新加入廟宇，如八吉境關帝廳在東轅門土地公併祀後加入八吉境，關帝廳原址於今永福國小內，後遷至友愛街，原是道署清朝官兵祭祀的廟宇；也有一度停止聯境活動後又重回聯境的廟宇，如重慶寺。[110]

---

109 詳見徐裕健計畫主持：《臺南市第三級古蹟總趕宮調查研究及修護計畫》，2001年。

110 據田野調查資料顯示，重慶寺在光復過後因經濟因素與祭祀神祇及管理者改變等種種因素下，停止與其他境內廟宇交誼，可以說是脫離八吉境。但在總趕宮努力聯繫八吉境情誼，企圖保有八吉境的歷史與聯境功能之下，重慶寺又開始與境內廟宇有所往來。受訪者：總趕宮許委員，採訪時間：2017年5月8日，採訪地點：總趕宮正殿。

表一　八吉境內廟宇對照表

初期	境主：保和宮[111]	總趕宮	重慶寺	五帝廟	昆沙宮	朝興宮	東轅門土地廟	大南門土地廟	莊雅橋土地廟	X
現況	境主：保和宮	總趕宮	重慶寺	五帝廟	昆沙宮	朝興宮	已廢	已廢	已廢	關帝廳

從總趕宮的創建歷史與信仰發展脈絡的形成看來，屬於所謂制度化宗教（institutionalized-religions）以外的信仰體系，透過地方仕紳的推動落實於民眾的生活之中，是民間信仰文化中重要的一環。祭祀倪總管的信仰與儀式，不僅影響境眾的思維、經濟生產、社會活動，透過街境與廟境結合成聯境組織並與清朝帝國、日本殖民政府結構形成微妙衝突但又互補的關係。宗教信仰因應人民需求而生且順應時代改變，與政治、經濟等活動環環相扣，其中潛藏集體共識的歷史記憶，透過民間傳說傳承至今。正如 Jonathan Smith，在其有關儀式的理論所言，儀式是空間性的，神話敘述則是時間性的。許多時候，儀式與神話結合，透過記憶的形式代代傳衍。[112]總趕宮的傳說演變與信仰網絡的形成，體現民間信仰傳遞的多樣性，透過民間傳說與祭祀儀式、地方勢力與鄉紳的動員、與其他神祇如馬公、鄭成功、開漳聖王的互動等不同途徑，在八吉境內與信仰者產生情感與祭祀圈。[113]

---

111 同治十三年（1874）府城依據聯境組織制度設立保甲局，主要功能是維護地方治安，保和宮是八吉境聯境主廟，同時也是城內南段保甲局所在。

112 Jonathan Smith, To Take Place (Chicago: The University of Chicago Press, 1987), pp. 103-117.

113 感謝匿名委員提供意見，有關聯境、八吉境與四安境更詳細的論述礙於篇幅所限，留待另文再論。

圖八　總趕宮
　　　（筆者攝，2016年4月12日）

圖九　重興總趕宮碑記
　　　（筆者攝，2016年4月12日）

第六節　小結

　　總趕宮係創建於明鄭時期，原為舟人漁夫所奉祀，因得住民信奉而在康熙年間迅速分香三處，但道光三年時因臺江內海被大風雨影響導致曾文溪改道，挾帶泥沙淤積而使海岸線離總趕宮越遠，舟人和漁民的遠離使總趕宮香火轉弱，祭祀圈住民與國家政權的轉移等等改變下成為聯境廟宇境眾的守護神。在清代總趕宮黃家與其他鄉紳的重修與維護下，廟宇與信仰得以整修與延續，日治時期更成為夜學研習所與射擊場預定地，顯示仍有其信仰與教化的社會性功能，民國以後隨著鄭成功傳說與王爺信仰的發展，倪總管的來歷與傳說數度發生轉變與融合，除了是聯境廟宇的功能以外，更結合民間信仰風俗的中秋博餅活動，以回復傳統為名，吸引更多香客停留與供奉，祭祀活動結合民間傳說所帶來的效應也是現今民間廟宇的一種經營哲學。

　　從地方傳說看移民記憶，由總管信仰渡海來臺的現象可知，原鄉信仰的神靈或是出生於當地之神靈，經常被地方居民或移民奉為保護神而有導航、助戰之職能。隨著地方移民的奉祀廟宇組織成為政治、經濟的權力結構，同時也是一種地方身分的階層呈現，其成員在獲得

合法性的領導階層後，成為傳統社會的權力菁英，這些地方領袖即掌
管著地方廟宇的發展並成為影響當地政治活動或決策的關鍵，總趕宮
黃家正是這樣的典型。總趕宮黃家歷代主治者對總趕宮的支持與奉
獻，透過黃化鯉長生祿位的供奉至今仍清晰可見，也因為總趕宮黃家
的付出，而使總趕宮與四安境良皇宮產生跨境情誼，對於現今的總趕
宮與良皇宮而言，兩廟的跨境交陪正是因為黃化鯉、黃景琦父子的付
出，為了感念先人，兩廟特殊的情誼也是輝映總趕宮黃家過去的榮
耀。明末清初正是江南地區總管信仰經歷轉型後的第二個高峰，「新
的總管信仰中，從事護送國家漕糧的官員，犧牲自己而放出官糧的傳
說居於核心地位。正因如此，總管信仰才滿足了大米的農民的欲
求」，[114]明鄭時期渡海來臺的總管傳說則保留金總管傳說的海神原
型，護佑船隻，信仰渡臺，但隨著臺江內海的淤積離海越遠，傳說的
樣貌也隨之改變，跟著都市面目改變隱身巷弄中的倪總管變成聯境廟
宇的地方社神，但仍不脫「土神」性質，還是保留地方性守護神的特
質，並與當地家族發展緊密結合。

　　過去濱島敦俊將總管信仰與劉猛將信仰都一同歸為「土神」，因
其祭祀性質相當接近，劉猛將演變至驅蝗神後定於一尊，並於清朝列
入官方祀典，但屬性相近但未被列入祀典的總管信仰，卻反而以更多
元的樣貌存在於民間，並隨著時代推移還有了新職能（如尋找失
物），甚至飄洋過海來到臺灣，成為臺南八吉境內「總趕宮」的主祀
神。這種特殊的存在過去尚未被深入的討論，導致總管神的研究停留
在江南，總趕宮研究跨不出臺南，故本章的著眼點即在此處，既關心
江南總管傳說的演變，也連繫臺南總趕宮的傳說發展，從江南到臺
南，從民間傳說到實地田野調查，於先行研究的基礎上更進一步的擴
展總管研究的視野。

---

114 濱島敦俊：《明清江南農村社會與民間信仰》，頁235。

第三章
金門蘇王爺傳說與信仰研究

　　金門是早期臺灣漢人的來源之一，安平、鹿港、澎湖地區均有金門人的後裔。清朝福建水師提督施琅率師攻台，鄭成功之孫鄭克塽投降後，清朝抽調福建水師各標協官兵萬人戍臺，此後安平即成為兩岸對渡的港口及清朝水師在臺駐地。當時除卻供奉海神媽祖的天后宮這類公廟系統，同時水師將領也按照地方社會的習俗和個人的宗教經驗奉祀各自的地方神，其中最明顯者如全臺三地水師班兵所建之金門館，所供奉的神明即為金門蘇王爺。清康熙二十二年（1683）設有金門館，鹿港於乾隆年間繼設之，艋舺亦於嘉慶十年（1805）設立，以為水師班兵會館與移民信仰中心。蘇王爺是王爺信仰體系中，具有水師領航員的海神特殊功能的地方神明。本章探討金門蘇王爺的傳說起源，並將聚焦於清朝金門水師所供奉於三處金門館的蘇府王爺信仰，水師的祭祀信仰，由史籍碑記可略窺一二，而當今的蘇王爺的信仰現況，則透過實際的田野調查加以補充說明。

第一節　蘇王爺香火緣起傳說

　　崇拜蘇王爺是金門相當興盛的民間信仰之一，信徒廣布，分靈宮廟遍及臺灣與海外。傳說中蘇王爺另有四位結拜兄弟，分別為邱、梁、秦、蔡，合稱為「五府王爺」，是金門民間特有的地方神，與臺灣民間的「五府千歲」有所區別[1]。過去與金門蘇王爺相關的論述散

1　臺灣的五府千歲有許多種姓氏類別的組合，最常見的是「李、池、吳、朱、范」五位千歲。

見於地方志書與民間信仰論著，多著重於：（1）蘇王爺信仰的分布[2]（2）蘇王爺信仰的系統分屬[3]（3）蘇王爺的來歷[4]。與蘇王爺直接相關研究以學位論文居多，林麗寬《金門王爺民間信仰傳說之研究》開啟學位論文對金門王爺信仰展開調查研究，總論金門地區各姓氏的王爺信仰，認為金門王爺信仰與其他地區最大的不同在於其「封閉性」[5]，故林麗寬透過大量的田野調查工作建構金門地區王爺信仰的樣貌，而以蘇王爺來歷與信仰為主展開調查的學位論文，乃翁志廷《金門蘇王爺之信仰研究》以探究蘇王爺信仰的形成與現況為主，透過地方耆老口述與田野調查論究蘇王爺信仰之流布，並述及臺灣蘇王爺信仰的擴衍與金門館設立間的關係。近年有蔡淑慧《金門蘇王爺信仰的傳播與變革》著重探討蘇王爺的海神神格與「正神」地位的探析，認為從清代到戰地政務時期再到臺灣三地儀式的演變，加上政治體制與經濟產業的變動使得今日蘇府王爺的傳統信仰產生變革。

關於蘇王爺的來歷，過去常見以下三種說法：

2　江柏煒：目前文獻資料記載最早的會館為一九〇九年以前興建的巴生金浯江公會（伍德宮，供奉邱府王爺）、一九二〇年的浮羅吉膽金浯江會館、一九二一年的巴生港口金浯嶼公會（伍德宮，供奉蘇府為首的六姓王爺）見氏著《海外金門會館調查實錄》（金門縣：金門縣文化局，2007年），頁76。
　　黃振良：在許多華人聚居區，寺廟建築到處可見，所供奉的神則大部分與其原鄉普遍供奉神或守護神有密切關係，譬如雪蘭莪州巴生市是金門人聚居區，即使連巴生港口這個金門人進出的門戶，也有一座主奉蘇王爺、六姓府的「伍德宮」。見氏著：《馬來西亞的出洋客》（金門縣：金門縣文化局，2011年12月），頁72。
3　黃文博：《臺灣民間信仰與儀式》將王爺分成五支系統，按其系統蘇王爺當屬「英靈系統王爺」。
4　楊天厚、林麗寬：《金門寺廟巡禮》（臺北市：稻田出版公司，1998年）。
5　林麗寬所指的「封閉性」乃為過去金門王爺信仰儀節先天性「封閉式」的模式，不能被記錄、不供攝影、拍照、不宜觀看、不許談論等，見林麗寬：《金門王爺民間信仰傳說之研究》（中國文化大學中國文學研究所碩士在職專班碩士論文，2001年），頁2。

一　蘇永盛之說

以此說為信者眾，最早文獻資料見於道光《金門志》：

> 神系同牧馬王陳淵同來金門者，屢著靈異。咸豐三年，廈門會
> 匪傾眾來犯，神先期乩示，另各戒備，賊果大敗。被獲者供
> 稱，在海上見沿岸兵馬甚多，賊各氣奪，以是致敗。其祖廟在
> 新頭，俗稱四王爺。兩營官兵奉之甚謹。[6]

此說當是最早記載蘇王爺來由與靈驗故事的地方志書，故影響層面甚
廣[7]，賦予了蘇王爺海上兵神的神職，且言明了受官兵奉祀的特色。
而林焜熿《金門志》亦沿用此說：「觀德堂內祀蘇公之神，神係同牧
馬王陳淵來金者，屢著靈蹟……。」[8]後有周宗賢[9]、楊天厚[10]、林麗
寬[11]、楊樹清[12]、陳清南[13]等人均採此說。金門新頭伍德宮簡介亦以此
說為主，〈艋舺金門館金門館記實〉載金門館奉祀福建省同安縣東南
海中浯州嶼（現為福建省金門縣金湖鎮）恩德宮出祖之神氏。主神名

6　謝重光、楊彥杰、汪毅夫：《金門史稿》（廈門市：鷺江出版社，1999年8月），頁
　　275-276。

7　金門縣立社教館編印的《金門縣志・人民志・宗教》亦受其影響，載：「神屢著靈
　　異，清咸豐三年（1853），廈門會匪，傾眾來犯，神先期乩示，令各戒備，賊果大
　　敗。被獲者供稱：在海上見沿岸兵馬甚多，賊各奪氣，以是致敗。其祖廟在新頭，
　　兩營官兵奉之甚謹」。（金門縣：金門縣政府，1992年），頁488。

8　林焜熿：《金門志》（臺北市：臺灣銀行，1960年10月），頁57。

9　周宗賢：《血濃於水的會館》（臺北市：文建會，1988年），頁42。

10　楊天厚、林麗寬：《金門寺廟巡禮》（臺北市：稻田出版有限公司，1998年12月），
　　頁162-164。

11　林麗寬：《金門王爺民間信仰傳說之研究》（臺北市：中國文化大學中國文學研究所
　　碩士論文，2001年）。

12　楊樹清：《金門影像紀事》（臺北市：稻田出版有限公司，1998年12月），頁81-83。

13　陳清南：〈金門新頭伍德宮簡介〉（金門縣：新頭伍德宮，2000年）。

蘇永盛。「然浯州見聞錄同淵來者十二姓，獨無姓蘇。俗傳神為蘇永
盛，係出乩巫之口，文獻無徵，不足信也」[14]。《金門縣志·宗教篇》
認為隨陳淵來金者姓氏，並無姓蘇者，故此說其實並無實證，也難使
人信服，但過去資料龐雜，彼此抄來襲去，竟似也形成定說。甚至旅
遊書籍也以此為憑，遠流臺灣館編《鹿港深度旅遊》：「蘇府王爺原是
唐朝將軍蘇永盛，因協助官方開發金門，並使金門人免除海盜侵擾之
患，甚得人心，因此死後被奉為金門的守護神」。這種說法顯然是沿
用蘇王爺為隨陳淵來開發金門者之說，乃地方守護神的一種。

二　蘇緘之說

蘇緘，字宣甫，同安進士，確有其人。《金門縣志》以其為蘇王
爺：

> 神像英姿勃發，有正氣凜然之慨，應為宋英宗時皇城使在邕州
> 抗敵殉難之同安人蘇緘。[15]

又，《金門史稿》亦載：

> 蘇緘，字宣甫，素負義氣，寶元元年進士，初授南海簿……城
> 遂陷，緘猶領傷卒馳騎戰愈屬，而力不敵，乃曰：「吾義不死賊
> 手！」亟還州治，殺其家三十六人，藏於坎，敵縱火自焚。[16]

---

14 金門縣立社教館編印：《金門縣志·人民志·宗教》（金門縣：金門縣政府，1992
年），頁489。

15 金門縣立社教館編印：《金門縣志》（金門縣：金門縣政府，1992年），頁489。

16 謝重光、楊彥杰、汪毅夫：《金門史稿》（廈門市：鷺江出版社，1999年8月），頁
202-204。

據《同安縣志》云：

> 神宗聞緘之死嗟悼，贈奉國軍節度使，諡忠勇。……起與彝坐
> 謫官，後教人謀寇桂州，行數舍，見大兵從北來。呼曰：「蘇
> 城隍，領兵來報怨！」懼而引歸，邑人祠之。元祐中，賜額懷
> 忠，祀鄉賢，又祀忠義祠。[17]

如此看來，地方志與歷史論著以蘇王爺為蘇緘的說法也相當普遍，究
其原因最重要的乃真有其人。但就其忠勇赴義的故事為信仰起源，在
明清時期倭寇肆虐之時，這類神祇的靈驗故事常有所見。然據《同安
縣志》所載，以「蘇城隍」稱之，顯見蘇緘是以城隍神職被供奉，這
種功能的地方神祇如何轉化為護佑水師的海神，而被迎往船艙成為臺
灣三地與馬來西亞金門館航海守護神？可能有待更合理的說法。

三　蘇碧雲之說

　　陳金城〈大小嶝島宮廟群之歷史考察〉[18]認為蘇王爺是「曾兩次
駕船隨清朝正使佘新、副史趙光甲冊封琉球國王，四次運送漕米入
京，同治三年盟賜御匾『仁周海澨』及御香十二支」且隨後供於英靈
殿的海神。顏立水〈小嶝與金門的「蘇王爺」〉[19]一文中亦認為「蘇碧
雲由人變神是當時航運的需要」，顯然兩者皆同意蘇王爺為蘇碧雲的
說法，顏立水之文更直接將金門的蘇王爺等同為蘇碧雲，往後研究者

---

17 林學增等修、吳錫璜纂：《同安縣志・人物錄・忠義》（臺北市：文成出版社，1967
　　年），頁1098-1100。

18 陳金城：〈大小嶝島宮廟群之歷史考察〉，收錄於中國人民政治協商會議廈門市同安
　　區委員會文史資料委員會編《同安文史資料》，第19輯，1999年，頁131。

19 顏立水：〈小嶝與金門的「蘇王爺」〉，《鳳山鍾秀》（金門縣：金門縣文化局，2010
　　年），頁121。

受此說影響亦深，然此說最主要依據實來自清代使節趙新出使琉球的
《續琉球國志略》卷之二：

> 臣等謹案：琉球自通貢以來，封使遠涉重洋者，靡不仰藉神
> 庥；感蒙佑助，得以往來無滯。前「續志略」所載紅光、魚、
> 鳥諸瑞，使臣於復命日據實陳奏，輒邀溫旨褒錫恩綸。
> 臣新等幸膺斯役，於到閩日遵照舊章，迎請天后、尚書、拏公
> 各行像在船保護詔敕。於五年六月十九日舟抵球界之姑米外
> 洋，連日因風帆未順，水深不能下椗。是日適值暴期，斷虹現
> 於東北；午後，黑雲陡起，海色如墨；一舟皆驚。臣等謹焚
> 香，默禱天后、尚書、拏公並本船所供蘇神各神前。入夜，墨
> 雲四散，仰見星光，闔舟額慶。又於十一月初十日自球返棹放
> 洋，是夕複遇暴風，巨浪山立，越過船頂，船身幾沒，複觸礁
> 沙，勢極危險。臣等複於神前虔禱，化險為平。此皆仰賴聖主
> 洪福；而來往保護詔書、龍節，亦資神力。臣等溯查歷居冊封
> 事竣，例得為天后、尚書、拏公請加封號或賜匾額，此次仍請
> 照舊頒發。惟木船所供蘇神，未列祀典；臣等查詢閩省士民，
> 據云：『神蘇姓、名碧雲，係福建同安縣人；生於明季天啟年
> 間。讀書樂道，不求仕進。晚年移居海島，洞悉海道情形；海
> 船均蒙指引平安。歿後，於海面屢著靈異；兵商各船，均祀香
> 火。每歲閩省巡洋，偶遭危險，一經籲禱，俱獲安全』。此次
> 複屢叨護佑，可否按照海神之例，一並頒給匾額，用答神庥？
> 尋得旨允行。[20]

這個說法隨著趙新的《續琉球國志略》與研究者的推論越見定型，以
蘇王爺為蘇碧雲者皆援引此說，也有文物可加以佐證，據《鳳山鍾

---

20 趙新：《續琉球國志略》，卷之2，頁2，清光緒八年刊本，國立臺灣大學圖書館藏。

秀》所載：

> 現在小嶝英靈殿懸有同治三年皇帝御賜的「仁周海瀣」聖匾。
> 木匾長二點五五米，高一點〇四米，厚〇點一二米，字大約〇
> 點三八乘〇點四三米，週邊環以十八條蟠龍浮雕，褒揚蘇王爺
> 光被四海的神力，是同安境內所有神廟保存較好的清代木雕文
> 物。[21]

除此之外，廈門日報張再勇二〇一三年也有類似的報導：

> 小嶝民眾為其建造了「英靈殿」供奉。因此同治三年（1864）
> 皇帝頒賜「仁周海瀣」匾額。殿前石柱鐫刻長聯「蘇神威揚封
> 琉球震龍府；王道昭彰護京米晉爵爺」。老照片上的匾額系當
> 年同治皇帝御賜匾額的原件，據說，該匾額在文革時焚毀，現
> 在英靈殿的匾額係複製品。[22]

同治皇帝御书 "仁周海瀣" 匾

圖一　二〇一三年二月一日《廈門日報》

21　顏立水：《鳳山鍾秀》（金門縣，金門縣文化局，2010年），頁122-123。

22　http://www.bdxcv.com/readPaper.do?id=9E2D491298120B05659EFD5151F301FBB3FB
　　2D030C367DF419BE76E663E9DFDC8EA9A34083ED832CB1B0E9811DBECCA6　上
　　網時間：2016年10月25日。

　　甚至連二〇一六年十月的菲律賓日報亦採此說，黃國清在〈小嶝，上天的垂青地（上）〉中指出：

> 後來邱大順船隊再次擔當重任，清政府於同治三年敕封護船海神蘇王爺，賜匾「仁周海滋」，匾存於美人井旁蘇王爺的英靈殿。[23]

圖二　二〇一六年十月二十五《菲律賓日報》

　　這一系列講同治三年蘇王爺受同治帝封匾一事的文史資料，均係順延陳金城脈絡的開展研究，但事實真的如此嗎？

　　清朝曾八次冊封琉球國王，趙新於同治五年出使琉球，同時也是清朝最後一次出使琉球。詳觀趙新《續琉球國志略》，分上、下二

卷，言「先君子於同治五年奉命為正使，歸舟餘暇，纂錄成書。緣乾隆間，有翰林院侍讀周煌所纂《志略》、齊北瀛太守有《東瀛百詠》，而林勿村中丞所著錄者未見。恐巨典煌煌，散佚無考；故定著《續琉球國志略》。其義例，悉仍前志云。」[24] 書載出使琉球為同治五年而非同治三年，前人研究實為互相沿用又缺乏查實之誤記，事實上，我們還可更進一步確認趙新在《續琉球國志略》中關於蘇神之靈驗而祈請皇帝敕封一事是否為真？趙新書中所言「臣等查詢閩省士民」言「神蘇姓、名碧雲，係福建同安縣人」又是誰說蘇神是蘇碧雲呢？前人研究皆到《續琉球國志略》為止，趙新之言是否可信？我們先從同治帝敕封一事探究，趙新言：「此次複屢叨護佑，可否按照海神之例，一並頒給匾額，用答神庥？尋得旨允行。」趙新是否真在歸國後奏請聖上？我們可在《清代媽祖檔案史料匯編》中發現趙新確實上了奏片，也在文中翔實的記載了蘇王爺靈驗的感應故事：

一二四　於封使趙新奏懇加封號賜匾事奏片
同治五年十一月二十四日（一八六六年十二月三十日）

命臣往琉球於到閩日遵照舊章迎請

天后

尚書

鑾公各行像在船保護

詔於五年六月十九日舟抵球界之姑米外洋連
日因風信未順水深不能下椗是日適值暴期
斷虹現於東北午後黑雲迭起海色如墨一舟
皆驚臣等謹焚香默禱

天后

尚書

鑾公並本船所供蘇神各神前入夜黑雲四散仰
見星光閃舟頹慶又於十一月初十日自球返
棹放洋是夕復遭暴風巨浪山立趙過船頹船
身與沒復顛雒沙艷極臣等復於神前慶
禱化險為平此皆仰賴

聖主洪福而來往保護

認書龍節亦資神力臣等涉臺歷屆

冊封事竣例得為

---

[24] 趙新：《續琉球國志略》，卷之2，頁4b，清光緒八年刊本，國立臺灣大學圖書館藏。

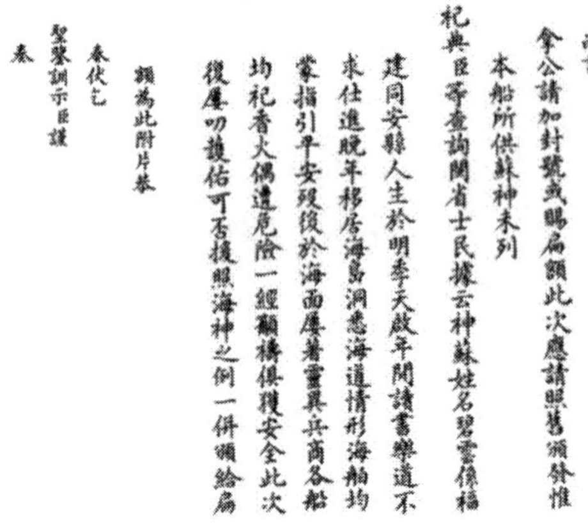

天后
尚書
拿公請加封號或賜扁額此次應請照舊頒發惟
本船所供蘇神未列
祀典臣等查詢閩省士民據云神蘇姓名碧雲係福
建同安縣人生於明季天啟年閒讀書樂道不
求仕進晚年邦居海島洞悉海道情形海舶均
蒙指引平安殁後於海面屢著靈異其商各船
均祀香火偶遇危險一經籲禱俱獲安全此次
復於神前虔禱可否援照海神之例一併頒給扁
額為此附片恭
奏伏乞
聖鑒訓示臣謹
奏

圖三　冊封使趙新為懇加封號賜匾事奏片

　　這則提為「冊封使趙新為懇加封號賜匾事奏片」內容翔實的反應了當「風信未順」且「適值暴期斷虹」海色如墨之際，趙新等人焚香默禱「天后、尚書、拿公、本船所供蘇神」之後是「黑雲四散、仰見星光」，又「十一月初十日」返航「復遇暴風巨浪」、「船身幾沒」，趙新等人「復於神前虔禱」，顯見趙新出使琉球一行不論往返皆遇海象險惡之危境，「一舟皆驚」又得平安之佑表明了為「本船所供蘇神未列祀典」，「請加封號或賜匾額」以答神庥感恩之情。自此，趙新為蘇神請求祀典一事得到了實證。同治五年十一月二十四日上奏，離趙新回國不過短短數日，同治皇帝又是如何回應呢？我們可再探得些答案，見同治六年四月初四日「著南書房恭書匾額發閩省於天后等廟懸挂事上諭」。

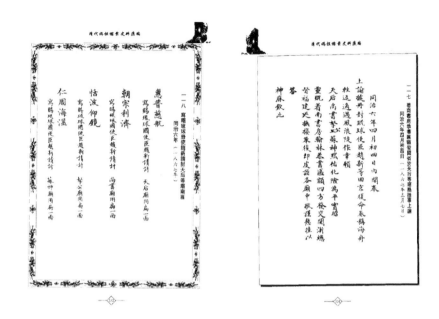

**圖四　寫賜琉球冊使趙新請討天后　圖五　著南書房恭書匾額發閩省於天
等廟廟匾　　　　　　　　　　后等廟懸挂事上諭**

　　從這道上諭（見圖5）中可見同治帝允了趙新為蘇神賜匾額之
請，命著南書房翰林恭書匾額四方，發交閩浙總督福建巡撫接奉後懸
挂各廟中，很明顯的，蘇神廟中懸同治帝所賜之「仁周海滋」是同治
六年四月的事，前人研究與報導中所言之「同治三年」的古匾恐非真
品，來歷有待進一步查證。然小嶝島上的英靈殿是否就是同治帝賜匾
的「蘇神廟」呢？在目前相對有限的資料中，可以看到幾個說法，前
則《廈門日報》報導指出英靈殿是「小嶝為其建造了『英靈殿』供
奉，同治三年皇帝頒賜『仁周海滋』匾額」，也就是說英靈殿即為趙
新請討的蘇神廟。但陳金城認為「英靈殿始建於明末清初，原祀池王
爺，清同治間改祀金門俗神蘇王爺。該廟一九八○年重建。」[25]依陳

---

25 陳金城：〈大小嶝島宮廟群之歷史考察〉，《同安文史資料》，第19輯，1999年，頁
130。

金城所言，英靈殿並非為蘇王爺所造，主祀神原為池王爺，明顯是賜封匾額後英靈殿才改祀蘇王爺，那麼，英靈殿匾非真匾、《廈門日報》報導與《同安文史資料》說法又有出入的狀況下，若要以英靈殿懸匾一事而認其為趙新請討的蘇王廟，恐怕是充滿疑慮的說法。但可以確信的是，蘇王爺與同安關係匪淺，查《冠船に付評價方日記》我們可以發現：

> 欽差冊封正、副使賜正一品趙、于為諭知事。本月十一日據頭二兩號船戶邱大順、金振茂稟稱：
> 竊順等兩船遵守例隨帶壓載貨物於七月二十八日稟蒙示定於本月初一日開館評價在案，詎料該評價司始則任意延宕，繼複抑價勒售。旦所還之價不但順等毫無利益，較之成本尚短甚鉅，然順等奉公渡海，置辦貨物成本以及稅繳等項概系摒擋挪借，若被賤價抑勒，情何以堪。[26]

這雖是一段同治五年八月十三日，清朝隨役船戶對琉球評價司任意壓價感到不滿進而向冊封使稟報的文告，但我們可從中發現「封舟」[27]頭、二兩號船戶分別是邱大順與金振茂，邱大順是邱時庵所率領的商船船號，而邱時庵即是同安小嶝名人邱葵（1244-1333）的後人。邱大順不只護送趙新使團前往琉球，進一步追查清宮檔案可以發現，在趙新之前，道光十八年（1838）四月十二日閩浙總督鍾祥與福建巡撫

---

26 冠船に付評價方日記簡稱冠船日記，是道光十八年林鴻年和清同治五年趙新、于光甲使團冊封琉球時，琉球評價司記錄的當時交易事宜。第二冊時間為清同治五年八月十日至同治六年二月止，詳見《冠船に付評價方日記》（二），國立臺灣大學圖書館館藏，頁10。

27 封舟為冊封使所用的船隻，清代封舟，或從水師選用，多數從民間徵用商船，冊封使所用封舟有兩隻，通常編為頭號船與二號船。詳見陳龍貴、周維強主編：《順風相送：院藏清代海洋史料特展》（臺北市：國立故宮博物院，2013年5月），頁144。

魏元烺上了一道「為備辦冊使前往琉球國一應事宜奏聞事」給道光皇帝，該年是為冊封琉球國王尚育，由翰林院修撰林鴻年、翰林院編修高人鑑擔任正副使臣，奏摺中載明：

> 其冊封使需用船隻，向係雇備堅固商船二隻，飭經藩司吳榮光親赴南臺海口督同府廳縣，於各商船內雇得閩縣船戶金廣發、邱大順商船二隻，船身堅固、檣具齊全，勘以涉歷大洋，並詢之屢經出洋將備等僉稱所雇之船實屬合式，現飭備齊槍礮器械分配二船。[28]

此行封舟的頭、二號船是金廣發、邱大順，故清代最後兩次出使琉球都是由邱大順運送。邱大順之所以可以連續兩次護送使團前往琉球說明了同安海商的堅強實力，靠著「船身堅固」且「勘以涉歷大洋」在藩司吳榮光親自審慎挑選下得配以槍礮前往琉球。查上述之文知趙新出使琉球，確實雇用小嶝商船邱大順號，趙新所言「臣等查詢閩省士民」言「神蘇姓、名碧雲，係福建同安縣人」，那些閩省士民極有可能就是提供商船派往琉球的邱大順、金振茂的船員。自此看來，早在同治年間同安的海商便已崇拜蘇王爺為海神並供於商船之上，蘇王爺是蘇碧雲的說法顯然是三者中比較可信的。

　　第二、三兩種說法均以蘇王爺為福建同安人，同安縣舊屬泉州府，金門島原屬同安縣之地，至民國四年，金門立縣後方各自為縣，同安與清代水師間有密不可分的關連，故不難想見蘇王爺的傳說起源以王爺為同安人。同樣的泉州府屬各縣移民中，信奉王爺的人以同安縣最多，安溪縣的移民很少拜王爺。各姓王爺中，蘇府王爺是同安縣金門島移民的守護人，有蘇府王爺的地方，即為金門島的人所開拓

---

28 陳龍貴主編：《清代琉球史料彙編——宮中檔硃批奏摺（下）》（臺北市：國立故宮博物院，2015年），頁129。

的。[29]除了地緣關係以外，同安梭船是清代戰船的一種，同時也是清代福建同安縣一帶民用海船，在嘉慶、道光年間為清軍水師的主力戰艦。嘉慶十年（1805），嘉慶下令增加臺灣水師同安梭船三十艘，編為善字號，兵分設臺灣協標中左右三營。自此我們可以發現金門蘇王爺與同安密不可分的關係，既被同安海商邱大順供奉於船上，護佑使團得同治帝封匾，又見以清代水師供奉信蘇王爺為海神，同安人蘇碧雲當是可以被理解的信仰起源，蘇王爺是本地人又熟諳海道，自然成為海商、水師、民眾首選的地方海神，既有官方恩賜又有民間信仰，在官民共同崇拜下，蘇王爺的神威自然得到擴展。從護佑海運的海神為信仰起源，這類護佑官員海行而由皇帝賜匾加封的神祇，蘇王爺並不是特例，雖不如天妃列為官祀，但透過官員認證、皇帝賜匾後，對信徒而言，神威的顯赫自然不在話下。

第二節　安平地區蘇王爺的傳說與信仰

康熙二十二年（1683）鄭氏降清，臺灣納入清版圖，設臺灣府，下轄三縣。清朝為鞏固版圖，安平成為當時水師駐臺的重鎮，統轄中、左、右三營，為了讓這些由福建水師提標及轄下各鎮、協、營等單位抽調而來協助移防安平的水師有所依靠，來自同鄉的班兵以原屬單位為名建立了安平五館，作為供奉家鄉神祇與聚會連絡之所，分別是：提標館（福建水師班兵）、烽火館（福寧鎮烽火門營班兵）、海山館（海壇鎮標兵）、閩安館（閩安協標班兵）、金門館（金門鎮標班兵）。安平五館雖為當時清軍水師的活動中心，但目前僅存海山館，安平金門館設立於清康熙二十二年在日治時期遭毀，原址即為現在觀

---

29 林衡道：〈臺灣世居住民的祖籍與神明〉收錄於國學文獻館主編《臺灣地區開闢史料學術論文集》（臺北市：聯經出版事業公司，1996年6月），頁269。

音街的劍獅埕。[30]安平地區供奉蘇府王爺者有三處，分別為安平海頭社伍德宮、海頭社金龍殿、囝仔社伍德宮。以上為安平地區主祀蘇府王爺的廟宇，配祀者有海頭社文朱殿（二蘇王、蘇府三王）、港仔尾社靈濟殿（蘇府千歲）、囝仔社妙壽宮（兩尊蘇府千歲）、海頭社金龍殿（蘇府三王爺原安平水師金門館）。海頭社文朱殿的二蘇王是金門館伍德宮為建廟前寄放在文朱殿的，為邀請來行醫救世的客王，但因也姓蘇為了不喧賓奪主與其他神尊混淆，故以「二蘇王」稱之。以下就主祀蘇王爺的三間廟宇逐一論述。[31]

　　（一）安平海頭社伍德宮，位於安平區安北路一〇三巷七弄二樓，安平市場後方。伍德宮建廟嚴革載清康熙三十年（1691），再調派金門駐軍移防臺灣，營兵奉請金門新頭伍德宮「蘇府大千歲」的金尊護佑部隊來臺，駐紮並安奉於金門館內，並陸續粧塑蘇府五位千歲的金尊一併奉祀，於清咸豐三年（1853）大地震時倒塌，直到民國八十七年（1998）由眾善信募捐集資購得現今市場旁現址。前身為海頭社金門館伍德宮，沿革碑誌載五位千歲福建同安縣人，成聖後於海上

---

30 安平金門館原址位置乃根據安平伍德藥局老闆林永祿之言。採訪地點：安平伍德藥局。田野調查時間：2016年7月15日。

31 臺南地區尚有位於臺南市東區光華街二七五巷二號的東門伍德堂也以奉祀蘇府王爺為主，緣自早期清水寺境伍德宮，堂內供有分靈自金門新頭伍德宮的蘇、邱、梁、秦、蔡五府王爺與清水寺境伍德宮「金門館」牌匾。但因其屬性與所在地離安平較遠，故不在正文中論述，但其與艋舺金門館、艋舺金復興社的關係反而是比較緊密的交陪狀態。堂主葉大成幼時對於神明就有感應與興趣，曾在清水寺境的伍德宮參與廟務活動，與昔時館主安平人的謝文隆相識進而信奉安平金門館的蘇府千歲，後因謝文隆仙逝才由他來接手延續香火，因緣巧合堂主當兵三年也都在金門服役，加深其對蘇府王爺的信仰認識，遂於民國六十五年創立伍德堂至今。過去在翁志廷《金門蘇王爺之信仰研究》中曾提及一則蘇王爺尋找一個「不假離營」士兵的靈驗傳說，見其碩士論文，頁97-98。翁志廷據訪談地方者老汪輝龍先生所言，記下這個故事。筆者則於田野調查過程中意外得知，那個在「雷霆演習」中不假離營的士兵，就是葉大成。他因酒醉不醒人事而未回營，睡夢間見一穿青龍袍手舉「蘇」旗的黑面武將喚醒，方知酒醉誤事。田野調查時間：2016年11月9日，受訪對象：東門伍德堂堂主葉大成先生。

靈異顯護海航指點安航。從廟宇門聯可知其與金門關係密切,「海頭社境恩覃群黎沾聖德,金縣城門蹟溯萬世仰蘇王」。「蘇府威嚴蹟繼金門恩浩蕩,王爺烜赫宮揚寶島史流芳」。另外從廟宇中的匾額也可知其與艋舺、鹿港金門館伍德宮往來之密切,廟中的『神靈顯赫』是鹿港金門館管理委員會敬贈、『錫福佑民』是艋舺金門館金復興社敬贈。海頭社伍德宮中的蘇府王爺是從金門新頭伍德宮分香而來,應是與金門關係較為密切者。艋舺金門館皆至該廟進香。海頭社伍德宮平日則參香者較少,一樓入口處為防範宵小與流浪貓狗,樓梯入口處設有鐵柵欄,造訪者不易進入。

　　(二)海頭社金龍殿,位於據廟前史蹟碑載:

> 本廟創始於西元一五九三年,名為福德祠,主祀福德正神與福德夫人。明永曆二十五年,西元一六七一年改福德祠為金龍殿,主祀福德正神、福德夫人、老澳蘇府千歲。於西元一八七六年主祀金門館伍德宮蘇府三王爺、福德正神、福德夫人。

金龍殿是過去漁民出海前祈求保佑與豐收的祭祀廟宇,據主委陳展川先生表示殿內原本供奉的蘇大王爺與梁三王爺於民國六十二年(1973)改建時因殿內管理委員會意見不合而出走,現今殿堂內供奉的兩尊蘇府王爺後來才奉請的。陳展川所指出走的蘇大王爺即是金門館遭毀後被安置於金龍殿內的蘇王爺,金龍殿在安平是歷史悠久的土地廟,一九二九年曾重修過,離金門館相當近,接受金門館蘇王爺後進一步擴充了自身的信仰儀式系統,蘇王爺也在廟中成為主祀神之一,因此在意見不合出走後,廟方仍又重新自金門伍德宮奉請兩尊蘇府王爺,以維持自身的信仰體系,這也是官廟廢棄後班兵信仰走向民間信仰的一環,開始成為與社區地方緊密連結的角頭廟。王爺在福建泉州本是瘟神,然現在臺灣的民眾多不記得或不在意其瘟神形象,多

已將其視為地方守護神是掌理地方秩序的神明。如金龍殿將其蘇府王爺視為保護漁民出海捕魚的神祇，與過去的神明功能相比，起了很大的變化。

（三）囡仔社（又稱妙壽宮社）伍德宮，安平有兩處主祀蘇府王爺的廟宇皆名「伍德宮」，相較之下，位於運河旁的囡仔社伍德宮地理位置較為顯著，對於一般信眾與遊客而言，容易尋訪與參拜。關於安平囡仔宮社伍德宮的由來，根據《伍德宮廟誌》所載：

> 曾有一次，泉州府的船隻在往安平的途中遇大風浪，船破停泊在金門沙灘修理長達二十六日之久。結果這艘船的軍隊有一半的人繼續前往臺灣報到，另一半的人則留下來，等待船隻好了再到臺灣。緣此，當時有這樣的約定，往來大陸及臺灣的軍隊若是要在兩地建廟，廟名將同為「伍德宮」，並共祀蘇府千歲。於是金門、安平這兩地都有以「伍德宮」為名的廟宇，供人、神暫住之用。[32]

廟中所供奉的蘇府王爺雖不是由金門分靈而來，但囡仔社伍德宮卻與金門也有關連，因為廟中坐正中央主位的天上聖母媽祖及千里眼與順風耳神像都是從當年金門館奉請而來。拜契與水手會也是囡仔社伍德宮特殊的儀式，雖然安平伍德宮在溯源後認為跟金門伍德宮沒有分靈廟的關係，意即金門伍德宮並非祖廟，但從各方面來看，都與金門脫不了關係。我們試見以下這則傳說：

> 過去在八二三砲戰還沒發生之前，曾經有一次，王爺出面點化救護地方子弟。五王降駕，要境內子弟在外當兵者，皆將其生

---

32 林小雨、梅慧玉：《伍德宮廟誌》（臺南市：安平囡仔宮社伍德宮管理處，1999年），頁8。

辰八字寫在金紙上，並將金紙放於廟中供桌。隨後八二三砲戰
開打，王爺在公所還沒有通報存亡者姓名前，已經搶先通報，
那些放在供桌上的弟子大部分都因王爺護持幸運生還，但有人
是來不及拿來的，等到家人拿來廟裡後，王爺指示已經遲了，
隨後區公所的人前來通報，果然跟王爺指示的名單一樣。[33]

在這則靈驗傳說中，既不顯水神形象亦不顯助戰之貌，是以社神的功
能護佑境內子弟，而這個以八二三砲戰為背景的傳說也說明了蘇王爺
與金門地區特殊的地域關連。這些在安平地區供奉蘇王爺的廟宇雖然
對香火起源的說法不同，但彼此為交陪境的關係，某種層面來說仍維
繫著以金門蘇王爺的信仰脈絡，蘇王爺的香火也透過這些廟宇網絡得
到永續綿延的可能，這並非是理所當然的發展，因為就在臺南市區，
同樣是水師所建的兵建廟宇總趕宮命運就截然不同，總趕宮為明鄭時
期水師所建，祀軍船守護神倪總管，入清之後廟宇由民間接管，歷多
次整修。[34]同樣是水師兵建廟宇，倪總管與蘇王爺在臺南的發展有諸
多的雷同，總管信仰在清初也曾風靡一時，普獲信眾支持，增建三所
聖公廟，但又因廟宇所在位置地貌改變而於嘉慶年間便已沒落，從此
處可見，祭祀圈成員的組成分子與廟宇香火的永續有直接關係，少了
舟人漁民的熱情奉獻，轉為一般境眾守護神的倪總管在沒有特定族群
的支持下，迅速沒落，而蘇王爺則因金門館與金門人後裔的支持而得
以延續相對穩定的香火。兩相對照之下，蘇王爺與倪總管皆屬地方海
神，顯應傳說也均以護佑海運、護軍制敵為主，可蘇王爺信仰在金門
開枝散葉，宮廟、信眾廣布臺灣，甚至遠及南洋；然倪總管信仰卻香

---

33 田野調查時間：2016年7月15日，受訪者：囝仔社伍德宮委員林永祿。口訪地點：
囝仔社伍德宮。

34 徐明福計劃主持：《臺南市古蹟使用調查與評估（附錄）》（臺北市：文建會，1996
年4月），頁357。

火漸形寂寥，終至轉型為地方社神，在臺南保留其信仰支脈。

第三節　鹿港地區蘇王爺的傳說與信仰

　　道光四年（1824）之前，嘉義以北班兵，均以鹿港為換防口岸，其後除了來自閩北的淡水廳，以及噶瑪蘭之駐軍由八里坌登陸之外，其餘者照舊。換言之，鹿港一直為各籍班兵之換防口岸。乾隆五十二年（1787）為敉平林爽文事件安平水師左營游擊移防鹿港，其駐軍乃於鹿港興建會館，並迎請蘇王爺坐鎮該館，以供軍人膜拜。由於日後班兵漸減，同時部分都落地生根，因而「金門館」又逐漸轉變為集居於附近之水師官兵後裔之地區性祠廟。[35]鹿港金門館原是許樂三（生卒年不詳）的住屋，許樂三，金門後浦人。乾隆中葉東遊臺灣，寄籍鹿港，甚有聲名。念同鄉標兵遣戌，至無棲息之所，乃棄齋宅收容之，名曰「浯江館」。[36]鹿港金門館的蘇府王爺分香自金門東門內校場觀德堂的蘇府王爺，往上溯源可以發現鹿港金門館也以金門新頭伍德宮為祖廟，並曾在民國八十年代重修期間組成奠安香火隊回到祖廟祭拜。鹿港金門館乃為解決來自金門的水師班兵生活起居而設，自然形成一個以金門人為主的小型祭祀圈，原本信眾多為金門籍，但時至今日已成為由龍山寺後方約三十戶人家供奉，且不全然是金門人，在信徒減少後從「人群廟」[37]轉變成「角頭廟」[38]。關於鹿港金門館的創

---

35 施添福：《鹿港鎮志‧地理篇》（彰化縣：鹿港鎮公所，2000年），頁155。

36 張子文：《臺灣歷史人物小傳──明清暨日據時期》（臺北市：國家圖書館，2003年2月），頁464。

37 人群廟係指同一個祖籍的人群所祭祀信仰的廟宇。

38 所謂角頭是指庄、街、市之內部的次級聚落單位，常與同族聚居的現象有關，角頭廟便是角頭內的公廟。詳見林美容：《祭祀圈與地方社會》（新北市：博揚文化事業有限公司，2008年11月，頁299。

建與重修等來由問題卓克華[39]、陳仕賢[40]等研究學者已有清楚的論述，此處不再贅述。

鹿港澎湖厝另有以蘇府二王為主神之裕安宮，亦出於金門「浯德宮」。該廟碑記記載蘇府王爺為商代冀州侯蘇護，後受姜子牙封為東斗星君，繼又被玉帝封為代天巡狩大總巡。明朝年間，有百姓自杭州迎王爺神尊至金門，為福建水師金門總鎮護營神。後王爺顯化告知金門百姓，將有兩塊木頭漂流至岸邊，須前往撿拾刻成神像，民眾將刻好之神像安奉在「浯德宮」（碑記為伍德宮），後神像隨先民來臺，而裕安宮稱金門館之二王原為裕安宮所有，而目前裕安宮中之二王神像為重刻。裕安宮所在的「澎湖厝」早期因有眾多澎湖來的移民，故名之，現在則剩少數來自澎湖的居民，鹿港當地居民為多，金門來的移民反而在當地耆老印象中未有。[41]但因為澎湖早期移民也多數為金門人的關係，裕安宮與金門蘇王爺的血脈相連不言自明。

鹿港景靈宮的前身乃是景福宮，原為鹿港的東土地公廟。[42]也有自金門浯德宮奉請而來的蘇府三王爺，景靈宮與祖廟的關係也相當緊密，近年來多次遠赴金門水頭伍德宮進香謁祖，期許香火永盛，門邊有一木匾為當時謁祖時降乩所示，景靈宮將之製匾：

> 離開故鄉幾百年，弟子有誼結善緣，弟子隨吾有三年，未知何時再結緣。

傳聞道光九年（1829）牛墟頭許姓族人因感無角頭地方神明，聽說由

---

39 卓克華：〈鹿港金門館——一座清代班兵伙館的新發現〉，《寺廟與臺灣開發史》（臺北市：揚智文化事業公司，2006年3月），頁2-52。

40 陳仕賢：〈鹿港金門館之研究〉，《2014金門學國際學術研討會論文集》（金門縣：金門縣文化局，2014年），頁279-291。

41 田野調查時間：2016年7月21日。受訪者：裕安宮委員李先生。口訪地點：裕安宮。

42 卓神保：《鹿港寺廟大全》（彰化縣：財團法人鹿港文教基金會，1984年7月），頁69。

水師主持的金門館，其主祀神明蘇府王爺十分靈驗，恰巧早先境內已有人自金門館分香得一尊三王，而由諸爐主輪流供奉於家中。然因一時找不到地方安奉，故暫且寄祀於景福宮內。又由於蘇府王爺過於靈異，常救信徒於苦難，威名遂凌駕土地公，遂改名景靈宮。景靈宮蘇府三王爺有許多則的靈驗傳說，如同治十年（1871）鹿港大旱，眾信徒前往海濱祈雨，霎時大雨傾盆。蘇府三王爺祈雨解旱象；光緒二十三年（1897），牛墟頭南面有一名為公館池的大水池，池內的水鬼害人無數，民眾不堪其苦，當年端午節王爺將之擊退西方海面，從此不再作怪，以恢復地方安寧等神蹟，皆為人民所稱道。[43]

> 同樣是奉祀蘇府王爺，景靈宮香火卻遠比金門館興盛的太多。這固然與角頭的大小有關，如以今日來說，金門館的祭祀圈僅二十八戶，奉祀景靈宮的牛墟頭居民卻達三百多戶。另外，金門館為水師所建，在性質上仍屬官方，自然不及民間廟宇來得親切，其香煙不能廣為散佈，自是情理中的事。[44]

金門伍德宮系統之蘇府王爺，在臺灣的分靈廟宇多半與過去北中南三處的金門會館有很深的淵源，其他少數則分散各地，然鹿港地區不僅保留現存唯一一座金門館，因祭祀與活動場域小的關係，故祭祀圈範圍不變，但神祇功能改變，更同時有了主祀大王、二王、三王的廟宇，這在臺灣的王爺信仰中誠屬罕見的特例。

鹿港奉天宮[45]奉祀蘇府大、二、三王爺，雖然並非分靈自金門伍

43　卓神保：《鹿港寺廟大全》（彰化縣：財團法人鹿港文教基金會，1984年7月），頁70。

44　《鹿港寺廟大全》（彰化縣：財團法人鹿港文教基金會，1984年7月），頁72。

45　鹿港奉天宮現存一匾「含宏光大」，上款甲申季冬，為光緒十年（1884）十二月。立匾人為監生施斗元及蕭某、施斗魁，銜署重興總理，知該宮於光緒十年曾重興，然施斗元等三人生平事跡不詳，待考。

德宮，但因其在鹿港的蘇王爺信仰裡極具分量，且《鹿港奉天宮志》中以林美容祭祀圈與信仰圈的概念，就鹿港地區諸多形態各異的王爺信仰中，將蘇府王爺的信仰分布，分為三個不同的系統：一、鹿港北頭奉天宮；二、鹿港廈郊萬春宮；三、金門伍德宮。這三個信仰系統除了祀神緣起與分布地域不同外，其信仰在鹿港當地後續的發展狀態亦各不同。[46]從這個分類可知，在鹿港地區，奉天宮蘇王爺的系統和金門蘇王爺系統是得以分庭抗禮的，故亦做討論。

相傳三位蘇府王爺的聖誕都選在農曆的四月十二日，各地信徒陸續組團擇期前往奉天宮參香，向蘇府大王爺膜拜。蘇府王爺在鹿港開基，迄今已有三百餘年，相傳，清康熙廿三年（1684）大王爺率領二名神弟，以神柴化身，在海中漂流，並以刺目神光，令一名叫鄭和尚的漁民在鹿港外海中發現隨波沉浮的燦爛光茫，當漁夫回程時，也跟隨著流靠海岸而拾獲一塊神奇的木柴，乃將之攜回，置於家中牆角，又感應神柴夜間發出毫光的神蹟，乃在傳頌下，經漁民開始奉祀朝拜。

之後，王爺又在漁民的夢中顯靈指示，漁村角頭乃根據神將三塊神柴，分別雕刻為大王、二王、三王等神像。大王爺造型文官裝束，腳踏金獅；二王爺高大威武，一介英勇武將；三王爺則文武兼備，腳著繡花鞋，三尊神像身材相似。

另一傳說，鹿港漁民鄭和尚捕魚時，網獲一塊奇特的木頭，起初他隨手丟棄，不料下網不久，又再度上網，不得已，只好帶上岸，不料半夜卻夢見神明現身，說祂是天帝駕前文判，曾下凡至福建北頭為官，現在願在鹿港開基佑民，並留下一詩以示其姓：蔡公去祭忠臣廟，曾子回家日落西，此去金科脫了斗，馬到西安留四蹄。眾人一拆解，方知是蘇，而將異木雕成神像。於是當地便以北頭為名，而蘇府

---

46 李秀娥：〈緒言〉，《蘇府大二三王爺開基祖廟鹿港奉天宮志》（彰化縣：鹿港奉天宮管理委員會，1997年），頁7。

王爺從此成為北頭漁民的信仰中心。[47]奉天宮對面為天后宮，蘇府大王爺是天后宮媽祖的「副駕」，媽祖如有神意，都透過蘇府大王爺的降乩指點。這種說法亦見於白沙屯天德宮，天德宮所供之蘇府王爺亦為白沙屯媽祖的「副駕」，多年來白沙屯媽祖出巡的日子都是透過蘇王爺所選擇。

　　早期奉天宮並無固定廟址，在鹿港北頭一帶輪值爐主，是每年隨擲筊選出爐主，按年輪流奉祀宅中，流動地區則仍只於北頭一帶漁村。直到民國五十一年於現址建廟，五十七年落成並定名奉天宮。奉天宮分靈的寺廟，不僅遍布臺灣各地，福建與廣東沿海的廈門、泉州水靈殿、石獅、蚶江、晉江、衙口橋頭村、汕頭等地，都有奉天宮蘇府王爺的分香廟宇；甚至遠在菲律賓也有分靈出去的王爺神像。

　　臺灣許多廟宇神明，幾乎都從大陸分香而來，但是奉天宮的蘇府王爺，卻在鹿港開基由臺灣分香到大陸，相對罕見，奉天宮的香火興盛，可見一斑。這些靈驗事蹟都反應臺灣民間信仰的共相，那就是信仰流布最大的動能是神蹟，瞿海源[48]指出這是臺灣民間信仰特殊的「以靈驗為本位」現象，從《鹿港奉天宮志》中亦可略窺一二：

　　　　而本宮現有由李顧問丕顯先生編撰的鹿港奉天宮簡介，由於著
　　　　墨內容與字數較少，尚不能彰顯蘇府大王爺開基顯勝與後續發

---

47 許漢卿改寫、鄧文琪提供：〈鹿港蘇府王爺之由來〉，《鹿港傳奇》（彰化縣：左羊出版社，1997年），頁63-64。這則傳說流傳甚廣，許雪姬：《鹿港鎮志・宗教篇》，2000年，頁169；遠流臺灣館編著：《鹿港深度旅遊》（臺北市：遠流出版社，2001年8月），頁35-36，均有收錄。

48 瞿海源認為「因為臺灣地區大部分的民眾都是民間信仰者，而民間信仰中以靈驗為本位、對神明的觀念不很清楚、功利性格強、以及靠神更要靠自己的特質，不僅深植人心，更影響了與宗教有關的種種行為和價值觀念，而其中最常外顯的行為就是對寺廟的奉獻」。見氏著：〈民間信仰的基本特徵與奉獻行為〉，《臺灣宗教變遷的社會政治分析》（臺北市：桂冠圖書股份有限公司，1997年），頁167-208。

展的種種事蹟，故實有為本宮蘇府王爺立傳之必要，藉以更加
詳盡的傳述其護國佑民之事蹟，以昭示於後世子孫、善男信
女。[49]

　　為了彰顯神蹟故又新撰宮志，同時也是為了蘇府王爺信仰的傳
播。以鹿港地區的蘇府王爺信仰而言，來自金門伍德宮系統的信仰在
金門館式微後祭祀圈也不再擴張，但相對的奉天宮系統的蘇府王爺反
而成為鹿港地區蘇府王爺信仰較強勢的系統，周遭地區如彰化湖東的
蘇天宮[50]、集義宮等均分靈自此，甚至大陸地區、菲律賓也有分靈
宮，[51]顯見奉天宮系統蘇府王爺信仰的壯大。[52]在靈驗傳說方面，北
頭蘇府大王爺曾在與原住民的戰爭中出場，據云約在同治末年阿罩霧
（霧峰）地方番害頻仍，鹿港理番同知熊兆飛帶蘇大王督軍討伐前，
神曾示諭：明日某刻，某方面會有原住民出草，須由某方面迎擊，熊

49　李秀娥：〈緒言〉，《蘇府大二三王爺開基祖廟鹿港奉天宮志》（彰化縣：鹿港奉天宮
　　管理委員會，1997年），頁8。

50　蘇天宮浸水王爺傳說也相當知名，有蘇府王爺生日（四月十二日）就下雨的傳說，
　　由於每年這天都下雨，很少例外，故有「浸水王爺」之名。據說蘇王爺生日，一定
　　下雨，有時前一天很酷熱，甚至當天日間也晴空萬里，但總會下雨，不在日間，也
　　會在夜間突然下陣雨，鄉民認為蘇府王爺很靈，因而尊稱之。究其原因早期湖東里
　　地勢低窪，每逢下雨就氾濫成災，農作物嚴重受損，尤其在農曆四月中旬，下雨的
　　可能性特別大，農作物浸泡在水裡，居民對蘇王爺的祭祀也多有祈求農損不要過多
　　的心理。

51　民國七十六年（1987）晉江衙口橋頭村蘇府大王降輦指示，要求眾善信排除困難，
　　一定要回祖廟謁祖。經信徒商量結果，決定將神像、令牌、神璽送到香港，再推派
　　該村蘇府大王爺爐下旅香港華僑施純耀、菲律賓華僑施其仁兩人為代表，全權負
　　責。是年（1988）四月二十一日兩人到達鹿港謁祖進香，橋頭村蘇府大王降輦，向
　　祖千歲行禮後入神龕奉置。詳見《蘇府大二三王爺開基祖廟鹿港奉天宮簡介》，鹿
　　港奉天宮管理委員會，頁15-16。

52　該系統尚有神明會──北頭蘇府大王爺會，地址：菜市頭七〇四番地，後建成奉天
　　宮，可知奉天宮是由神明會演變而成。設立時間為嘉慶十九年（1839），詳見許雪
　　姬：《鹿港鎮志・宗教篇》（彰化縣：鹿港鎮公所，2000年），頁231。

依此戒備，翌日果然，遂未被原住民偷襲得逞。[53]由此觀之，奉天宮蘇王爺的信仰體系與儀式均發展的相當完備，成為一個獨立的蘇王爺信仰系統。

　　蘇王爺的信仰傳至鹿港後，產生在地化的結果是也參與送肉粽或暗訪等當地特有的習俗活動，雖不是既定活動，但與當地角頭廟的交陪關係也影響了鹿港金門館蘇王爺的信仰樣貌。這些金門人透過蘇王爺信仰得到神明的庇佑也藉由共同信仰維護同鄉情誼與建立聯繫家鄉的管道，然而這些老金門人逐漸凋零，年輕人也未必參與，而使蘇王爺漸漸成為由家族經營管理的廟宇模式。這似乎是臺灣地區蘇王爺信仰的共相。經濟限制是他們共同的困境，透過參與角頭廟活動、扶鸞問事、收誼子女等宗教活動維繫香火，回金門進香既有信仰正統的來歷也有實際情感的交流，盼望回鄉的不止是神祇，更多的是王爺的金門子民。然除了臺灣本島之外，澎湖群島也見有金門蘇王爺信仰的流傳，位在馬公市復興里的海靈殿即是一例，海靈殿的蘇府王爺相傳也是分香自金門新頭伍德宮。據《馬公市志》所言：

> 明萬曆年以後，澎湖開始第二次移民，以福建泉州屬同安縣金門人遷來最早……第二期移民依時間及動機可分為前後兩期，前期乃自明萬曆初年至順治末年，雖多以謀生從事漁農為目的，但亦因明天啟、崇禎年間，閩省災荒最重，泉漳兩府人民相率渡海至澎者為多。後期移民自清康熙二年（1663年），鄭經戰敗，金、廈兩島人民不勝兵燹，多棄家隨軍前來。[54]

又，黃有興《澎湖的民間信仰》亦載「萬曆初年，第二期移民以福建泉州府同安縣金門人遷來最多，其後來者亦以同安縣人為多，較好地

53　許雪姬：《鹿港鎮志・宗教篇》（彰化縣：鹿港鎮公所，2000年），頁302。

54　蔡平立：《馬公市志》（澎湖縣：馬公市公所，1984年），頁265。

區澎湖本島多被同安縣人所佔。」[55]可以想見這些金門移民移居澎湖後也將原鄉信仰帶至澎湖,澎湖海靈殿的蘇府王爺正是這樣的例證。海靈殿,創建於道光十七年(1837),據傳由先民自金門新頭五王廟恭迎蘇府四王爺神像,以卜爐主方式輪流供奉。而後於道光十七年從廈門迎回蘇府王爺金身,暫時安置於臨近地藏王廟,同治三年(1864)卜建廟於現址,曾在清末時期接獲由泉州流放的王船,隨後又由海靈殿放流,接續漂到臺南土城海岸,被信眾拾起,供奉在土城聖母廟內。後海靈殿於廟中供奉小型木造王船,每次臺南土城聖母廟舉行迎王祭典時,皆有神祇前往參與遶境,海靈殿設有集鸞社兼善堂的鸞堂組織,舉行扶鸞活動並集結成鸞書。澎湖主祀蘇府王爺的廟宇除了海靈殿外尚有光明里東鳳宮、桶盤里福海宮、白沙鄉岐頭村鳳儀宮、望安鄉東安村中宮廟。

第四節　艋舺地區蘇王爺的傳說與信仰

艋舺金門館是臺北地區唯一一座奉祀金門蘇王爺的祠廟,早年是班兵伙館兼同鄉會館,香火起源據傳是道光年間住在艋舺萬安街(今龍山國中附近)的金門水師班兵王士仁,由金門「觀德堂」奉請蘇王爺神像來臺,初祀於王家,清咸豐七年(1857)始築祠祭祀,歷經清朝、日治時期、民國三次變遷,現在由始建人王士仁的第四代裔孫王來蓮、高清美夫妻負責管理。[56]龍山國中為過去清代軍營之所在,目前有臺北市文獻會所立「清艋舺陸路中軍守備署」石碑為證,關於艋

---

55 黃有興:《澎湖的民間信仰》(臺北市:臺原出版社,1992年8月),頁39。

56 陳永富:〈《活事吾聞》艋舺金門館傳承金門香火〉(金門縣:金門日報社發布),2016年4月9日。http://web.kinmen.gov.tw/Layout/sub_F/News_...NewsContent.aspx?NewsID=166734&frame=43&DepartmentID=13&LanguageType=1。上網時間:2016年11月1日。

艋舺金門館蘇王爺的靈驗故事[57]，《臺灣歲時小百科》載：

> 臺灣的金門館是由金門的王氏人家移奉來臺，最初僅祀王家，
> 及至光緒某年間王爺化身成人至市街購買祭典用品及建材若
> 干，成交的時候，王爺忽然失去蹤影，商家所收到的金錢也變
> 成金紙，所購的物品更是神奇的跑到王爺神像前，經王氏人家
> 擲筊請示後，謂需建廟奉祀，乃集資建「金門館」祀奉。[58]

關於艋舺金門館的緣起眾說紛紜，這則傳說反應的或許不是光緒年間
王家人集資建廟的史實，但卻是艋舺金門館的困境與現況，蘇王爺在
金門館消失後一度由王英順管理，王英順過世後才轉由王來蓮夫妻管
理，兩代管理人均住在廟旁左右側，為親戚關係，現在平常也都是由
王家人早晚點香供奉，誕辰祭典時才會有附近的民眾前來祭拜，其他
時間很少互動，這裡的蘇王爺與其說是地方保護神，或可說是家神，
會更為貼切。但我們可從另外一個角度，略窺艋舺金門館蘇王爺的過
去。楊樹清在《鄉訊焦點》金門日報鄉訊開版六周年系列報導四之
二：〈鄉情座標篇〉，曾專題報導過一篇文章〈蘇府王爺，觸動尋找鄉
情座標〉，以下節錄：

> 一九九三年六月五日星期六《鄉訊》開版後，收到一位叫蔡朝
> 興的旅臺陌生讀者寄來一卷未沖洗的「立可拍」，附了張便
> 箋，說是國曆五月三十一日，農曆四月十一日這一天，他人在
> 臺北市萬華的西門町走動，碰巧遇見艋舺金門館蘇府王爺誕
> 辰，神明遶境隊伍從廣州街到昆明街，綿延了一公里長。蔡朝

---

57 默哲：〈臺灣奇廟誌異——金門館蘇府千歲誌異〉，中華日報，1984年。
58 劉還月：《臺灣歲時小百科》（臺北市：臺原出版社，1989年），頁292。

興原本也不清楚是哪來的神明，是在看到花車、花燈、令旗，及至遶境隊伍，出現了「金門館蘇府王爺千歲」、「艋舺金復興社」的鮮明大字，這才驚覺金門家鄉來的神明。

籍地瓊林的旅臺遊子蔡朝興觸到這一幕，感動之餘，立即就近衝入路旁的超商買了卷「立可拍」，一跟隨跟拍現場畫面，拍完後立刻郵寄給《鄉訊》使用，並附言期待《鄉訊》能多發掘一些金門血緣歷史、文化、宗族與臺灣產生連繫的故事。是蔡朝興一卷「立可拍」的觸動，讓《鄉訊》生起探索金門族群脈動、決定投入《尋找金門鄉情座標》的專題製作。[59]

這則報導帶來了幾個值得注意的訊息，一是艋舺金門館的蘇王爺誕辰也是以農曆四月十二日為主，並且在民國八十二年時蘇府王爺還會於誕辰時出巡遶境，當時仍具有地方性廟宇的特質，後因二〇〇三年SARS 病情風暴衝擊與經濟因素的考量下，才終止了遶境巡安之活動。雖然停止了聖誕遶境活動，但艋舺金門館、艋舺金復興社[60]與臺南東門伍德堂有固定的交陪關係，每年蘇王聖誕之前他們會南下遊香，到東門伍德堂後再往安平海頭社伍德宮，但二〇一六年僅至東門伍德宮，未至安平伍德宮，可知艋舺金門館在廟宇交陪關係上也逐漸與安平蘇王爺系統漸為疏遠，這固然是因為經濟因素與人為因素，但其中也呈現蘇王爺信仰在臺灣有了新的樣貌，透過主事者的經營，也改變了廟宇間的交陪網絡。[61]至於為何艋舺金門館與府城東門伍德堂

---

59 楊樹清：〈蘇府王爺，觸動尋找鄉情座標〉，《金門日報》，2008年6月14日。網路電子報：http://www.kmdn.gov.tw/1117/1271/4189/48036/。上網時間：2016年10月5日。

60 現在艋舺有兩個金復興社，彼此為新、舊二代關係。金復興社係艋舺金門館的子弟團，屬北管劇團。

61 田野調查時間：2016年11月8日。採訪對象：東門伍德堂堂主胞弟蔡川豪先生。艋舺金門館曾於民國九十一年三月贈匾「神威遠播」予東門伍德堂，顯見兩者情誼。口訪地點：臺南市東門伍德堂。

關係如此緊密，需從上一任管理人王英順說起。王英順，藝名武拉
運，演過上百齣電影，代表作為華視連續劇「西螺七崁」。[62]王英順在
民國六十年左右應藝人田路路邀請一同南下至臺南為宮廟賀壽演出，
當年邀請他們的宮廟就是東門伍德堂，時逢蘇府王爺聖誕。當時的王
英順另一個身分正是艋舺金門館的管理人，他放下父親傳承給他管理
的廟宇神祇聖誕事務，堅持南下演出，到現場才知對方也是奉祀蘇府
王爺，自此與堂主葉大成結緣，開始維繫近四十年「艋舺傳香」的情
誼至今。[63]

圖六　〈武拉運大起大落不要兒女承衣缽〉，《中國時報》（2006年1月16日）

　　另一個訊息則是蔡朝興所做的拍照尋根之舉正可反應蘇王爺信仰
特徵，在清朝水師班兵移防的時空下，祂是思鄉時的精神寄託，時過
境遷，祂仍是金門遊子觸發鄉情的訊號。

---

62 李惠真：〈武拉運大起大落不要兒女承衣缽〉，《中國時報》，2006年1月16日，娛樂
　　版D2。該則專題報導中提及找到武拉運的萬華宮廟即是艋舺金門館。

63 資料來源：東門伍德堂堂主葉大成口述、李淑如整理。田野調查時間：2016年11月
　　9日。地點：臺南市東門伍德堂。

　　這三處金門館所建之處正是臺灣舊時的『一府、二鹿、三艋舺』，不難窺見過去金門館繁華的榮景與金門蘇府王爺信仰的興盛，同時也見證了金門人參與臺灣開發的過程。三地金門館都供奉來自家鄉的蘇王爺，在海神媽祖為國家正祀的時空背景下，這群水師班兵的家鄉信仰顯然與眾不同，究其來由或與清廷為了政治控制刻意分而治之有關，「不得彼此私相聯絡」[64]的狀況下，為了要「私相聯絡」三地皆建立了金門會館，作為同鄉聚會的交流場所，而家鄉神蘇王爺則成為共同的心靈支柱，這也可用來說明為何金門蘇王爺信仰儀式相對其他王爺儀式來的簡單，因為供奉的目的與信仰核心並不是香火的擴張與信仰的傳播，而是凝聚同鄉人的情誼與共識。鄭振滿認為日治以後，這些班兵會館雖然已經不復存在，但原來奉祀於各會館的神明卻陸續為其他廟宇所繼承，逐漸演變為安平各大王爺廟的主要崇拜對象。[65]其實不只在安平地區，這樣的現象也反應在臺灣他處的蘇王爺信仰上，鹿港金門館也有類似的演變，雖然鹿港今們館祭祀圈沒有擴大，但奉天宮蘇王爺自成系統一事當也受鹿港金門館所影響，要說是全然無關的兩個系統在歷史時空與社會發展等背景下各自發展實難成立。當水師離開，留下的金門人繼續供奉著蘇王爺，但祭祀的目的與廟宇經營的現實考量都讓蘇王爺的信仰發生了改變，就信仰者而言，這些金門人與其後代融入當地生活後，祭祀蘇王爺的民眾也從水師官兵變成一般百姓，也唯有如此廟宇才能長存，而蘇王爺的職能也隨著改變。從一開始的護佑官船與官兵轉變為護佑地方百姓，而一般百姓所求的無非是生活的安穩與身體健康，於是安平地區有讓蘇王爺收為

---

64 據《重修臺灣府志》載：「臺灣十一營兵丁，俱從內地五十二營派撥，其更換之時，必令一營之兵分散防禦，不令彼此私相聯絡。立法之初，實有深意，應仍照舊例遵行」。范咸：《重修臺灣府志》卷9（臺北市：行政院文建會，2005年），頁304。

65 鄭振滿：〈安平的廟宇與儀式傳統〉，《古城、新都、神仙府：臺灣府城歷史特展》（臺南市：臺灣歷史博物館，2011年12月），頁21。

誼子女的習俗，也提供固定時間信徒扶鸞問事的服務，更甚至是到府扶鸞的服務，這些都是順應常民生活而衍生出的新職能。

　　水師班兵渡海來臺除了軍事任務之外，還須面對黑水溝險惡的威脅，也要面對水土不服與臺灣地區的疾病所衍生的其他問題，如瘟疫肆虐、醫療不發達等，因此蘇王爺的信仰帶給這些水師班兵心靈上的支撐，因此靈驗傳說建立在護佑海行、顯靈助戰、驅瘟治病與感應降雨上，自此飄洋過海的蘇王爺成了金門人的信仰在各個金門館祭祀圈中流傳至今。

第五節　金門蘇王爺香火緣起的分類與聖誕儀式比較

　　綜觀以上所言，我們透過劉枝萬所認為臺灣王爺廟的建廟起源[66]，來探究金門蘇王爺在各地的香火緣起，據劉枝萬的說法大致可分為以下六類：[67]

　　（一）香火攜來型

　　　　移民渡臺之際，常隨身攜帶香火或神像，先暫時供奉於自宅，後續才建廟奉祀。其中王爺因兼具護航與逐疫的神格，所以特別受到青睞。這類王爺占王爺廟數量上的多數。過去臺灣三地金門館所供之蘇王爺當屬此類。

　　（二）王船漂著型

　　　　因神物漂著的啟示性而建廟者，包括王船漂著、神像漂著、神柴漂著三類。在王爺信仰體系中數量也不少，金門新頭伍

---

66 對於王爺的系統分類有很多學者如黃文博、林美容、林富士、陳宏田、三尾裕子等都依自己的調查結果提出分類與看法，彼此雖有差異，但在分類上多半不離劉枝萬的分類項，故在此以劉枝萬之說為論述核心。

67 劉枝萬：《臺灣民間信仰論集》（臺北市：聯經出版事業公司，1990年）。

德宮、鹿港奉天宮、白沙屯天德宮的蘇府王爺皆屬這類型中
的神柴漂來者。白沙屯天德宮「蘇、邱、梁、秦、蔡五府王
爺的由來，由於缺乏史料記載，因此尚不能確切證明開基蘇
大王的由來」[68]，但天德宮就位於白沙屯拱天宮媽祖廟北
側，自建廟以來與白沙屯媽祖的關係相當密切，一如清代海
船上同祀媽祖與蘇王爺般緊密相連，是否與金門蘇王爺有
關，尚待日後考據。

（三）神蹟供奉型，由於奇蹟獲得崇信者。如在海上遭遇巨大風
　　　浪，危難之際，神明忽現燈光，導引船隻脫困，事後建廟加
　　　以供奉，所占數量不多。

（四）分靈崇拜型，由於靈顯而建廟者。由於瘟疫流行等突發事
　　　件，居民向神靈顯赫的廟宇分香，祈禱禳災，若有靈驗便予
　　　以建廟，新建廟宇較為普遍。新竹乾德宮的香火起源據說是
　　　咸豐九年（1859）自金門伍德宮分靈，至於船上護佑移民來
　　　臺，彰化縣溪州鄉復興宮[69]亦屬此類。

（五）厲鬼崇拜型，生前武藝高強或橫行鄉里之土霸，一旦陣亡或
　　　枉死，居民懼其作祟，祀為王爺者。所占數量極少。

（六）由天然靈物崇拜脫胎者。這類在臺灣較罕見。

　　這些香火緣起的建廟起源，並不互相排斥，一個廟有出現兩個或
以上類型起源傳說的可能，而在臺灣各處蘇王爺的香火起源除了三地
金門館皆為香火攜來型外，出現神物與奇蹟者眾，顯示神物與奇蹟的

68　洪建華編：《白沙屯天德宮》（苗栗縣：白沙屯天德宮，出版年不詳），頁20。

69　該宮蘇府千歲自清代由大陸分靈來臺。清順治年間，黃姓境民渡臺元祖，由福建省
　　江夏縣內開元寺，迎駕護航越洋，定居溪州。原先為黃姓家神，後來香火、信徒與
　　日俱盛。昔時，鄉民皆務農為生，早出晚歸，無法奉應，為適從五路香客，免誤神
　　意，遂請庄民合力供奉，時值清順治戊子年，於溪州庄建廟，坐艮立坤，震龍朝
　　堂，（舊眉庄交界水溝北岸）命名復興館，供奉蘇府千歲（大王）。清雍正甲辰年重
　　建時，左添蘇府二王，右增蘇府三王，合併為主神。每年四月初十日為王爺聖誕。

靈驗啟示對臺灣民間信仰的重要性，是臺灣民間信仰的特色之一，也可見地域性的祭祀圈是隨時、隨人、隨神而改變的，信仰場域也隨著神祇職能的變動而改變。

另外，我們也可透過蘇王爺聖誕各地的祭拜科儀得知信仰流播的變革，詳見下表金門新頭伍德宮、安平金門館伍德宮、鹿港金門館、艋舺金門館聖誕科儀：

寺廟名稱	金門伍德宮	安平伍德宮	鹿港金門館	艋舺金門館
主祀神祇	蘇王爺	蘇府王爺	蘇府王爺	蘇府王爺千歲
聖誕科儀	（為期兩天）起鼓、鬧壇發奏（上奏天庭、告知為蘇王聖誕）請神誦經、放兵科儀獻供出社鎮符（遶境、鎮五方）開路關	發表啟聖祈福經午供三寶懺鬧廳三仙道場科儀正醮謝壇	犒五營放兵獻宴賜福典宴並提供信徒參拜，無特殊儀式。附近的王爺廟也會來參香。但農曆八月二日邱府王爺聖誕則另有祭典。	安斗祝壽誦經鬧廳犒軍平安宴過去有遶境巡安活動，現今只提供附近居民參拜，無特殊儀式。

資料來源：李淑如整理

從以上表格可知，聖誕科儀最隆重完備者為金門祖廟，而臺灣三處金門館則大同小異，祭典規模與廟方管理等經濟能力成正比。

第六節　小結

過去的研究成果以探究分類金門蘇王爺在王爺信仰體系的歸屬為主，但對於蘇王爺的來歷考察則未有定論眾說紛紜，透過趙新的奏摺

與同治帝賜匾額懸挂上諭可知，在國家官員的崇拜與認可下，蘇王爺的信仰緣起有了比較可靠的說法。研究者如蔡淑慧認為蘇王爺「是清代官方正式賜封正神，且並非瘟神性質的王爺」，特別強調金門蘇王爺的正統性，但臺灣地區的蘇王爺信仰則明顯起了轉變，為了信仰的源遠流長而在地化，改變的重點在於得到香火的永續方是神威赫赫的展現，而這是建構在靈驗與認同上的王爺信仰。

蘇府王爺因生前有功，死後又有顯靈傳說，朝廷水師因實際需求而加以祭祀並得皇帝賜匾，後世常民則將其視為護持地方的守護神。各處金門館蘇王爺香火均逐漸式微，與蘇府王爺信仰的轉型有密切相關，蘇府王爺在水師消失後，為了延續香火轉為地區形廟宇，祭祀圈以社區鄰里為主，經營者也從官兵走入民間百姓，這些人不一定都是金門人。隨著祭祀圈中信仰者移出多而靈驗事蹟相對變少，在信徒變少的情況下自然顯得沒落，透過回祖廟進香的儀式成為地方社群信仰例行性活動，也藉由近鄉進行交流更有著祖廟認同的說服力，既展現廟宇互動的能量也是地方人群結構的體現。

蘇王爺信仰由金門起源，隨著水師與移民流傳至臺灣，從村落性質的小型寺廟轉變為地方性宮廟，這些廟宇功能從早期的維繫僑鄉文化與凝聚移民情感在祭祀重組及功能轉換後成為地方信仰與移民印記。蘇王爺信仰隨金門水師班兵與移民移居臺灣，在傳統信仰習俗中，王爺是「代天巡狩」是天上被派來的神，在信仰流播與儀式上卻是坐船來的神，成為從海上來的海神，這可說是受海洋文化所影響，也可說是蘇王爺信仰定型發展的經過。

第四章
福州拿公傳說與信仰研究

　　本章乃延續第二章與第三章開展的水神信仰研究，近年因筆者的研究面向關注於民間財神信仰，[1]除了文、武財神以外，對於其他具有財神功能的神祇亦多加留意，執行科技部計畫「金元七總管傳說之調查研究」（MOST 105-2410-H-006-093），也是秉持著對財神研究議題持續的探究，故以這個過去「許多南方民眾對於水神——金元七總管的認知，類同於財神」的總管神為研究主題。在執行計畫的田野調查過程中前往臺南主祀倪總管，由明鄭水師所設的兵建廟宇「總趕宮」。倪總管由於熟悉港道，為海舶總管，死後成為臺江濱海船舶的守護神，是臺南特有的神祇。田野調查過程中發現，除倪總管外，臺南還有同樣由水師（清代）所建的金門館，用來祭祀蘇王爺。就著這段研究機緣，筆者認為水師官兵所興建並祭祀的廟宇有進一步研究的空間，針對金門的蘇王爺傳說與信仰展開調查，主要考察蘇王爺的傳說起源，以及蘇王爺護佑清代冊封使團前往琉球的過程，在研究過程裡發現，同樣被供奉於冊封舟之上的水神拿公，也有被視為財神崇拜的跡象，為了進一步探析這個水神信仰的流變，並擴展自身對財神信仰的研究，故本章就拿公的傳說與信仰為討論對象。

1　目前與財神信仰相關的初步研究成果有：《臺灣文財神開基祖廟——嘉義文財殿誌》（與邱正畧、歐純純合著，臺南市：大城北文化出版社，2012年）、二〇一六年執行國立成功大學人文社會科學中心整合型研究總計畫「閩南文化研究文獻的整理與研究」之子計畫——『閩南地區財神信仰研究』（D105-53002已結案）、〈財神寶卷中的民間故事研究〉，《高雄師大國文學報》第25期，頁71-105、〈屏東地區土地公與財神信仰匯流研究〉，《走尋屏東土地公論文集》（屏東縣：屏東縣政府，2017年5月），頁178-195。

　　拿公，姓卜名福，字子偓。又稱拿王爺、護國天下兵馬都元帥拿
君福主協佑尊王，是福建的地方性神祇，其信眾主要分布在閩江一
帶，而以福州最盛，閩南、琉球群島也都有其信仰流播，有人認為拿
公信仰是靠著福州蜑民的遠傳琉球。相傳其為宋朝末年閩北邵武縣拏
口人，故稱「拏公」，為救當地百姓免於瘟疫而犧牲才被奉為神祇，
明初又顯靈拯救福州城百姓，是福州當地的水神和井神，能保佑民眾
與護佑行船平安。神的來歷與傳說主要見於《閩都別記》，而該書是
一部清代乾嘉時期問世的福州方言小說，全書分上、中、下三冊，共
四百回，一二〇萬餘字，該書作者署名為里人何求，僅知作者當為福
州人，但作者生平未詳。《閩都別記》雖是一部小說，但是故事內容
包含了福州地區古代民間傳說、小說、評話與戲曲故事，在研究民間
文學與民間信仰的起源過程中，它有其特殊的價值，例如，它記述了
福州民間流行的傳說，雖傳說內容不乏史志或文人筆記的影響，但它
反映了當地人對拿公信仰的來源看法與接受的過程。

　　另外，拿公曾隨清代使團出使琉球，與媽祖、尚書、蘇神一同被
供於冊封舟之上，是福建地區曾煊赫一時的水神，故本章以拿公傳說
與信仰的起源與流播過程為研究核心，並考察其流傳於福建與琉球群
島的狀況，透過《閩都別記》與清代琉球使團出使紀錄等相關資料，
對拿公傳說與信仰進行有系統且全面的調查研究。

第一節　拿公傳說與信仰研究現況回顧

　　拿公，在歷史文獻中常亦寫作拏公或拏公。原因在於一說拿公是
福建邵武縣拏口[2]鎮人，「拏」通「拿」，部分志書作拏公，拏口又作

2　拏口是閩江上游著名的一個水口，從閩江下游駛往邵武府的船隻都要經過此地，所
　以當地航運相當發達。

拿口，以下為論述方便，除引用文獻資料照其原文外，以下皆作拿公，特此說明。

清代冊封琉球使團在封舟上供奉媽祖、拿公、陳文龍、蘇神等水神，以求遠航平安，冊封使、福建官員與這些具地方特色的水神信仰有緊密的關連，加上琉球在很長的歷史時期是中國的封貢國，清代多次冊封琉球，國家政治的需要造就地方水神從福建走向琉球，開啟傳說與信仰的新頁，但拿公信仰的相關研究與其它封舟上的海上神祇相較，略顯不足。以下概述陳文龍、蘇神的研究現況以茲對應。陳文龍，又稱尚書公，是南宋與文天祥齊名的抗元英烈，每兩年有一次「出海」與「鄉慶」的大規模廟會活動，馬祖島上亦有其廟。萬壽尚書廟為祖廟，每年除夕閩劇班會至廟中搬演「躲債戲」[3]，成為陳文龍信仰在閩地的特殊風俗。相關研究論文能就題目與關鍵字直接判斷與之相關者多於二十篇[4]，討論面向從陳文龍信仰起源、發展、祭祀圈[5]與祭祀活動乃至尚書廟的保存與都市更新、信仰與社會功能等。關於陳文龍的傳說與信仰研究的詳細情況請見本書第五章。蘇神，由

3　萬壽尚書廟於每年除夕夜請京劇班、閩劇班到廟宇通宵演出，過去傳統社會無力償還債務的窮人會躲到尚書廟看戲，債主也難於此際索討，窮人可藉此逃過一劫，因此成為地方的特殊信仰風俗。

4　陳文龍研究相關論文有：徐曉望〈論馬祖列島的水神信仰與祖地福建〉（《臺灣研究・歷史》2008年第3期）、陳啟文〈從祭壇走向神壇〉（《清明》2015年第4期）、江鵬峰〈福建地區陳文龍信仰及其社會功能〉、任翔群〈水部尚書・鎮海王・冊封琉球〉（《福建論壇・人文社會科學版》1996年第1期）、林碩君〈福州南臺五座陳文龍尚書廟簡介〉（福州陽歧尚書祖廟理事會供稿）、林梅琴〈尚書公陳文龍和媽祖齊名的海上男神〉（《福建人》2015年第3期）、陳春陽〈陳文龍由抗元英烈到三種神靈研究〉（《福建師範大學福清分校學報》2007年第4期）等。

5　最早對祭祀圈下定義的是一九三八年日本學者岡田謙，認為是「共同奉祀一個主神的民眾所居住之地域」。林美容認為「祭祀圈」一詞的使用，幾乎囊括所有不同大小範圍的地域性民間信仰的組織與活動，並出「信仰圈」的概念。詳見林美容：〈由祭祀圈到信仰圈——臺灣民間社會的地域構成與發展〉，《第三屆中國海洋發展史研討會論文集》，1988年，頁95-125。

清代最後一個出使琉球的冊封使趙新將他推上歷史舞臺，相傳是名喚蘇碧雲的同安人，後為金門民眾奉祀的蘇王爺。[6]蘇王爺信仰是金門當地香火旺盛的民間信仰，影響遠及臺灣與南洋，分靈廟宇與信眾繁多，每逢蘇王爺聖誕各地廟宇皆有大規模的慶典。相關研究直接以蘇王爺為題或關鍵字即可見者比陳文龍研究更多，當中亦不乏質、量俱佳者，有多本碩士學位論文[7]、廟宇宮志[8]、期刊論文等，當是目前隨清代冊封使前往琉球的海上男神中信仰蓬勃發展者。

　　現階段學術界對拿公的相關研究現況回顧如下，一九九二年王兆祥《中國神仙傳》拿公一則總結了拿公的傳說，既有清姚元之《竹葉亭雜記》的說法，也簡錄了《閩都別記》中的故事情節，但更為重要的是披露了拿公被奉為福建庫王一事，且有錢琦為其撰碑文，為拿公信仰的發展提供重要的訊息。

　　一九九三年，徐曉望《福建民間信仰源流》第五章〈元明清福建民間信仰的發展〉指出隨著時間推移，媽祖所屬的神靈系統不斷壯大，所舉之例便是拿公，該文認為拿公是民間創造的神靈，是峚口鎮百姓創造的一個水神，在閩江流域有許多崇拜者。接著文章以《閩都別記》第二五八回為例，說明這個民間傳說造就拿公的神威，人民感其恩德所以祀之，而隨著天妃影響的擴大，成為天妃手下的神靈。可

6　關於蘇王爺的來歷眾說紛紜，有三種說法：蘇永盛、蘇緘、蘇碧雲，過去有許多前人研究討論，且成果豐碩，經筆者站在前人研究的論點上加以分析考證，蘇王爺為蘇碧雲的可能性很高。詳請參閱本書第三章。

7　林麗寬：《金門王爺民間信仰傳說之研究》（中國文化大學中國文學研究所碩士論文，2001年）、翁志廷《金門蘇王爺之信仰研究》（銘傳大學應用中國文學系碩士論文，2005年）、蔡淑慧《金門蘇王爺信仰的傳播與變革》（金門大學閩南文化研究所碩士論文，2013年）。

8　李秀娥：《蘇府大二三王爺開基祖廟鹿港奉天宮簡介》（鹿港奉天宮管理委員會，1997年）、林小雨、梅慧玉：《伍德宮廟誌》（安平囝仔宮社伍德宮管理處，1999年）、陳清南：〈金門新頭伍德宮簡介〉（新頭伍德宮，2000年）、洪建華編：《白沙屯天德宮》（白沙屯天德宮，出版年不詳）。

知拿公因身前的德行而被尊奉，有遺德在民者而為神，除天妃外「同舟共祭」的拿公、尚書、蘇神等眾多來歷複雜的地方性水神，受到冊封使與舟師極為虔誠的祭祀，反應了在面對洶湧海況時眾人心裡的不安與「心誠則靈」的信仰狀態。

一九九六年，鄭國珍〈琉球進貢使者多神崇拜習俗的由來及在榕與之相關的史跡考〉一文可說是早期較為深入討論拿公信仰來歷者，根據文獻記載，綜合調查資料，分別就琉球進貢使者對天妃、水部尚書、關羽及水神和庫神——卜偃的崇拜習俗由來加以考述，卜偃即是拿公，鄭國珍據《閩都別記》第二五八回的故事認為明太祖追封拿公為「兵馬大元帥」、妻裘氏為正一品夫人後供奉者愈多，香火尤盛。並透露福州閩江畔的大廟前、一保、三保和福州北門外新店官路旁、竹嶼村等皆建有拿公廟、拿公樓以祀之，閩江邊還設有「拿公道」（即以拿公命名的江邊碼頭）。該文披露了值得進一步追索的訊息，認為由於拿公素為閩人操舟者和海上航行業者祭拜的神祇，隨著閩人善操舟者三十六姓的移居琉球，拿公信仰也自然的漸漸傳到琉球，為琉球人所崇拜。鄭國珍認為中國冊封使對拿公虔敬祭祀的定例必為琉球貢使們所親見，敬仰之情油然而生，故在琉球仿效崇拜以求航海平安是不足為怪。

一九九六年，李喬《中國行業神》下卷將拿公歸於「水運漁獵畜產類」，認其為水運業、漁業的行業神，該書認為拿公「亦為海舟所最敬者，能與天妃並提」，顯見曾煊赫一時。

一九九七年，鄭振滿〈媽祖是蜑人之後？〉一文先引清學者全祖望認為東南沿海地區的媽祖崇拜，出自「鮫人蜑戶」，再引宋人林光明《艾軒集》中給族人林晉仲之信，考據出林光明身為莆田望族九牧林氏的後代，將當時湄洲視為海外孤島，自不會把島上出生的媽祖視為同族，可見後人以媽祖是莆田九牧林氏後裔之說實為附會。最後藉京口《靈惠妃廟記》「龍種」、錢塘《順濟聖妃廟記》「龍女」兩種說

法認為媽祖可能為蜑人之後。媽祖為蜑人之後,顯示水神信仰與蜑人生活風俗相關之密切,也可說明蜑人崇祀水神拿公的合理性。

二〇〇六年,汪毅夫《閩臺緣與閩南風》書中〈流動的廟宇與閩臺海上的水神信仰〉一文認為「當我們面對『閩臺海上的水神信仰』之論題,我們不能不留意及於設在船上的流動的廟宇也。」而這些流動的船隻供奉水神的狀況隨處可見,有的場所供有主神與從祀神,且還有「香公」、「司祀神者」證明船上供奉水神的場所儘管址在海上艙中,數量難以統計,這些相對或簡陋或完備的廟宇可稱之「流動的廟宇」。有眾多的信民是通過此一管道接受了水神信仰,例如明清兩代奉派出使琉球的官員與隨員,在入閩後出使途中親聞水神的靈異,返航後請賜封號、張揚聖跡成了水神信仰的信民與傳播者,而閩臺海上船舶供奉水神的現象於今仍然可見。而拿公在這個水神譜系裡、在祭祀儀式上都被降格為媽祖的從祀神,汪毅夫認為與福建內河水神影響力的平面劃分不同,在媽祖的至尊影響下,閩臺海上諸水神構成了媽祖居上、諸神從之的立體譜系,這樣的改變是因為福建內河水神廟的分布同內河航道的險灘直接相關,然行於海上之時一望無際,無自然界地形為界,就易形成自上而下的立體譜系。以汪毅夫之說為本文之基礎,相信這些水神在自身發源的信仰系統裡,有獨立的香火緣起且有專屬的祭儀,是性質類同又各自獨立的神祇。

二〇〇六年,楊崇森〈介紹一本奇書——《閩都別記》〉,楊崇森認為《閩都別記》主要描寫福建(尤其是福州地區)社會生活,記錄大量民間故事、歷史典故、神話、風俗習慣等,雖然書中許多非名人的記載不知是否真實,難免有附會穿鑿之感,但提到歷史事件則頗為嚴謹,大體說來,似與正史相差不遠。並就俗諺妙對、酒令、測字、詩魔軼事等內容舉隅說明《閩都別記》的奇特性,另以《閩都別記》各種版本的發現說明該書的重要性與研究價值,楊崇森於民國五十年代曾在美國哈佛燕京圖書館看到該書的古版,一九八六年由羅星塔月

刊社負責人張立中主持重新排印，加以校正、標點並添加註釋，分上、下兩冊出版，該版本臺北市立圖書館有典藏，另外還有一九八七年由福建人民出版社的簡體字標點版，由這些版本的印行可知《閩都別記》受到學界與民間文人的重視。然而，除了楊崇森所述的版本外，筆者手上還收藏有由嚴靈峰教授私藏石印版本，慨借臺北市福州同鄉會於一九七九年成文出版社印刷發行的版本，分上、中、下三冊，綜合上述狀況當是目前所掌握到《閩都別記》的各種版本情況。可惜的是，關於《閩都別記》目前並無全面性的專書研究，亦無學位論文產出，相關研究皆為單篇文章，如鄒劍萍〈《閩都別記》中的海洋敘事及文化價值〉，著重探討海洋觀念的發展與海商形象的描寫，在海洋文化影響下特殊的風俗體現，分析《閩都別記》中所展現的多元價值。

　　二〇一〇年，黃啟權《福州神俗》記載古時每月農曆初一、十五，是拿公巡游的日子，稱為「迎拿公」。傳說遇瘟疫流行之年，鄉民要抬著拿公神像迎遍七城門，以求合境平安。

　　二〇一一年，謝必震《福建史略》第七章〈古代閩人的原始宗教和海神信仰〉中認為航海行船，福建海上交通的發展，促進了福建沿海居民海神信仰的活動。除了天妃與臨水夫人外，該書還特別介紹了拿公，並與另一位航海保護神——尚書陳文龍一起討論，但以拿公為海船必奉之者，以海上多礁霧，專借神力導引。謝必震認為古代福建的海神信仰是多種的，這些海上諸神都擔負著「慈航普渡」的庇護任務，「顯而易見，在人們的心目中，諸神的地位都是同等重要的」。該書並對福建人祭祀海神的活動有細膩的論述，認為從文獻資料來看，歷朝使琉球者都前往天妃宮行香，且使琉球祭祀海神活動尤重於航海行船之中，因明清時期，福建是通琉球的法定口岸，所以出使琉球均由福建造船航海，使琉球航海中的海神信仰即為福建的海神信仰。

　　二〇一一年，高偉濃〈清廷對琉球冊封過程中供奉的福建地方護海神補探〉，其文認為拿公在清代於福建當地已列入祀典，但在全國

並不知名,並提供了一個研究空間。他認為媽祖、陳文龍、拿公、蘇神、右旋螺之間有什麼關係,可以繼續研究,並言拿公等水神信仰形成琉球冊封活動中獨有的神祇信仰系列,充分反映了清代國家與福建地方神靈崇拜的奇妙結合和社會心態。

二〇一六年,三月王元林《國家正祀與地方民間信仰互動研究——宋以後海洋神靈的地域分布與社會空間》,王氏認為國家正祀與地方民間信仰互動研究是由宋代起始,元代持續推動至明代定型,而至清代已是末聲。對清代海神的論述集中在廣東地區的媽祖信仰,第七章〈其它各省略述:海神信仰類型與地域空間〉認為拿公廟在特定地區有一定數量的分布,帶有濃厚的地方特色,與當地民間傳說有關。

第二節　拿公的來歷傳說與神格

拿公傳說與信仰的主要流傳範圍都在福建地區,以福州為主,且與福州蜑民相關,是福州蜑民崇拜的重要神祇之一。清代章回小說《閩都別記》第二五八回〈明將興師六軍攻五虎拿公行仁一字救萬民〉是記載拿公傳說與信仰最重要的來源,現行研究中有關拿公的事蹟除隨冊封舟出使琉球一事外幾乎皆出自此書。該回故事寫拿公在宋末因為救眾鄉民而自願食瘟神之毒,歿而為神,還利用寫作技巧將拿公於明初見湯和獻策與之交換條件,不殺福州一人之事,也納入小說情節中,故事終於明太祖封其為「兵馬大元帥」。《閩都別記》流傳廣泛,甚至在琉球還傳有《閩都別記》的日文版本。[9] 從明代確定已有拿公廟以來,其職能多次發生轉變,但都與水相關,顯示拿公以水神神格為主,且有特殊的地區性,但這是從歷史文獻切入的觀察結果,

---

9　董駿:〈董執誼:閩都歷史文化的傳承者〉,發布於福建省姓氏源流研究會董氏委員會,發布日期:2014年8月22日,來源網址:http://www.fjdswyh.com/news/html/?392.html。上網日期:2016年12月10日。

我們若從民間文學作品角度切入，互相參照對比後，應能得到更多發現，故本章探討拿公的傳說與神格的改變過程。例如：拿公如何從閩越王部將變成護井之神？又如何從井神變財神？拿公從地方神祇成為冊封舟上媽祖的從祀的過程如何演變？拿公來歷傳說與民間信仰狀況的描寫主要見載於《閩都別記》中，相傳是善於拿舟之人。關於拿公的來歷與神格，我們可在目前所知的資料中整理出以下四種說法：

（一）閩越王無諸的部將神

明弘治《八閩通志》卷五十九〈祠廟・建寧府〉載：

> 武毅王祠在府城北禾義里。亦閩越王無諸行祠也。其將號拏公，甚著靈响，民禱之輒應。永樂中知縣黃絲重建。[10]

又，明代謝純所編嘉靖《建寧府志》卷十一：

> 漢閩越王行祠即南臺廟，在府城南甌寧縣紫芝下坊，祀閩越王無諸，王閩地建國之治，一在禾義里即武毅王廟，其將號拏公者，其著靈異，國朝永樂中知縣黃絲重建。[11]

閩越王無諸，相傳為越王勾踐的後代，是帶領閩越族登上福建歷史舞臺的重要人物，被後世的福建族群尊為「開閩始祖」。學者研究如傅衣凌等人認為蜑民為居水越人的遺民，與畲族同源，而福州蜑民就源於百越中的閩越。《八閩通志》與嘉靖《建寧府志》的記載相去不

10 〔明〕黃仲昭修纂：《八閩通志》（下）（福州市：福建人民出版社，2006年），頁527。

11 〔明〕謝純編：嘉靖《建寧府志》，明嘉靖刻本（上海市：上海圖書館館藏，卷11，頁702。

遠，僅言拿公是閩越王無諸的部將，未詳述其成神來由。可惜的是，
此說在清代文獻中幾乎未再見。

（二）井神，此傳說見載於清姚元之《竹葉亭雜記》卷三

> 挐公，閩之挐口村人，姓卜名偃，唐末書生，因晨起恍惚見二
> 豎蛇蝎於井，因阻止汲者，自飲井水以救一鄉，因而成神，五
> 代時即著靈異。[12]

因其為福建邵武挐口鎮人，一云以業拿舟[13]，故世人尊稱其為「拿
公」。《閩都別記》第二五八回〈明將興師六軍攻五虎拿公行仁一字救
萬民〉有所載，概述其下：

> 宋末時，瘟疫流行，人死無數，公夜出，見本鄉井旁有人立，
> 要將物投於井內，公趕進前把手中之包搶去，問其投井內何
> 故？其人因物被搶其不得不實言，即說吾乃奉瘟神之命，布毒
> 時症，公問：「已投幾井？」其人答：「皆未投」，公又問：「此
> 包中共有多少丸？」答有二百粒，一粒投一井。公思二百井人
> 有數萬，莫若我一人死，救此數萬人性命。……公趁其回頭，
> 將一包毒丸盡掩入口吞下……頭面皆黑僵死於井旁。……妻裴
> 氏飛至，抱哭大啼，那裴氏被毒氣沖竅亦死於夫身旁。……鄉

---

12 〔明〕謝肇淛：《五雜組》，（明萬曆四十四年潘膺祉如韋館刻本），收錄於沈雲龍主
編：《近代中國史料叢刊第三十七輯》（臺北市：文海出版社），頁145。

13 此說見〔清〕李鼎元《使琉球記》：拿公者，閩之拿口人，常行賈舟，臥聞神語：
「某日當行毒某地。」公謹伺之，至期，果見一人拋毒水中。公投水收取，盡食
之，遂卒，以故面作藍靛色。土人感其德，祀之。以為拿口人，故曰拿公。或曰公
卜姓，以業拿舟得名。引自《清代琉球記錄集輯》收錄在《臺灣文獻叢刊》第292
種（臺北市：臺灣銀行經濟研究室），頁149。

人感其捨命救萬人恩德，建廟供奉。[14]

《閩都別記》是考察拏公傳說與信仰很好的參照對象，但過去往往只被視為拏公傳說的起源，實則不然，第二五八回中寫拏公自願服毒救民後因毒性劇烈，導致妻子裘氏亦亡而無人敢近殮屍，遂有隔江各鄉中聚議，以本鄉之人停屍四五日仍無人收屍，遂憤而捐資財、備祭品準備迎請二屍去為肉身立廟，供奉拏口。結果本鄉之人認為豈有本鄉不留自奉，被外鄉奪去之理，故兩鄉爭執不下，正要起糾紛時，公之屍忽然坐起，自言早埋入土為之幸。眾人遂不敢再爭，而留於本鄉，收埋高山。自此各鄉村皆建廟，供奉拏公、拏婆，多著靈異。故事正說明了，以拏口地名之因而有「拏公」、「拏婆」之謂，凡祭祀拏公之廟，時常是拏公、拏婆一起祭祀。此外，在小說中當船隻遇險時，拏公也會顯靈護船，顯示拏公的職能。

（三）水神

拏公從地方鄉民崇祀的井神，轉變為類同於「天妃」之類的水神，成為閩人操舟者所必祀的神祇，但轉變之因有待研究釐清，僅知明代長樂人謝肇淛撰《五雜俎》時就不知其所以然了，見該書卷十五載：

江河之神多祀蕭公、晏公，此皆著有靈應，受朝廷敕封者。蕭，撫州人也，生有道術，沒而為神。」閩中有拏公廟，不知所出。金陵有宗舍人，相傳太祖戰鄱陽時，一樣纜[15]也，鬼憑

---

14 〔清〕里人何求：《閩都別記》第2冊（臺北市：臺北市福州同鄉會，1979年），頁479-480。

15 樣纜，棕纜也。太祖禦舟師，敗陳友諒於鄱陽，死者數十萬，返還擲樣纜於湖，冤魂憑之，遂能為妖。舟人必祭，否則有覆溺之患。民間傳說，晏公即是湖中之繩妖，後為仙人許遜點化成神。

之耳。北方河道多祀真武及金龍四大王。南方海上則祀天妃
云。其它淫祠,固不可勝數也。[16]

雖尚不能確定其轉變之因,但拏公成為水神後,於元末明初之際
再顯靈異,此事可見清人林楓的《榕城考古略》:

> 拏公廟:按神卜姓,籍邵武之拏口鎮。先是嘗夜見二鬼,放蜂
> 蛇於鄉井,黑氣漫空。王知其有異也,坐井畔以待,俟汲水者
> 至,告以故,並乞水自飲,以取信;須臾面色黧黑,鬚髮盡
> 落,嗒焉物化。鄉人因立廟祀之。明洪武初,征南將軍湯和帥
> 師平閩,由海道詣五虎門,先遣使入城招安,會守將殺其使,
> 和因大張號令,云:「入閩不留一人。」王惻之,乘巨浪、駕
> 小舟、詣和營,曰:「君號令中,今易一字,吾導他港以
> 進。」和許之,遂導由粗蘆門入。既抵南關,辭去,曰:「吾
> 福州土神拏公也,順命導公,欲安百姓,今已入關,以『留』
> 字易『殺』之可乎!」言訖,不知所之。和知其神也,長驅會
> 城,秋毫無犯。旋以事入告,敕封今號。按:今藩署祀為庫藏
> 之神,稱「護國天下兵馬都元帥拏君福主協佑尊王」。以上見
> 國朝布政使錢琦碑文。南台之廟,不知創於何時,而香火特
> 盛。[17]

由此我們可以發現拏公神職的改變,從保護地方的土神,轉為導航海
神,保佑海船免於觸礁,並再次展現仁慈護佑百姓的特質。另外,

---

16 〔明〕謝肇淛:《五雜俎》,卷15,〈事部3〉,明萬曆戊午年刻本(臺北市:新興書
　　局,1977年),頁1253。

17 〔清〕林楓:《榕城考古略》卷下〈郊坰・第三〉(福州市:海風出版社,2001
　　年),頁105。

《榕城考古略》更透露了幾則重要的訊息，一是見證清代拏公香火鼎盛，二是拏公的神職再次轉變，於清時拏公乃「今藩署祀為庫藏之神」，並有「護國天下兵馬都元帥拏君福主協祐尊王」之號，且清朝布政使錢琦還為其碑撰文，可知拏公在清時已封為庫神了。

（四）財神

根據上則《榕城考古略》所提供的訊息，我們可知拏公被祭為庫神，但庫神職能與被敬為財神之間又有何關係？這些疑問我們在目前所知文獻資料中略可知一二，如《天妃顯聖錄‧注冊使靈異記二則》之二記載：

> 又云：使臣登舟，必先迎請天妃，奉柁樓上，而以拏公從祀。拏公者，福建拏口人。嘗行賈，臥舟中，聞神語曰：「某日將行毒於某處」。公謹伺之。至期，果見一人拋毒物水中。公投水收取，盡食之，遂卒。以是面作靛色，後為土神。……閩人云：「公實卜姓，以業拏舟，為神，故稱拏公。今各省藩司庫神，皆明時命以公主之，故人亦多奉為財神」。[18]

拏公受封為庫神，極有可能是拏公被視為財神祭拜的主要原因之一，但神職的轉變與地方人士信仰的變化有關，受封庫神也有可能是拏公

18　臺灣銀行經濟研究室編：《天妃顯聖錄》，臺灣文獻叢刊第77種（臺北市：臺灣銀行，1960年），頁70-71。類似的說法王兆祥亦有所記：「清代又封拏公為福建錢庫的庫王，專管閩省十府二州七十餘營錢糧出納。乾隆四十年福建布政使錢琦寫了《敕封庫王碑記》，立碑於鼓樓前庫廳內。清代琉球冊封使船供奉拏公神位，祈求海上航行平安，拏公又成了佑護中外交流的友好使者。福州龍嶺山南麓有拏公廟，附近三保有拏公樓，都是拏公的遺跡」。見氏著：《中國神仙傳》（太原市：山西人民出版社，1992年），頁204。然王兆祥之書雖有詳細的記載關於拏公受封福建錢庫庫王一事，但書中所言是否屬實，姑繫於此，以俟後考。

在眾多龐大而複雜的水神譜系中脫穎而出登上冊封舟受供出使琉球的
重要原因。

　　清人方濬師《蕉軒隨錄》便寫有許多有力的證據,《蕉軒隨錄》
是方濬師的筆記雜鈔,以談掌故、記遺聞、錄時事為主。《蕉軒隨
錄》卷九〈挐公〉:

> 李墨莊前輩(鼎元)《使琉球記》云:嘉慶庚申閏四月十六日
> 戊辰,黎明至馮港,恭請天后行像並挐公登舟,祭用三跪九叩
> 首禮。命道士舉醮祭桅,行一跪三叩首禮,取旗祝之,噀以
> 酒,合口同言順風吉利。海船以鴉班為重,每舟三人,人管一
> 桅,各披紅執旗,緣一繩而上,疾如飛鳥,不負鴉班之目。挐
> 公者,閩挐口人,常行賈,舟臥聞神語:『某日當行毒某地』,
> 公謹伺之,至期果見一人拋毒水中,公投水收取,盡食之,遂
> 卒,以故面作靛色。土人感其德,祀之。以為挐口人,故曰挐
> 公。或曰公卜姓,以業挐舟得名。按:林薌溪《硯耕緒錄》:
> 『挐公,邵武挐口人,姓卜,得異人授仙術仙去,明季嘗化舟
> 子而救人者。〈挐公碑〉今在省垣藩署,邵武府、縣誌皆失
> 載。』云云。余曾托閩友拓〈挐公碑〉文,至今尚未寄到也。

這段文字透漏了許多重要的訊息,一是方濬師披露了林薌溪的《硯耕
緒錄》一書對拿公也有所記載,雖書中內容與他書無異,但這也展現
了拿公信仰曾風靡一時的事實。林薌溪即是林昌彝,生於嘉慶八年
(1803),福建侯官(今福州市人),晚年自號五虎山人,約卒於同治
末年,是福州有名的詩人。另外,方濬師言在「省垣藩署」有塊挐公
碑是「邵武府、縣誌皆失載」,這是個極重要的線索,拿公信仰不只
有廟還有碑記,只可惜方濬師托閩友拓文未果。那麼,這塊碑流落何
方?現今是否尚存呢?碑記內容又為何?筆者在《福州晚報》(2016

年10月10日）找到一則有趣的報導，或許可相參佐，報導名為「『國姓』來自鼓屏路──鄭成功生前反『臺獨』」，這是一則主要探究南明隆武政權靠鄭芝龍勢力支撐下的閩臺關係，認為鄭成功收復臺灣是為了統一中國以明朝為正宗。報導中藉由一九七九年十二月文物文史專家官桂銓把出土於鼓屏路與湖東路交叉口西北部省發改委工地的《敕封庫王碑記》移入於山碑廊一事指出：「庫王神殿歸建於儀門內，嗣以其地改為庫廳大堂……請擇地改建於紫薇堂之西……紫薇堂是明、清福建布政署的正堂，在隆武時代則是皇宮金鑾殿。」該報導認為清代《敕封庫王碑記》的出土地即在南明隆武政權的皇宮內，庫王神殿是借地而生的建築。報導內還附有〈敕封庫王碑記〉的照片，這則報導雖是在考證南明隆武政權的皇宮舊址，但卻間接證實了方溍師托閩友拓而遲遲未收到的〈拿公碑〉即是〈敕封庫王碑記〉。

　　兩相對照之下，鄭國珍在〈琉球進貢使者多神崇拜習俗的由來及在榕與之相關的史跡考〉文中附錄的碑文，載「一九八○年在福州屏山南麓基建工地被發現的〈敕封庫王碑記〉」，即是此碑。鄭國珍將碑文全文抄錄，文中明白

福州新聞網　>>　閩都大家　>>　閩都史話

"国姓"来自鼓屏路──郑成功生前反"台独"

2016-10-10 10:27:47　来源：福州晚报

表示「庫王，司庫之福主也。……王故閩人，姓卜氏，籍錄邵武縣之拿口鎮。……工開於今年二月二十七日，落成於九月十一日，美輪美

圖一　李厚威〈『國姓』來自鼓屏路──鄭成功生前反『臺獨』〉，《福州晚報》（2016年10月10日）。

奐，廟貌聿新。」這個碑文明白表示拿公還具有財神的神職，且神威赫赫，目前碑體尚存、碑文留見，但廟已歷盡滄桑而無存。這則碑文的記載對拿公的相關研究彌足珍貴，也提供了拿公財神化後續研究的空間。

第三節　福建地區的拿公廟

《閩都別記》第二五八回同時也記載了反應拿公信仰風行程度的片段，故事內容可用來說明當時福建邵武拏口附近各鄉皆有拿公廟，是崇拜風氣興盛的描述。以下透過文獻資料的整理，統計出拿公廟在福建的分布及信仰狀況：

（一）明・陳道《八閩通志》卷四〈地理・山川・福州府〉：

> 石鱉山在永南里。山枕大江之濱，上有三石，其形如鱉，故名。中有一山。聳起平田，去山南一里許，狀如蟠龍，有溫泉井。山之左有拏公廟。[19]

（二）清・穆彰阿：《（嘉慶）大清一統志》卷四百二十六〈福州府・祠廟〉：

> 陳尚書廟在閩縣南臺，祀宋陳文龍，本朝嘉慶十四年欽頒效順報功匾額，又有拏公廟，亦於是年欽頒惠洽維桑匾額。[20]

---

19 〔明〕黃仲昭：《八閩通志》（上）（福州市：福建人民出版社，2006年），頁90。

20 〔清〕穆彰阿：嘉慶《大清一統志》卷426〈福州府・祠廟〉，（四部叢刊續編景舊鈔本）（上海市：上海古籍出版社，2002年），頁57。

（三）民國《福建通志》：

> 拏公廟，在南臺山，清嘉慶十四年冊使齊鯤、費錫章奏請御賜
> 匾額。神，邵武拏口人，善使船，相傳明太祖征陳友諒，舟至
> 五虎山不能進，拏公熟港路由別港入港，故有毒，拏公遇毒斃
> 而太祖得利涉閩平，封為兵馬都元帥。[21]

上述這些古籍文獻中的拏公廟是否尚存，與現今尚存的拏公廟是否相
同？透過資料的蒐羅，現在福州地區的拏公廟概況如下：大廟山有拏
公樓、原本於文獻中可見的臺江三保街拏公廟因拆遷已不復存、晉安
區竹嶼位於竹林書院左側的拏公廟尚存，二〇〇一年整建[22]，另外還
有河下街的河下拏公廟。其實不只福州，連江縣琯頭鎮長沙村蓮花公
園內也有一座少為人知的拏公廟[23]。

福州的拏公廟有以每年五月十五日為拏公聖誕者，亦有以十一月
二十九日為期者，且皆有舉行祭典與巡境。位於福州市晉安區嶽峰
鎮竹嶼村的竹林境，又稱拏公廟，當地人稱拏公為「拏公爺」。拏公
廟「它座北朝南，有大殿、鐘鼓樓、偏殿、廂房等，為明清建築風
格，……大門前一對大石獅，威風凜凜。大殿內牆壁上繪有拏公故
鄉邵武山城的山風貌的彩繪，二十四孝圖等。楹聯曰：『大千世界靈
秀鐘竹嶼，廟貌巍峨遐邇沐神恩』。」由此可知竹林境拏公廟的規模
並不小。

---

21 李厚基等修、沈瑜慶、陳衍等纂：《民國福建通志》（一）（南京市：鳳凰出版社，
　　2011年），頁562。

22 網路資料來源：穆睦〈竹林境拏公廟〉，網址http://csfcsf88like.lofter.com/post/39645
　　2_1211a94上網日期：2016年11月20日。

23 李憑之〈拏公傳說〉，訊息發布時間：2013年11月14日上午9：2分，福建省連江縣
　　人民法院網，網址：http://ljxfy.chinacourt.org/article/detail/2013/11/id/1143420.shtml，
　　上網日期：2016年11月15日。

筆者利用《申報》資料庫查詢是否有相關線索，也確實有所收穫，例如：一八八九年十一月十九日《申報》二版有一則新聞如下，標題為〈福州大火〉但文長，以下截錄重點：

> ……出南關六七里許，有地名五保七社者，為商賈輻輳之所，一路均高築磚牆。原以南臺為丙丁火地，而預防火患也。乃本月十九夜三鼓，二保和盛洋煙館失慎時，西南風吼聲如雷，火即分道疾驅，……其餘居民所有衣飾器件皆就近搬入尚書公廟，廟本向南，林江為西南船隻出入之要港，不料忽轉東北風，與祝融氏相助為虐，霎時間將該廟化為焦土，即左右一帶人家盡付一炬，數百災民進退無路，皆奔至渡頭沙陂上，潮水適至，越漲越高，幾占滅頂，火勢尤異常猛烈，竟乘風將附泊漁舟數十艘一律延燒。男女老幼喊聲震野，不堪焦熱，皆以水自盥，具面其立腳，一或不穩即隨波逐流而去，聞與波臣為伍者，約有四五十人，不死於火而死於水，殆亦有數存乎。是時火已徧燒四保下趨拿公廟，出雙龍橋石欄焚折數截，並紆行金門浦分趨三夾，遂岐入冑州橋兜。

這則新聞記載了福州大火燒毀尚書公廟且波及拿公廟一事。又如《福州晚報》也有值得研究的報導，二〇一四年九月二十一日管柏華〈三保的口述史〉中載：

> 三保還是福州最大的大米銷售市場……福州歌謠裡就有「糶秫米拿公樓，拿公樓有溪行」……福建省境內溪河縱橫交錯，東南臨海，故傳奇水神頗多，主要三大水神有媽祖、陳文龍、拿公，為海上航行業者所必祀。「拿公廟」在三保，確切地址文革時叫「學用三弄」。……拿公神誕在農曆十一月二十九日，

　　福州各種紀念活動十分熱鬧。[24]

可見福州當地確實還有拿公的聖誕祭祀活動，且福州民間歌謠裡也有關於拿公的資料。

第四節　清代冊封琉球使團與拿公信仰

　　清代冊封使出使琉球對拿公信仰的流播有重要的作用，冊封使與使團成員在地方水神信仰流播中扮演重要的角色，這點可從各種記錄中國與琉球往來的文獻資料找出端倪，我們可從先前清代冊封使趙新與隨員對蘇王爺信仰的傳播之例看起，蘇王爺與拿公同樣都被請上以趙新為首的出使團隊中。趙新《續琉球國志略》中因感念蘇神恩澤而對未受賜封的蘇神感到好奇，「臣等查詢閩省士民」言「神蘇姓、名碧雲，係福建同安縣人」說蘇神是蘇碧雲的「閩省士民」是何人呢？我們可透過《冠船に付評價方日記》得到些線索：

> 欽差冊封正、副使賜正一品趙、于為諮知事。本月十一日據頭二兩號船戶邱大順、金振茂稟稱：
> 竊順等兩船遵守例隨帶壓載貨物於七月二十八日稟蒙示定於本月初一日開館評價在案，詎料該評價司始則任意延宕，繼複抑價勒售。旦所還之價不但順等毫無利益，較之成本尚短甚鉅，然順等奉公渡海，置辦貨物成本以及稅繳等項概系挪擋挪借，若被賤價抑勒，情何以堪。[25]

24　管柏華：〈三保的口述史〉，《福州晚報》，2014年9月21日第A18版：閩海神州。

25　冠船に付評價方日記簡稱冠船日記，是道光十八年林鴻年和清同治五年趙新、于光甲使團冊封琉球時，琉球評價司記錄的當時交易事宜。第二冊時間為清同治五年八月十日至同治六年二月止，詳見《冠船に付評價方日記》（二），臺灣大學圖書館館藏，頁10。

這是同治五年八月十三日，清朝隨役船戶對琉球評價司任意壓價感到不滿進而向冊封使稟報的文告，從中可知「封舟」[26]頭、二兩號船戶分別是邱大順與金振茂，邱大順是邱時庵所擁有的商船船號，而邱時庵據傳同安小嶝名人邱葵（1244-1333）的後人。從第三章關於蘇神當是蘇碧雲的討論中，我們已知邱大順不只護送趙新使團前往琉球，在趙新之前，林鴻年出使琉球亦是由邱大順的商船護送，可知清代最後兩次出使琉球都是由邱大順運送。邱大順之所以可以連續兩次護送使團前往琉球說明同安海商的堅強實力。由上述可知趙新出使琉球，確實雇用小嶝商船邱大順號，趙新所言「臣等查詢閩省士民」言「神蘇姓、名碧雲，係福建同安縣人」，那些閩省士民極有可能就是提供商船派往琉球的邱大順、金振茂的船員。林鴻年與趙新出使琉球之隨役，其中確實多為福建人，福建是當時通往琉球唯一的口岸，因此冊封琉球使團的隨團成員主要都在福建組織招募，而這些來自福建各地的成員自然也成為拿公信仰傳播的主要因素之一。

同時，《閩都別記》第二七六回〈永樂帝遣使封中山蔡姑婆回閩遇臨水〉也載有一個拿公保護商船的故事：

> 一日，紅亨魂遊至海外，見有中國船至，時值風浪滔天，有一藍面男神、一紅衣女神，分立在船頭喝之，立刻浪平風退。……原來去琉球國封王之船，船中請有拿公香火；又欽命正史乃閩人，請有臨水夫人之香火。[27]

---

26 封舟為冊封使所用的船隻，清代封舟，或從水師選用，多數從民間徵用商船，冊封使所用封舟有兩隻，通常編為頭號船與二號船。詳見陳龍貴、周維強主編：《順風相送：院藏清代海洋史料特展》（臺北市：故宮博物院，2013年5月），頁144。

27 〔清〕里人何求：《閩都別記》第3冊（臺北市：臺北市福州同鄉會，1979年），頁39。

這則故事提及明永樂帝時蔡紅亨[28]魂遊至海外時見中國船至，時風浪
滔天，拏公隨封王之船前往琉球一事，而這也表示《閩都別記》的作
者注意到明代出使琉球一事，且將拏公被供奉於封舟之上前往琉球一
事從清代往上推及至明代，此事是否為真還可再議，但可以確定的是
《閩都別記》這兩回故事反應了小說雜揉了拏公各朝的靈跡，也證明
拏公早在遠航琉球前便是擁有廣大信眾的福建地方水神。我們可以在
小說裡發現拏公的靈驗故事與隨冊封史遠征琉球的護航之實，而令人
好奇的是，媽祖與其他水神也同樣有隨封舟前往琉球的記錄，但為何
拏公的相關討論卻遠少於其它水神？韓森（Valerie Hansen）已論證顯
靈是民眾是否支持該祠祀重要的指標[29]，沒有靈驗紀錄的神祇，崇祀
將會式微，甚至消失。民間信仰中靈驗事蹟確實是神祇靈力與受歡迎
程度的重要指標，可由此檢視拏公的信仰。事實上，關於拏公的顯靈
事蹟並不是沒有，而且還存在於清宮檔案及文人志書之中，以下舉趙
新《續琉球國志略》一例說明：

> 臣新等幸膺斯役，於到閩日遵照舊章，迎請天后、尚書、拏公
> 各行像在船保護，詔敕於五年六月十九日舟抵球界之姑米外
> 洋，連日因風帆未順，水深不能下椗。是日適值暴期，斷虹現
> 於東北；午後，黑雲陡起，海色如墨：一舟皆驚。臣等謹焚
> 香，默禱天后、尚書、拏公並本船所供蘇神各神前。入夜，墨
> 雲四散，仰見星光，闔舟額慶。又於十一月初十日自球返棹放
> 洋，是夕復遇暴風，巨浪山立，越過船頂，船身幾沒，復觸礁
> 沙，勢極危險。臣等復於神前虔禱，化險為平。此皆仰賴聖主

28　蔡紅亨：《閩都別記》中在她生於琉球士族家庭，能神遊海上，後遇陳靖姑，陳收
　　她為徒，死後成仙，福建、琉球、臺灣均有廟供奉，尊稱為蔡奶夫人、懿德夫人、
　　蔡姑婆等。

29　Valerie Hansen: Changing Gods in Medieval China, 1127-1276, 47.

洪福；而來往保護詔書、龍節，亦資神力。臣等溯查歷屆冊封
事竣，例得為天后、尚書、拿公請加封號或賜匾額，此次仍請
照舊頒發。惟木船所供蘇神，未列祀典；臣等查詢閩省士民，
據云：『神蘇姓、名碧雲，係福建同安縣人；生於明季天啟年
間。讀書樂道，不求仕進。晚年移居海島，洞悉海道情形；海
船均蒙指引平安。歿後，於海面屢著靈異；兵商各船，均祀香
火。每歲閩省巡洋，偶遭危險，一經籲禱，俱獲安全』。此次
復屢叨護佑，可否按照海神之例，一併頒給匾額，用答神庥？
尋得旨允行。[30]

趙新於同治五年（1866）出使琉球，同時也是清朝最後一次出使琉
球。由這段描述沿途海象兇險與舟上海神們均有所驗之文，可以發現
拿公與媽祖同祀封舟，且「臣等溯查歷屆冊封事竣，例得為天后、尚
書、拿公請加封號或賜匾額，此次仍請照舊頒發。」顯見拿公於此役
之前已受過加封或賜匾額，此次所請乃是「照舊頒發」。依趙新所
言，複查清宮檔案，我們可在《清代媽祖檔案史料匯編》中發現趙新
確實上了奏片，也在文中翔實的記載了眾神靈驗的感應故事[31]：

---

30 該書分上、下二卷，言「先君子於同治五年奉命為正使，歸舟餘暇，纂錄成書。緣
乾隆間，有翰林院侍讀周煌所纂《志略》、齊北瀛太守有《東瀛百詠》，而林勿村中
丞所著錄者未見。恐巨典煌煌，散佚無考；故定著《續琉球國志略》。其義例，悉
仍前志云。」，趙新：《續琉球國志略》，卷之2，收錄於黃潤華、薛英編《國家圖書
館藏琉球資料匯編》（下）（北京市：北京圖書館，2000年），頁257-260。

31 《清代媽祖檔案史料匯編》（北京市：中國檔案出版社，2003年），頁341-344。

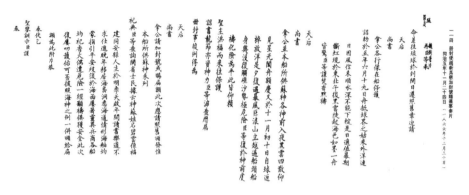

圖二　冊封使趙新為懇加封號賜匾事奏片

這則奏片第三章已有說明，趙新得平安之佑，表明為封舟之神請賜封號，以答神庥，展現了福建地方官推崇當地水神信仰的智慧。同時，再由同治六年四月初四日「著南書房恭書匾額發閩省於天后等廟懸掛事上諭」[32]。我們還可續探拿公在此次請封後所得之匾。

圖三　寫賜琉球冊使趙新請　　　　圖四　著南書房恭書匾額發閩省
討天后等廟廟匾　　　　　　　　　　　於天后等廟懸掛事上諭

據圖三可知，因趙新所請，拿公廟再得「恬波仰鏡」之匾，可知拿公是受冊封使所敬重且崇拜的神，透過這些被忽略的文獻資料可以剖析清代冊封琉球使團在拿公傳說與信仰的流播過程中所起的作用。在福

32　《清代媽祖檔案史料匯編》（北京市：中國檔案出版社，2003年），頁351-352。

建隨員與同安海商的崇拜下不難明白拿公再次被請上封舟的原因。由此我們可以知道，在清代福建沿海居民信仰的水神中，遠洋的使團所僱之船戶上頭的水手按其來源地域不同，崇拜偶像也有差異，「即使同一幫內，信仰也不一致」[33]，因為多神崇拜的關係，使得拿公信仰站上了這個歷史性的位置，居天妃從祀，我們可透過中琉關係相關史料研究出冊封使團與拿公信仰的互動。清時在使團渡海冊封琉球之前，先在福建舉行祭拜的儀式，迎請媽祖上船成為定例，雖然冊封使團的崇拜以祭祀媽祖為主，但漸次的也加入福建地方崇拜的神祇，如拿公信仰、水部尚書信仰、蘇神信仰等，形成琉球冊封活動當中獨特的海神信仰系統，《中國行業神》載：

> 海上從業者除奉天妃外，還有二神也值得注意，即尚書、拏公。清・姚元之《竹葉亭雜記》卷三記有二神來歷：「海船敬奉天妃外，有尚書、拏公二神。按尚書姓陳名文龍，福建興化，宋咸淳五年廷試第一，官參知政事，宋史有傳。明永樂中以救護海舟，封水部尚書。拏公，閩之拏口村人，姓卜名偃，唐末書生，因晨起恍惚見二豎蛇蝎於井，因阻止汲者，自飲井水救一鄉，因而成神，五代時即著靈異。二神亦海舟所最敬者。」與天妃並提，可見二神曾煊赫一時。由於天妃是水神中的大神，所以能與之比肩者甚少，但在某些地區，也有受崇拜程度超過天妃者……[34]

我們可以由此發現，拿公傳說與信仰有其研究價值，但歷來缺乏全面性且有系統的研究，往往如他的神格般，淪為天妃的從祀，寥寥數筆

33 陳希育：〈清代的海外貿易商人〉，《海交史研究》，第20卷，1991年，頁101。

34 李喬：《中國行業神》下卷（臺北市：雲龍出版社，1996年），頁33。查清人姚元之《竹葉亭雜記》確有此說，詳見是書（臺北市：文海出版社，1969年），頁145。

便被帶過。但我們若聚焦清代冊封使團對拿公信仰的影響，就會發現除了將拿公視為天妃的從祀之外，拿公信仰也有其獨立發展的脈絡與信眾，而研究拿公信仰無疑也是對媽祖信仰研究的一種補充與呼應。

　　清代冊封琉球使汪楫《使琉球雜錄》一書提及拿公成為媽祖從祀神一事，「使臣登舟，必先迎請天妃奉舵樓上，而以拿公從祀。」[35]同樣是清代冊封琉球使齊鯤與副使費錫章合著的《續琉球國志略》不僅是乾隆二十一年（1756）冊封副使周煌所撰《琉球國志略》的續篇，書中〈靈跡〉一篇齊鯤用詳盡的手筆記錄了冊封舟供奉天妃、拿公、尚書公神像作為海上保護神前往琉球的史實。趙新《續琉球國志略》二卷對拿公研究而言更是彌足珍貴，內文記載了拿公靈驗的事蹟與再次獲匾額的賜封，更提供了拿公信仰在琉球有所發展的相關證明，可見冊封琉球使團對福建地方水神信仰的傳播有十足的影響性。

第五節　小結

　　總的來說，將現有的歷史文獻歸納分析後可知：在福建地區，有一位民間信仰的水神，傳說他是唐代的書生，姓卜名偃，因其為邵武拿口人，故稱拿公。明代時已有廟，但無詳細信仰記載，一說為閩越王部將。清代約乾嘉年間因小說《閩都別記》與出使琉球的使團封舟上供其神像而熾熱一時，並隨著使團前往琉球與福州蜑民的傳播而將拿公信仰推向琉球，琉球群島上有名為「如公社」的廟宇。福建當地的拿公廟每年仍有慶典祭祀，除了水神崇拜外亦被當財神祭祀。在傳說故事、章回小說中都有祂的痕跡，甚至遠及琉球。

　　從上述討論可知在清代往來福建和琉球的船隻上供奉拿公是常見的信仰，並且與清代冊封使有密切的關係。這個過去長年被福建民間

---

35 〔清〕汪楫：《使琉球雜錄》，臺灣銀行經濟研究室編：臺灣文獻叢刊第293種（臺北市：臺灣銀行，1960年），頁286。

信奉的神祇，長期與媽祖同享祭祀，但卻在現在的民間信仰中漸漸式微，透過拿公信仰在福建的流播討論，並運用現階段水神與財神信仰的相關研究成果，分析拿公傳說與信仰，能讓福建地區水神信仰的譜系更完整。現今拿公信仰的實際祭祀狀況更值得被關注，否則隨時代演進與都市更新等各種改變，一旦城市樣貌改變再加上信仰圈逐漸縮小，這個過去與福建地區緊密相關的神祇有可能會無聲無息的消失。

第五章
馬祖水部尚書陳文龍傳說與信仰研究

陳文龍（1232-1277），南宋人。史上真有其人，據《宋史》卷四五一〈陳文龍傳〉載：

> 字君賁。福州興化人。丞相俊卿之後。……咸淳五年（1269年）廷對第一，丞相賈似道（1213-1275）愛其文，雅禮重之。由鎮東軍節度判官、歷崇政殿說書、秘書省校書郎。數年，拜監察御史，皆出似道力。……時邊事甚急，王爚、陳宜中不能畫一策……文龍上疏曰：「《書》言『三后協心，同底於道』。北兵今日取某城，明日築某堡，而我以文相遜，以跡相疑，譬猶拯溺救焚，而為安步徐行之儀也。」……是冬，累遷文龍至參知政事，未幾議降，文龍乃上章乞歸養。……五月，益王稱制于福州，復以文龍參知政事，……（元）大兵來攻不克，使其姻家持書招降之，文龍焚書斬其使，有風其納款者，文龍曰：「諸君特畏死耳。未知此生能不死乎？」乃使其將林華偵伺境上，華即降且導兵至城下，通判曹澄孫開門降，執文龍與其家人至軍中，欲降之，不屈，左右凌挫之，文龍指其腹曰：「此皆節義文章也，可相逼邪？」強之，卒不屈。乃械繫送杭州，文龍去興化即不食，至杭餓死。[1]

---

1 〔元〕脫脫等撰：《宋史》（臺北市：臺灣商務印書館，1988年），頁5392-5393。

陳文龍本在朝為官，臨安危急時主戰，與議和派主流不合，辭官歸故里。端宗即位後復詔文龍為參知政事，後因兵敗不屈降而餓死，百姓敬奉之。明朝始出現陳文龍歿而為神的傳說，透過陳文龍的生平可知，其被奉為神祇乃源於他的節義與賢良，也因其正直與忠義，而有被封為福州府城隍之說。

水部尚書陳文龍的傳說，均圍繞著他生時愛國的忠貞故事，死後人們歌詠他的節操，民間封他為水部尚書，將其視為水神，職能是保佑靠海為業的漁民與仰賴海運的商人。有關陳文龍的信仰以福建地區為核心，擴及馬祖、臺灣與琉球。但究其生平與成神傳說而言，並與水無關，終其一生也未曾任尚書之職，故本章針對傳說與信仰形成之間的淵源，連結分析其人與神格。

第一節　水部尚書陳文龍研究現況回顧

陳文龍傳說與信仰，除了透過祭祀風俗與慶典而得以被保存外，與陳文龍相關的傳說及詩詞、生平史料，也散見於中國俗文學作品與文集當中[2]。相關研究論文能就題目與關鍵字直接判斷與之相關者多於二十篇，討論面向從陳文龍信仰起源、發展、祭祀圈[3]與祭祀活動乃至尚書廟的保存與都市更新、信仰與社會功能等。如徐曉望〈論馬祖列島的水神信仰與祖地福建〉（《臺灣研究‧歷史》2008年第3期）、

2　例如：《海峽兩岸紀念民族英雄陳文龍叢書詩聯散文集》即收錄大量有關陳文龍的詩詞、楹聯與散文並兼及民間傳說、故事。但相信一定尚有遺珠，因為民間傳說僅三則，且都集中在福州，方志文獻中的靈蹟故事與馬祖地區的靈驗故事則未被採錄。

3　最早對祭祀圈下定義的是一九三八年日本學者岡田謙，認為是「共同奉祀一個主神的民眾所居住之地域」。林美容認為「祭祀圈」一詞的使用，幾乎囊括所有不同大小範圍的地域性民間信仰的組織與活動，並出「信仰圈」的概念。詳見林美容：〈由祭祀圈到信仰圈──臺灣民間社會的地域構成與發展〉，《第三屆中國海洋發展史研討會論文集》，1988年，頁95-125。

陳啟文〈從祭壇走向神壇〉(《清明》2015年第4期)、江鵬峰〈福建地區陳文龍信仰及其社會功能〉、任翔群〈水部尚書‧鎮海王‧冊封琉球〉(《福建論壇‧人文社會科學版》1996年1期)、林碩君〈福州南臺五座陳文龍尚書廟簡介〉(福州陽歧尚書祖廟理事會供稿)、林梅琴〈尚書公陳文龍和媽祖齊名的海上男神〉(《福建人》2015年3期)、陳春陽〈陳文龍由抗元英烈到三種神靈研究〉(《福建師範大學福清分校學報》2007年第4期)等。以下就相關著作逐一回顧:

　　二○○二年,徐恭生〈九十年代以來中琉關係史研究概述——以中國大陸為中心〉[4],該文將九十年代以來的中琉關係史料做了全面性的彙整與分類,特別是關係冊封使錄的研究和出版。同時,文中也提及福州臺江區萬壽尚書廟發現四塊有關中琉關係的石碑,分別是〈嘉慶五年庚申(1800)修建天后尚書廟〉、〈嘉慶九年甲子(1804)修建天后宮尚書廟〉、〈嘉慶二十三年戊寅(1818)增修廟道及道頭房屋〉、道光二十三年癸卯(1843)修建天后宮〉。

　　二○○五年,黃向春〈地方社會中的族群話語與儀式傳統——以閩江下游地區的「水部尚書」信仰為中心的分析〉[5],該文以為「水上人家」及「走水」商人是貫穿陳文龍信仰廟宇與儀式傳統發展脈絡的族群話語,並認為該信仰與臨水夫人、五帝、大王信仰都有所聯繫,但信眾和儀式的群體性上又有差別,形成一個相對獨立的系統。筆者認為,陳文龍信仰在馬祖有其特殊的封閉性(幾乎僅限北竿鄉塘岐村人的在地信仰),但又有其開放性(頻密地與中國尚書廟群連結與企圖連結臺灣本島與琉球)。

4　徐恭生:〈九十年代以來中琉關係史研究概述——以中國大陸為中心〉,《福建師範大學學報(哲學社會科學版)》第117期,2002年,頁35-40。

5　黃向春:〈地方社會中的族群話語與儀式傳統——以閩江下游地區的「水部尚書」信仰為中心的分析〉,《歷史人類學學刊》第3卷第1期(香港:香港科技大學華南研究中心,2005年4月),頁115-154。

　　陳文龍信仰現在為福建省文化單位積極宣傳的愛國精神，視陳文龍為民族英雄，成立有「福建省歷史名人研究會陳文龍分會」，並在二○○六年由香港人民出版社出版《海峽兩岸紀念民族英雄陳文龍叢書》，包含《攝影繪畫集》、《詩聯散文集》、《研究論文集》，叢書有四個目標，分別是表彰陳文龍的功績及其精神、論述陳文龍文化的形成與發展、宣揚陳文龍品第是國家級愛國民族英雄、強調陳文龍研究要繼續深入下去。

　　二○一○年，謝必震、胡新《中琉關係史料與研究》[6]第八章〈中琉宗教文化〉認為在歷朝中國冊封琉球的使團人員中，航海人員占多數。他們長期在海上活動，信奉這種神明如天妃、陳尚書等，由於他們跟琉球的航海人員長期交往，這些民間信仰很自然地在琉球傳播開來。因此，中國的冊封琉球使團和琉球的進貢使團在福建宗教信仰向琉球的傳播過程中起了重要的作用。

　　二○一三年，林國平《閩臺民間信仰源流》[7]第五章〈海神與功臣聖賢崇拜〉認為地方社會受到儒學影響，主張用立功、立言、立德來解決生死大事，因此大批的功臣和聖賢被塑造成神靈，成為民間信仰眾要的組成部分。而又因功臣聖賢崇拜往往得到官方的提倡，並與宗族緊密結合，還具有地域性，因此有較大的社會教化作用，林國平此章以天上聖母、玄天上帝、保儀尊王、青山王、廣澤尊王等神論之，並旁及水部尚書。林國平依齊鯤《續琉球國志略》認為冊封船中供奉陳文龍要早於嘉慶十三年，並認為因過去福州商船往來頻繁，經商的商賈為陳文龍信仰發展的重要媒介，並言及馬祖有三座供奉陳文龍的廟宇，分別在北竿鄉、南竿鄉與東引鄉，同時林氏以為二○○一年北竿鄉尚書廟至萬壽尚書公廟進香是兩岸關係的重大突破，是民間信仰的政治功能。

6　謝必震、胡新：《中琉關係史料與研究》（北京市：海洋出版社，2010年）。

7　林國平：《閩臺民間信仰源流》（北京市：人民出版社，2013年9月）。

　　二〇一六年，三月王元林《國家正祀與地方民間信仰互動研究——宋以後海洋神靈的地域分布與社會空間》[8]，王氏認為國家正祀與地方民間信仰互動研究是由宋代起始，元代持續推動至明代定型，而至清代已是末聲。對清代海神的論述集中在廣東地區的媽祖信仰，第八章〈水神變遷與信仰舉例：龍母、伏波將軍、蕭公、譚公、水部尚書〉對陳文龍信仰做國家正祀與社會空間相互影響的考察，該文認為水師官兵、冊封使對水部尚書的信仰，不僅擴大陳文龍信仰的影響力，更重要的是萬壽尚書廟成為構建社區內部與外部交流的紐帶，論述重點在信仰功能與社區變遷，同時進一步認為上下杭流傳的尚書出海儀式，和明清五帝巡游的儀式有著不可忽視的關聯。

　　從國內外相關研究看來，陳文龍信仰研究的重點目前集中在水神職能的討論上，陳文龍的節義與愛國情操也是研究焦點之一，多數論文聚焦其中，對中琉關係的討論也傾向突顯中琉友好的立場。

第二節　水部尚書陳文龍的來歷

　　陳文龍信仰的祭祀圈皆與海有關，且都在航運發達之處，但其生平故事及官職與水無關，這點與拿公（以拿舟為業）、蘇神（生前熟識港道）都大不相同，我們從民間故事流傳的角度切入，參照歷史文獻，分析這個與眾不同的信仰現象：

　　（1）陳文龍傳說與信仰轉變的過程。陳文龍如何由愛國忠臣變成「水部尚書」？又如何從府城隍變成冊封舟上的船神？關於陳文龍的傳說與神格可以整理出以下二種說法：

8　王元林：《國家正祀與地方民間信仰互動研究：宋以後海洋神靈的地域分布與社會空間》（北京市：中國社會科學出版社，2016年）。

（一）府城隍

城、隍原指城牆和護城壕，城隍本無姓氏，北宋後列入國家祀典，方被人格化。《宋史・禮志》：「建隆元年（西元960年），太祖平澤、潞，仍祭祆廟、泰山、城隍……」。[9]凡有功於民者被封為城隍，傳明朝孝宗年間陳文龍被封為福州府城隍，其從叔陳瓚則封為興化府城隍。城隍誕日期是農曆五月十一日及七月二十四日。據《明史・禮志》卷五十所載：

> 諸神祠，洪武元年命中書省下郡縣訪求應祀神祇，名山大川、聖帝明王、忠臣烈士，凡有功於國家及惠愛在民者，著於祀典，令有司歲時致祭。……按祀典太祖時應天祀陳喬……福州祀陳文龍、興化祀陳瓚。[10]

其抗元之氣節與以死明志之忠貞，使其得以被封為福州府城隍。其從叔[11]陳瓚亦是忠肝義膽，故封為興化府城隍。概述陳瓚生平如下：

> 陳瓚（1232-1277），字琴玉。宓之孫。少有志節。德佑中，布衣詣闕，上攻守之策，不報。景炎丙子，竭家財航海，助張世傑贍軍。世傑奇其才，欲奏以官，不受。元人既執文龍以去，就命林革為守，瓚陰部署賓客，募民義誅革，復其城。端宗除瓚知軍事，且令乘勝與世傑犄角，復福、泉二州。會唆都兵

9　〔元〕脫脫等撰：《宋史》（北京市：中華書局，1977年），卷102，頁2497。

10　〔清〕張廷玉等撰：《明史》（臺北市：臺灣商務印書館，1988年），頁534-536。

11　陳文龍與陳瓚誰為叔？誰為侄？向來有所爭議。據《宋史》所載「文龍之侄瓚復舉兵殺林華，據興化」，據此陳瓚是陳文龍的侄子。但據《八閩通志》所載，陳瓚言「文龍者，吾侄也。」顯見史書記載有所矛盾，此問題學界尚未有定論，姑繫於此，以俟後考。

至，瓚力不支，被執，欲使降，瓚曰：「汝知守城不降，曰文
龍者？吾侄也。吾家世忠義，豈向胡狗求活耶？」唆都大怒，
車裂以殉。張世傑上其事，贈兵部侍郎，謚「忠武」。子若
水，張世傑闢督府架閣。[12]

福州當地因陳文龍與陳瓚皆被封為城隍而將陳氏一族視為滿門忠烈，
敬仰其氣節。

（二）水神

延續上則說法，守護陸境的城隍與水神職能差距懸殊，陳文龍究
竟如何轉變為具有水神職能的地方神呢？我們或可從下則傳說略窺一
二：

傳說陳文龍在杭州殉難後，有人發現陳文龍的衣冠被水流到了
福州烏龍江邊的陽岐鄉。陽岐鄉親認得是陳文龍的衣物，便在
江濱建一台墳墓，為陳文龍作衣冠葬。不久，衣冠塚被改建成
尚書廟。[13]

有人認為陽岐的尚書祖廟即是如此而來。相關說法還可見：

傳說福州市陽岐村烏龍江邊的化船道建有陳文龍的小廟，民眾
尤其是出海漁民，經常前往朝拜，祈求平安，風調雨順。一傳
十，十傳百，影響擴大了。明洪武元年（1368），朝廷特命中

---

12 〔明〕黃仲昭修纂：《八閩通志》（下）（福州市：福建人民出版社，2006年），頁
1006。

13 林國清等撰：〈陳文龍是怎樣由人成為神的〉，《海峽兩岸紀念民族英雄陳文龍叢
書‧詩聯散文集》（香港：香港人民出版社，2006年），頁145。

書省派員到各地察訪，詔示凡有功於國家及惠愛及民者著於祀
典。福州祀陳文龍，就是當時的福州府城隍。這是陳文龍首次
欽定為神。[14]

此則傳說透過化船道（興化道）旁的小廟，將陳文龍定位為船道
邊護航的水神，也說明陳文龍在明代時因國家祀典而成為正神，但值
得注意的是神職的轉變，在首次接受國家敕封前陳文龍仍是地方守護
神的府城隍，接受祀典後由守護陸境的城隍，轉向守護水境的海神。
陳文龍生前傳說內容情節簡要，但死後顯靈傳說多樣，在不同地區神
職上都出現差異，且其信仰在眾多地方性水神中脫穎而出登上冊封
舟。然僅憑傳說實難完全推敲出其信仰轉變的脈絡，當考慮其時代因
素與社會因素，例如，陳文龍被奉為水神祭祀與宋元時期海神信仰的
具體化有關。古代稱海神為「四海神」，是對四方海神的泛稱，宋元
之後海上交通起了巨大的發展變化，海神也隨之具體化，信仰亦隨之
改變，於是沿海各地都出現了地方性的海神。陳文龍信仰由地方性的
守護神轉變為水神，有可能便是在明清之際受海神信仰蓬勃發展所
致。陳文龍信仰最特殊之處在其生平與水無關，死後卻為水部尚書。
但明清官制六部中並無水部，普遍認為水部一職乃民間百姓私封（衣
冠從水漂來及葬衣冠處），為推崇其神格與職能。但卓克華提出不同
的觀點，認為乃因訛傳之故：

> 明清時代，莆田商人將其信仰因行商而傳至福州城內之水部門
> （是碼頭名稱），臺江一帶，並建廟供奉。廟名「水部陳尚書
> 廟」，日久訛化成「水部尚書廟」，後人因「水部」兩字，誤以

---

14 鄭頤壽：〈叢書緒言——試論陳文龍的精神、文化和品第〉，《海峽兩岸紀念民族英
雄陳文龍叢書》（香港：香港人民出版社，2006年），頁10。

　　為彼是水神。於是清代從福州臺江出發的商船，船長、水手、海商，無不到廟一拜，才敢啟程。[15]

　　卓克華的說法獨樹一格，關於陳文龍成為水部尚書的說法不一，稱陳文龍為水部尚書是民間信仰與崇敬其神格所致者眾，但亦有不同的說法。以水部為官職而言，西漢少府下設都水長及丞，以掌管水利。三國魏置水部，掌航政與水利，主官為水部郎中。兩晉、南北朝尚書有水部一曹，主官為尚書水部郎，掌有關水道政令。可見掌管水利之司一直存在於歷代官制之中，隋朝以水部為工部四司之一，此制度沿用至宋。唐代確定六部為吏部、戶部、禮部、兵部、刑部、工部，明清兩代則均無設水部，明、清改為都水司，掌有關水道之政令。水部亦一直相沿為工部司官的一般稱謂。[16]可見水部雖非六部之一，卻一直都是掌管水道政令官的稱呼，故以「水部尚書」稱有護佑漁民與商人行船的陳文龍，似乎不全然矛盾。透過明代「敕封水部尚書」、清代道光年間請封為「鎮海王」之說，將陳文龍的神格提升，使其於冊封舟上能與天妃齊名。而今水部尚書信仰仍受福州與馬祖地區人民所信奉，並努力推崇其愛國的民族英雄形象，成為兩岸交流的媒介與情感的匯流平臺。

　　從陸上巡安保境到海上佑民護航，再到馬祖島上扛乩降文、濟世救苦，尚書公信仰隨著時間演變與地域流轉，在歷史發展的歷程中不斷被賦予新的內涵，而不斷改變的進程與階段分期，需要更長期與深入的觀察。

---

15 卓克華：〈金板境天后宮的歷史研究〉，《99年度連江縣歷史建築「金板境天后宮」調查研究暨修復計畫》（新竹縣：中國科技大學，2010年），頁7。

16 關於水部一司的歷代發展，詳參〔唐〕杜佑：《通典・職官五》（西安市：陝西人民出版社，2007年），頁226-227。與〔清〕黃本驥：《歷代職官表》卷2（臺北市：史學出版社，1974年），頁72-78。

第三節　清代冊封琉球使團與陳文龍信仰

　　因中國與琉球的冊封制度，琉球國王嗣立都由中國派遣使團前往
琉球，而歷次冊封使都在使事紀錄中詳細描寫航海過程，並對航海中
的海神崇拜有所刻劃。再者，中國冊封琉球使團或琉球進貢使團，運
輸前往琉球的貨項都在福建採辦，且冊封使團都在福建造船、招募使
團成員，因此福州成為中琉貿易活動的主要地區。為方便論述，以下
將清代冊封使團成員與歷代琉球國王作一表格，擇要論述。

表一　清代冊封琉球使正、副使一覽表

冊封年代	冊封使正使	副使	琉球國王
康熙二年 （1663）	兵科副理官 張學禮	行人司行人 王垓	尚質
康熙二十二年 （1683）	翰林院檢討 汪楫	內閣中書舍人 林麟焻	尚貞
康熙五十八年 （1719）	翰林院檢討 海寶	翰林院編修 徐葆光	尚敬
乾隆二十一年 （1756）	翰林院侍講 全魁	翰林院編修 周煌	尚穆
嘉慶五年 （1800）	翰林院修撰 趙文楷	內閣中書 李鼎元	尚溫
嘉慶十三年 （1808）	翰林院編集 齊鯤	工科給事中 費錫章	尚灝
道光十八年 （1838）	翰林院修撰 林鴻年	翰林院編修 高人鑑	尚育
同治五年 （1866）	翰林院編修 趙新	內閣中書 于光甲	尚泰

透過清代冊封琉球使列表，再複查《清朝進士題名錄》可發現，冊封使正使多為福建省福州府侯官縣人，即今福州市。由此可知，冊封使與當地水神登上封舟同往琉球有密不可分的關係。例如：趙新為咸豐二年，壬子恩科進士，三甲一〇四名。福建省福州府侯官縣人。[17]又如，齊鯤，福建省福州府侯官縣人，嘉慶六年（1801）辛酉恩科進士，賜進士出身第二甲第三十名。[18]透過冊封使的使事紀錄我們也可耙梳出部分冊封使與尚書公信仰間的關聯，如：嘉慶十三年（1808）冊封正使齊鯤《續琉球國志略》向世人介紹了同登封舟的神祇──水部尚書陳文龍。書載：

> 同日，二號船遇暴亦然，文武員弁虔叩尚書神像前，乃免於厄。按：尚書陳姓，名文龍，福建興化人……明時顯靈，護救封舟，封水部尚書，立廟閩省南關外。[19]

這是琉球冊封使首次揭露在封舟上祭祀陳文龍的情形。水部尚書廟於

---

17 江慶柏：《清朝進士題名錄》（北京市：中華書局，2007年6月），頁984。按，壬子恩科為清文宗登極恩科。咸豐《欽定科場條例》卷一《鄉會試加科》云：「道光三十年（奉清文宗）上諭：今朕纘承大統，宜遵成式，嘉惠士林。著於咸豐元年舉行鄉試恩科，二年舉行會試恩科，用副朕作育賢才至意。」見《清朝進士題名錄》，頁985-986。

18 江慶柏：《清朝進士題名錄》（北京市：中華書局，2007年6月），頁689。按，嘉慶六年辛酉恩科為清高宗九旬萬壽恩科。咸豐《欽定科場條例》卷一《鄉會試加科》云：「奉上諭：上年籲請恭辦皇考九旬慶典，欽奉敕旨，特開鄉會恩科。本年正月內，猝遭皇考大事，朕當哀痛迫切之時，曾降旨回慶典既不能舉行，並將恩科停止。茲過百日後，復思開科一事，乃皇考嘉惠士林至意。今朕不獲祝嘏承歡，以天下養，愜率土臣民之願，而惟此作人盛典，為皇考已沛之恩。自應仰體聖慈，毋庸停止，俾天下士子，仍得普沾遺澤，倍深感慕。所有恩科文武鄉試，著於庚申年舉行。其文武會試，著於辛酉年舉行。」見江慶柏：《清朝進士題名錄》（北京市：中華書局，2007年），頁698。

19 〔清〕齊鯤：《續琉球國志略》卷3〈靈蹟〉影印本（武英殿活字印本）。

閩省南關外，顯見陳文龍在當時是福建人崇祀的地方水神之一。再者，我們透過宮中檔案與奏摺，找尋更多冊封使與尚書公信仰的連結，例如：

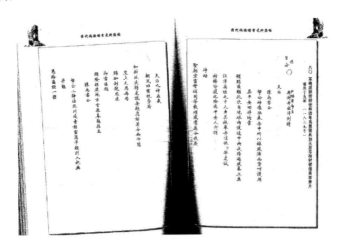

圖一　軍機處錄冊封使林鴻年為懇請再加天后等神封號頒匾事奏片

道光十九年（1839）

道光十九年（1839）冊封使林鴻年為天后、陳尚書公、拿公等神懇請加封之由為「自琉球內渡途中，兩次猝遇風暴，正在汪洋萬頃之中，人力莫施，舉舟惶悚。臣等虔誠祈禱，皆獲化險為平，舟人僉謂神助。」[20]林鴻年之請得道光皇帝賜「海滋昭靈」匾一面予福建省陳尚書公廟。此為一例，類似情況如下：

---

20 中國第一歷史檔案館編：《清代媽祖檔案史料匯編》（北京市：中國檔案出版社，
2003年），頁260-261。

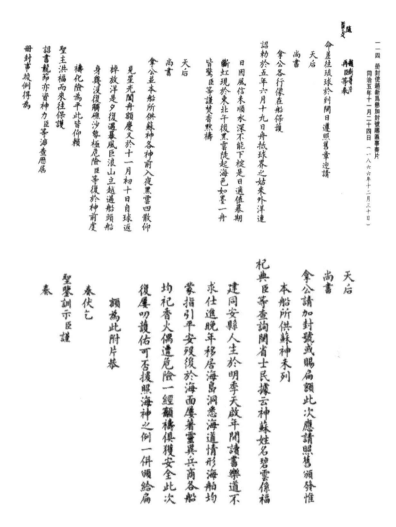

圖二　冊封使趙新為懇加封號賜匾事奏片

這則奏片本書第三章已有討論，趙新回國後懇請加封封舟上的眾神。再對應同治六年四月初四日「著南書房恭書匾額發閩省於天后等廟懸掛事上諭」，可知趙新之請得到回應，尚書廟得「朝宗利濟」[21]之匾。

---

21 但現今臺江萬壽尚書廟所懸「朝宗利濟」之匾，書為康熙五十八年（1719）由冊封琉球正使海寶、副使徐葆光所請。廟中所懸之匾時間是否有誤，尚待釐清。

圖三　寫賜琉球冊使趙新請討天后　圖四　著南書房恭書匾額發閩省於天
**　　　等廟廟匾　　　　　　　　　　后等廟懸挂事上諭**

以上為趙新對尚書公信仰的影響，其它冊封使如道光十八年（1838）
冊封使正使林鴻年與副使高人鑒捐修萬壽尚書廟，陽岐尚書廟還有一
副林鴻年所提的對聯，上書「神風吹久米，蔭曜躍維桑」等。上述這
些資料反映冊封使與尚書公信仰流播間存在重要的推動性。

第四節　福建地區的水部尚書廟

　　透過廟宇現存狀況，釐清現今尚書公信仰的祭祀情形。這部分的
調查結合清代地方志書，與現存的福建地區水部尚書廟兩相對照，並
進一步檢索有無傳到臺灣或琉球的情況：

（一）明・弘治《八閩通志》：

　　陳氏二相祠堂在白湖。以祀宋丞相俊卿垍其從侄孫參知政事文
　　龍。俱詳見《人物志》。祀久圮。成化三年，知府岳正重建。[22]

22　〔明〕黃仲昭修纂：《八閩通志》（下）〈祠廟〉卷60（福州市：福建人民出版社，
　　2006年，頁570。此段記載亦見於〔清〕金鋐修：(康熙)《福建通志・壇廟》，卷21
　　（南京市：鳳凰出版社，2011年），頁540。

陳氏二相祠堂尚存，即為現今的玉湖[23]陳氏祖祠，從宋代至今，一九
九一年因祖廟歷經滄桑，由仁公三十二世孫、印尼華僑德發宗親慨然
捐資，重修陳丞相里第門坊、祖祠大廳、拜亭及祠前石板道等。[24]

（二）清・嘉慶：《大清一統志》卷四百二十六〈福州府・
　　　祠廟〉：

> 陳尚書廟在閩縣南臺，祀宋陳文龍，本朝嘉慶十四年欽頒效順
> 報功扁額，又有挈公廟，亦於是年欽頒惠洽維桑扁額。[25]

方志所提之匾乃嘉慶年間冊封使齊鯤回國後所請，可知當時拿公也已
同登封舟。

（三）清・康熙《福建通志》：

> 水部尚書廟在泗洲左舖，明初建，祀宋陳忠肅文龍。清康熙三
> 十年里人黃煌重建，乾隆二十九年始入祀典，三十四年總督崔
> 應階給帑諭里人方廷珪募修。布政使楊廷樺記。嘉慶十四年冊
> 使齊鯤、費錫章奏請御書效順報功匾額。[26]

又

> 二忠祠在城隍廟左，祀宋陳文龍、陳瓚叔姪死節。明正德七年

23　玉湖，又名白湖。

24　詳見鄭頤壽主編：《海峽兩岸紀念民族英雄陳文龍叢書》（香港：香港人民出版社，
　　2006年），頁275-276。

25　〔清〕穆彰阿：嘉慶《大清一統志》，卷426〈福州府・祠廟〉，（四部叢刊續編景舊
　　鈔本）（上海市：上海古籍出版社，2002年），頁57。

26　（道光）《福建通志・壇廟》，卷20，頁515。李厚基等修、沈瑜慶、陳衍等纂：民
　　國《福建通志・壇廟志》亦載，然略簡。

郡人評事徐元稔奏建，萬曆十一年裔孫瑛請官重建。[27]

二忠祠現今名存實亡，一九四四年莆田人張琴聯合上海大夏大學校長歐元懷、莆田中山中學校長鄭仲武、福州商會會長蔡友蘭、立委蔡心權等人，曾發起募捐重修陳文龍公墓，後因地被占領引起官司而未果；而二忠祠亦淪為廢墟。如今祠址尚存二石碑，一豎一臥在不為人注意的角落裡。[28]

上述尚書公廟的存廢狀況，透過資料的蒐羅，對比現存於福州地區的尚書公廟。自明洪武至清光緒，福州地區先後建過多座尚書廟以紀念陳文龍，分別在陽岐、萬壽、新亭、龍潭、竹林等處。目前明確可知者有陽岐尚書祖廟、臺江區后洲塢尾街萬壽尚書廟、倉山區新亭尚書廟、臺江區洋中里尚書廟（與宗祠同祀）、臺江區幫洲一保橋頭的龍潭尚書廟（已毀）、臺江區三保直街竹林尚書廟（已毀）。另外，長樂市文岭石山村、營前鎮洞頭村、洋尾下等地也有尚書廟，但僅見書載，寺廟現存狀況不明。從上述討論可知，在清代往來福建和琉球的船隻上供奉這些水神是常見的信仰，並且與清代冊封使有密切的關係。這些過去長年被福建民間信奉的神祇，長期與媽祖同享祭祀，但卻在現在的民間信仰中漸漸式微又轉型為擁有各自的信仰圈，透過這些信仰在福建的流播討論，並運用現階段水神信仰的相關研究成果，分析冊封舟上船神傳說與信仰，讓福建地區水神信仰的譜系更完整。

陳文龍信仰流傳地區雖然明確的源於福建，但信仰擴散後的地區如馬祖，現今當地的祭祀狀況並無較為完整的研究論述，且眾說紛紜。例如林國平認為：

---

27 （康熙）《福建通志·壇廟》，卷21，頁541。民國《福建通志·壇廟志》沿用此說，見卷2（南京市：鳳凰出版社，2011年），頁575。

28 參見鄭頤壽主編：《海峽兩岸紀念民族英雄陳文龍叢書》（香港：香港人民出版社，2006年），頁281-282。

　　　馬祖也有三座供奉陳文龍的尚書廟，即北竿鄉塘岐村水部尚書
　　廟，祀神源自福州臺江區萬壽尚書公廟；東引鄉中柳村璇璣
　　廟，源自福州臺江；南竿鄉清水村白馬王宮，源自琅岐。[29]

林國平的說法也可見於《福州晚報》[30]，但此說與筆者初步至馬祖探
勘的調查結果不符。筆者於二〇一七年十一月至馬祖進行田野調查，
範圍以北竿鄉與南竿鄉為主，發現北竿鄉確實有以陳文龍為主祀的水
部尚書廟。但南竿鄉則無以陳文龍為主祀或陪祀的廟宇，經筆者調查
南竿鄉清水村的白馬王宮，主祀白馬尊王及夫人，陪祀天上聖母、臨
水夫人、福德正神，廟殿內立有七爺、八爺之大型造像，廟旁則有一
小宮仔緊鄰，內供奉「老郎公」，而無供奉陳文龍之神尊。另外，筆
者複查《馬祖地區廟宇調查與研究》與「文化資源地理資訊系統」網
站[31]，關於白馬王宮奉祀尚書公一事，均無所獲。東引鄉中柳村璇璣廟
也是類似的情形，以現有資料而言與林國平之說有相當的出入，原因
為何有待釐清。究竟是這些廟宇原本有供奉尚書公，而現今無祀？或
是前人研究結果有所誤差呢＞因為在初步檢索資料過程中發現，東引
鄉的中柳村有供奉尚書公的是天后宮，而非主祀朱大姐的璇璣廟。筆
者也同時詢問北竿鄉塘岐村水部尚書廟的總幹事陳天喜先生，他坦
言：「沒有了。整個馬祖只有我（們）在拜，南竿也沒有。」[32]故針對
上述這些祭祀尚書公廟宇歧異的說法，有必要做通盤性的調查與補正。

29　林國平：《閩臺民間信仰源流》（北京市：人民出版社，2013年9月），頁128-129。

30　邱成海、賴正維：〈臺江萬壽尚書廟的琉球情緣〉，《福州晚報》：2016年9月6日閩都
　　大家網址：http://culture.fznews.com.cn/node/10763/20160906/57ce280d479eb_3.shtml。
　　上網日期：2017年12月21日。

31　網址：http://crgis.rchss.sinica.edu.tw/temples/LienchiangCounty/nangan/90070164004-
　　BMZWM上網時間：2017年12月1日。

32　受訪者：陳天喜。採訪日期：二〇一七年十一月十三日。採訪地點：北竿鄉戶政事
　　務所主任室。

　　水部尚書信仰在馬祖，除了保佑漁民出海捕魚的平安與豐收外，
筆者在水部尚書公廟的神龕前發現，有許多信眾將其住院開刀的時間
與地點等資訊，寫於紙上，並供於尚書公神像前，可知尚書公在當地
信仰者的心中，是多種神職的，包含治病。除此之外，尚書公信仰傳
至馬祖後，與在地風俗互相影響，而影響的脈絡與範圍也值得探究，
可從以下這則報導略窺端倪：

> 〈塘岐水部尚書公府送狀元船祭　莊嚴隆重〉[33]
>
> 送狀元船的由來依考據為，乾隆時人張際亮在《南浦秋波錄》
> 卷三《習俗記》中曾指出：閩俗最信巫鬼，夏秋之交，南臺街
> 市各制紙船，送尚書廟放諸江中，名曰出海。八月十五日是陳
> 文龍的壽誕，五年兩次的正月十八口是他回湄（莆田）省親的
> 日子，所以尚書公也有出海之祭典。此時，一般由商家和其他
> 民眾自動捐獻，建造木舟為之送行。行前，要將此舟在附近各
> 街道上遊行一週，藉以驅逐邪神惡鬼，保佑鄉民太平，附近各
> 街道地頭神多列隊相送。至十九日出海時，將船放出，隨波任
> 其漂流，稱為狀元船，沿閩江各鄉遇到狀元船漂到該鄉，那一
> 鄉就要將其抬上岸，舉行一定的儀式後再放下水。受潮汐影
> 響，閩江下游入海許多鄉鎮，每年都會拾到狀元船，故而每年
> 必有慶典。

這個儀式在尚書公信仰流傳到馬祖之際仍被保留下來，並發展成當地
重要的民俗風情，除了送狀元船外，尚書公廟也參與馬祖當地特別的
「元宵擺暝」祈福活動。

---

33 陳鵬雄：〈塘岐水部尚書公府送狀元船祭莊嚴隆重〉，《馬祖日報》，2007年3月5日。
　http://board.matsu.idv.tw/board_view.php?board=44&pid=23532&link=23532&start=7770。上網時間：2017年12月11日。

圖五　南竿鄉清水境白馬王宮。（筆者攝影，攝影日期：2017年11月16日）	圖六　清水境白馬王宮龍邊配祀神尊。筆者攝影。虎邊為福德正神。未見有尚書公。（攝影日期：2017年11月16日）

而陳文龍信仰在琉球地區的傳布情形，則相對曖昧不明。陳文龍信仰隨著陳文龍在海上屢顯靈異的傳說而具有海神性格，更因成為冊封舟上的船神而遠播琉球。據臺江萬壽尚書廟所存〈嘉慶五年庚申（1800）碑記〉載眾善信題捐緣金姓名中有：

> 琉球大船直庫比嘉筑登之親云上番壹拾元。大船內佐事等拾名，番壹拾元。水手五名，錢壹仟文。琉球大船直庫水手肆拾名，番壹拾元。琉球直庫長岭親云上番壹拾元。大厅作事等玖人，番玖元。定加子共六名，錢壹仟文。水主共貳拾六名，錢貳仟文。琉球封王直庫頭號貳號船，番貳拾柒元。[34]

　　透過碑記顯示過去琉球朝冊封使與琉球貢使團的船員、水手，曾參與萬壽尚書廟的祭祀活動，並捐款修廟，此碑可說是陳文龍信仰曾遠播琉球最好的證明。碑中所記之大船乃琉球來福建的貿易船，封王頭號、貳號船指的是來福建迎接冊封使的琉球船，「筑登之親云上」、

---

34 碑文內容轉引自徐恭生：〈九十年代以來中琉關係史研究概述——以中國大陸為中心〉，《福建師範大學學報：哲社版》，2002年4期，頁40。

「親云上」都是琉球人的爵位。另外，根據鄭頤壽所言「特別是日本
沖繩學者和臺灣、馬祖鄉親，經常前來考察、瞻仰和朝拜。」[35]，透
過碑記與文獻均顯見沖繩也有陳文龍信仰影響的痕跡，才能吸引日本
學者前來考察。

第五節　馬祖地區的水部尚書廟

　　水部尚書陳文龍信仰有兩個重要的流播過程值得注意，一是尚書
公信仰流傳到馬祖地區後形成一種在地性的信仰，有強烈的地方性與
重組，甚至透過扛乩降文濟世的儀式，成為當地信眾仰賴的宗教活
動。一是尚書公信仰在琉球的研究缺少更深入的發掘。但現階段陳文
龍的信仰在大陸地區受重視的程度，不管在信仰或宗教文化方面，均
遠勝於臺灣，學界的討論也多以福建地區的尚書公廟與信仰活動為
主，忽略其信仰在臺之發展。

> 　　一九四九年，國民政府遷台後，臺灣和中國的文化斷絕了交
> 流，而馬祖更因此而成為國民政府有效統轄境內，唯一的非閩
> 南文化區，馬祖既被切斷和中國閩東關係，又和臺灣的主體文
> 化形成相當大的隔閡，終至形成了特殊的文化孤島，使得文化
> 發展更趨保守，民間信仰更形成了封閉與拘謹的狀態……[36]

現今尚書公信仰普遍留存於福州與馬祖，上述這段話很明確的表達了
陳文龍信仰在馬祖地區發展的特性，此拘謹的狀態卻也相對的保留相

---

35 鄭頤壽：〈叢書緒言──試論陳文龍的精神、文化和品第〉，《海峽兩岸紀念民族英
　　雄陳文龍叢書》，頁12。
36 劉還月：〈序‧深植土地的果實〉，見王花俤《馬祖地區廟宇調查與研究》（連江
　　縣：連江縣社會教育館，2000年），序無頁碼。

當濃厚的地方色彩。馬祖列島的竿塘、東沙及東湧為中國冊封舟由福州前往琉球必經之地，往後清朝前往琉球之使船亦沿襲相同航線。水部尚書在福州的七座廟宇均分布在閩江邊臨水地區，以陽岐尚書公廟為祖廟，除陽岐外，還有臺江萬壽尚書廟，馬祖北竿的水部尚書公廟即由此廟分香而來。

　　北竿鄉尚書公廟乃民國三十年間，北竿漁民蕭亞金妻周氏，赴大陸祈得尚書公分爐至熾坪家中，供鄉親膜拜，民國五十二年於塘岐大同一村召募社友，並於六十五年募款建廟。廟地就選建在北竿機場的前方，希望藉由機場來往的人潮發展尚書公信仰，讓更多人有接觸當地信仰的機會。筆者赴北竿鄉進行田野調查時發現，北竿地區的廟宇普遍廟門敞開，而廟內無人，零星的香客有之。筆者前往當日亦然，以廟宇規模而言，水部尚書公廟所占面積可說在北竿是規模較為宏大者。就廟宇管理方式論，以主任委員為管理委員會之首，下有總幹事及社員與神轎班，管理委員會與神轎班人員有所重疊。據總幹事陳天喜先生表示「尚書公廟在社員的努力下，社員約二十九人左右，均為塘岐村人，有少數一兩名臺灣人，是來馬祖做工後才加入當地的地方信仰。」同時他也表明，馬祖人多半各拜各的廟，很少跨村或跨境祭祀，也因此對於它村的信仰便不熟悉。由此，我們可知在北竿鄉水部尚書公廟以塘岐村的信眾為主，同時也因在馬祖工作的臺灣人之故，尚書公的香火也傳播至臺灣本島，目前僅知在桃園鶯歌一帶有供奉尚書公者。

　　筆者深覺臺灣地區對尚書公信仰的了解尚有諸多不明之處，透過網路資源搜尋也發現眾說紛紜，連臺灣奉祀尚書公廟宇的狀況都多有紛歧，例如「這一習俗流傳至澎湖列島及臺灣，因此臺灣地區仍保留奉祀陳文龍的尚書祖廟。僅馬祖彈丸一島統計就有十六座尚書廟，奉

祀陳文龍,可見陳文龍影響之廣泛。」[37]這類說法甚為常見,各類文章間彼此相襲,但經筆者檢索發現臺灣本島尚無主祀陳文龍的廟宇,馬祖地區估計也難有高達十六座之譜。馬祖仍是臺灣尚書公信仰的核心,現今尚書公的信徒多與總幹事陳天喜年齡相仿,約莫五十餘歲,均因過去家中長輩捕魚為業,為求行船平安與豐收而信奉尚書公。近年也逐漸增加年輕的社友,但比例不高。臺灣私人奉請尚書公者,多在桃園鶯歌一帶,乃塘岐移居桃園者,帶著故鄉的香火與信仰前往桃園,臺灣本島他處尚未見有尚書信仰。

圖七　北竿鄉塘岐村水部尚書公廟。（筆者攝影,攝影日期：2017年11月13日）	圖八　水部尚書公府廟宇史略。（筆者攝影,攝影日期：2017年11月13日）

筆者於二〇一七年十一月十四日前往南竿鄉,展開尚書公信仰相關調查,發現南竿珠螺境玄天上帝廟與北竿塘岐村的水部尚書公廟也有關聯。〈珠螺境玄天上帝廟重建碑〉記載：

> 民國九十四年,士紳有鑒樑牆陳舊,瓦石鬆頹,乃倡擴建之議,旋組委員會,以綜理相關事宜,鄉親知恩重情,無論在地人士抑或旅外鄉賢,無不響應景從,並解囊奉捐又蒙北竿塘岐

37 〈古山明代尚書祖廟〉,《莆田文化網》,參考網站：http://www.ptwhw.com/?post=2162。上網日期：2017年12月2日。

　　境水部尚書公府為新廟卜址定樁，由福建莆田仿古建築隊承
　　建，歷經二年輪奐宮觀順利竣工。

水部尚書公府主委王世才為珠螺境玄天上帝廟之榮譽委員，顯見兩廟
情誼深厚。

圖九　南竿鄉珠螺境玄天上帝廟。（筆者攝影，拍照日期：2017年11月14日）

圖十　珠螺境玄天上帝廟重建碑記。（筆者攝影，拍照日期：2017年11月14日）

陳文龍信仰在福州當地仍相當活躍，《福州晚報》亦曾透過徐恭生的
介紹，報導抗元英雄陳文龍何以成為兩岸共同信奉的神靈：

　　福州人民十分敬仰這位先賢的崇高氣節，明初在福州陽岐建了
　　第一座紀念他的廟宇，后又在萬壽、龍潭、竹林、新亭等處建
　　廟宇，後因出海的商人和漁民紛紛來此朝拜，且都說此神極
　　靈，「海上保護神」美名傳開，陳文龍便被敕封為「水部尚
　　書」。[38]

福州當地有「官船拜陳文龍，民船拜媽祖」之說，此說固然反應陳文
龍神職之高與受民景仰的程度，但也顯示出隨著官船不再出使琉球後

38　劉琳：〈陳文龍與尚書廟〉，《福州晚報》，2001年2月，第12版。

尚書公信仰的沒落。施曉宇認為「僅在臺灣和馬祖島，保存完好的陳文龍廟就有十六座之多」[39]，但經筆者初步探勘，馬祖北竿鄉僅有塘岐村水部尚書公廟一座廟宇主祀陳文龍，其它村落各有其敬奉的境主神。而南竿鄉則尚未發現有尚書公廟或陪祀尚書公的廟宇。

馬祖水部尚書公府總幹事陳天喜於四十五歲時投入尚書公廟的事務，他的父親與祖父都是尚書公的信徒，過去出海捕魚時必定祈求尚書公保佑，連帶著家人也積極投入廟務，而他自身是因調任至戶政事務所工作後，才有閒暇時間協助廟務，隨後擔任總幹事一職。現在主要負責廟中文物與資料的彙整及出版，同時也與祖廟保持密切聯繫，形成一個獨特的尚書公廟信仰網絡。因此，筆者認為馬祖北竿鄉塘岐村的水部尚書公廟有其重要性與研究價值，但相較起大陸地區尚書公信仰的研究情形，馬祖地區尚書公信仰的討論在研究成果的數量上遠遠落後。以《海峽兩岸紀念民族英雄陳文龍叢書研究論文集》為例，該書收錄九十四篇有關陳文龍信仰的學術論文與研究史料討論，但與馬祖北竿鄉塘岐村的水部尚書公廟直接相關的僅有良政〈馬祖同胞隆重紀念陳文龍〉一篇，且該篇僅二百五十餘字。

尚書公信仰在琉球的研究，過去缺少更深入的發掘，萬壽尚書廟中保留四塊琉球國進貢船船員集體捐款修廟的紀錄碑，顯見尚書信仰在琉球曾經風靡過的痕跡，除此之外，徐恭生在其著作中也提供了重要的訊息：

> 但陳文龍作為中琉護航神最早出現在嘉慶十三年齊鯤出使琉球的封身上，因此萬壽尚書廟保存嘉慶五年琉球人捐款修建天后宮、尚書廟石碑，十分珍貴，說明乾嘉年間，沖繩人民敬仰陳

---

39 施曉宇：〈陽岐村的「尚書祖廟」〉，發布時間：2013年6月15日。參考網址：http://blog.sina.com.cn/s/blog_4a52ac660102eh8s.html。上網時間：2017年11月19日。

　　文龍，那霸市民了解尚書廟，他們把福州尚書廟寫入他們學習中國話的課本——《官話問答便語》。[40]

　　這則訊息透露過去認識尚書公信仰是學習語言的一種方式，更是受教育之必需，陳文龍信仰在琉球當地的重要性相當明顯。再者，我們還可透過《琉球鄉土資料》第二十六冊中竹原家文書《漂流唐書救助禮狀》探得些許線索，據載「乾隆三十六年十二月二十二日，福建閩侯的漂風船上，奉祀天后聖母、水部尚書、關夫子香火……」雖然此為中國漂風船的相關記載，但反映過去的中琉關係乃至信仰研究，多以中國為出發視角，較少以琉球的角度及典藏文獻為研究焦點。最後，謝必震認為「然而，信奉陳文龍的，不僅僅只有福建或福州人，遠在中國東南千里之外的琉球島國，也有眾多的尚書公的信徒，這是饒人尋味的。」[41]但關於琉球群島信奉陳文龍的狀況卻長期處於未明狀態，甚至連福建地區的尚書公廟信仰網絡也苦無管道與能力研究。

　　目前尚書公祖廟與大陸地區的其他尚書公廟正在積極籌備往琉球探尋尚書公信仰的可能，據陳天喜所言，琉球地區有私人供奉尚書公，但究竟規模是廟堂或私人壇抑或只是居家奉祀神尊皆無法確定。因為是過去信徒在大陸祖廟偷請回家奉祀的神尊，歷史較為悠久，祖廟也僅存神尊照片，而無神尊在琉球明確的地點。

第六節　民間文學作品中的陳文龍

　　雖然現今對陳文龍的研究討論有一定的數量，但普遍侷限在陳文龍生平考據與陳文龍信仰在福州地區的變遷。除了公開在電子資料庫

---

40 徐恭生：〈從萬壽尚書廟碑刻看中琉友好交往〉，《海峽兩岸紀念民族英雄陳文龍叢書研究論文集》（香港：香港人民出版社，2006年），頁83。

41 謝必震、胡新：《中琉關係史料與研究》（北京市：海洋出版社，2010年），頁161。

的學術期刊外，絕大多數的討論都有蒐羅與取得上的困難，例如：
《馬祖水部尚書公府——陳文龍》[42]，此為北竿鄉水部尚書公府廟
誌，但經筆者詢問廟方管理人員，書目前已經絕版，廟方亦無庫存，
幸賴王世才主委提供自有本，方能複印。又如《海峽兩岸紀念民族英
雄陳文龍叢書》包含研究論文集、詩聯散文集、攝影繪畫集等，雖經
香港人民出版社於二〇〇六年，但實際上並不易購得，也因此導致研
究陳文龍信仰的基礎文本掌握不易。

一 民間故事中的陳文龍

現階段的研究成果遺漏陳文龍傳說對其信仰的影響，而陳文龍傳
說散見於各地或地方故事集中，長樂地區流傳有〈陳文龍進京趕考〉
故事：

> 陳文龍的父親死得很早，寡母孤兒相依為命。那年，陳文龍才
> 九歲，母親正在廚下炒菜，見蝦油瓶空了，遍叫陳文龍去道頭
> 打瓶蝦油。陳文龍一手提著蝦油瓶，一手拎著銅板，一陣猛跑
> 來到道頭上。
> 道頭空埕上，有位興化客在耍猴子。那興化客是個瘦老頭。只
> 見他右手牽只小猴兒圍場子竄著。那猴兒時而在場子上翻筋
> 斗，時而猛竄上老頭的肩，抱著老頭的頭，在他腮上親了一
> 口，逗得圍觀的人們一陣開心大笑。笑聲一止，猴兒又遠遠地
> 跳開，瘦老頭左手托著一個銅盤，沿場子開始收錢。人們便朝
> 盤子裡不斷地扔著銅板，也有撒落到地上的。那猴兒便彎下

---

42 陳天喜、陳貴忠編：《馬祖水部尚書公府——陳文龍》（連江縣：馬祖水部尚書公府
管理委員會，2002年）。

身，一枚枚去拾。拾上一枚銅板，便朝人作揖一次，又把人們逗得哈哈大笑。於是一枚枚銅板又不斷地朝盤子裡扔去……陳文龍愈看愈歡心，直到那興化客牽著猴兒走了，這才記起忘了打蝦油了。他忙提著蝦油瓶來到道頭斜對面林記醬油店，打了半斤蝦油。回到家中時，日頭已掛在頭當頂。

母親問陳文龍：「兒啊，你怎麼去了這麼久？」陳文龍心裡發慌，臉上發紅，口中支支吾吾：「……在路上碰見姑姑，談了一會兒……」母親一聽兒子撒謊，很生氣，大聲斥道：「瞎說！」話音未落，只見姑姑笑哈哈地從裡屋走了出來。陳文龍心裡「喀登」一聲，包子露餡了。他只好紅著臉老實承認：「……是看猴戲去了。」

「今後可不許再撒謊了。」母親的口氣仍很嚴厲。

姑姑慈祥地走到陳文龍身邊，用手輕撫著他的頭，和藹地說：「小孩子不能說謊，要說老實話。誠實是為人的根本。」

陳文龍連連點頭。見孩子承認錯誤了，母親也不再多加責備。

陳文龍漸漸長大了。他發奮攻讀，手不釋卷，夜夜都讀到三更天。學業日漸長進。十三歲時，他考上童生，十五歲考中秀才。十七歲那年，金風初動秋闈到，陳文龍準備上省城考舉人。

臨行前一天，母親特意買來一尾大鯉魚。平素，陳文龍最愛吃糖醋魚了。母親倆平素省吃儉用，捨不得一頓飯將魚全吃了。中午只吃了一邊，晚上翻過來又吃了另一邊。第二天，一早陳文龍要上省了。母子分別，說不盡的話。母親就問他：「兒啊，昨天的魚好吃嗎？」「好吃。」「中午那條好吃還是晚上那條好吃？」

陳文龍心裡嘀咕開了：「母親好糊塗！分明只有一條魚，怎麼變成兩條了？」他忙應到：「媽，你記錯了！只有一條魚，中午吃了一半，晚上又吃了一半。」

母親一聽生了氣：「什麼？我分明買了兩條魚。中午做了一條，晚上又做了一條。你怎麼說只有一條魚？」她手中正拿著只水瓢，「啪」一聲，水瓢拍在水缸蓋上，響聲很沉。陳文龍是個孝子，看到母親生氣了，心想犯不著為這芝麻小事惹母親生氣，忙順了母親的心意應道：「媽，唔，我記起來了，是兩條。中午那條好吃，晚上那條醋放多一點，有點酸味……」

誰知母親聽了卻哈哈大笑起來：「孩子，你怎麼忘了過去的教訓又說謊了？媽這是考你。你就考砸了。明明只有一條魚，只是媽說兩條，你就不敢堅持說真話。此番你赴省趕考。若得中做官，難道也要迎合別人的心意說謊做禍國殃民的事嗎？」

陳文龍臉色脹成豬肝紫，原來媽在考我啊！只聽母親語重心長地說：「兒啊，媽比不上孟母，更比不上岳母。媽只希望你牢記姑姑的金玉良言：誠實是為人的根本！本著這條原則。今後進了官場，才能做個萬民稱頌的清官。」

陳文龍向母親行了一炷香大禮，感謝母親的教誨。隨後他背起「包袱傘」上省城去了。正是：大鵬展翅望有期，難為慈母一片心。

資料來源：長樂・張端彬

這個故事用在教育孩童以誠實為人格基礎，套入陳文龍生平，塑造故事的說服力。其它民間傳說尚有〈尚書廟躲債〉：

古時，福州南臺小橋頭地方，東邊通向下道（今達道路），西向是上、下杭一帶，其接壤處，交叉著兩條小巷，即水巷與上巷（今金馬花園新村）。

有一年，除夕之夜，寒風冷冽，從小巷深處的一戶人家中，走出一個人，垂頭喪氣，滿面憂容，一路上躲躲閃閃地盡往偏僻

處走。此人名喚格格，世代經商，買賣公平，近因一批土布被外省拖欠了貨款，以致陷於困境，年關歲暮，結欠三戶人家八十兩銀子，經東挪西借，只籌到九兩八錢銀子，無可奈何出門躲債，自忖捱過一晚，按當地「約定俗成」正月初一不能索債，格格心想：反正今晚不能回家守歲過年，就在附近餅店中買了一些光餅，從塢尾街進去，要去大同浦找一個「窩風」（避風）地方，正走之間，路過萬壽尚書廟，進得廟來，神案上香煙繚繞，元寶爐中餘灰未盡，尚有微溫，不覺心中一喜，立刻在陳文龍尚書公面前禱告一番後，從牆邊取來一束稻草，鋪在神案下，暫時「定居」，吃光餅過年。

正在此時，忽聽得大殿上一聲響亮，格格不由大吃一驚，定睛一看，原來有一個人進入廟內，被台階絆了一跤。只見此人翻身而起，跪在神前，連聲禱告：「尚書公在上，念弟子意益，家住新港，世代經營土特產生意，薄利經商。稍有盈餘，事因三年前貨船出海，犯風失水，本利無歸，後來典盡賣光，惟余祖傳小屋一間，遵祖訓絕不售賣。因此就在屋前開張一家小小京果店，由於資金不足，結欠貨款。年關歲暮，逼債臨門，無奈到此躲債──」意益念念有詞的禱告，引得格格「噗哧」一笑，意益聞聲站起，四處張望，不料神案下伸出一臂把他緊緊抓住：「你我都是同路人，何妨隨我進來。」這一來把意益嚇得魂不附體，轉身要逃。格格知道他疑神疑鬼，緊忙現出身來加以解釋，申說自己也是躲債在此，經過二人互訴身世及遭遇。不由相對喟然嘆息，格格笑道：「事既至此，齒痛能知齒痛人，就請同進內廟歇息。小弟尚有佳點款待。」格格在「無柴樂，沒米樂」，意益只好茫然地隨他進入神案下，兩個患難相交的友人擁在一起，暫且充當戚繼光兵士啃著光餅而談天說地──意益問道：「格哥，你結欠人家多少銀子？」「說來也不

多，八十兩銀子。你呢？」「我只有你的十分之一，結欠兩戶人家八兩銀子。」「什麼，只欠八兩銀子，弄得走投無路！」「自古道，厘毫壓倒英雄漢，山窮水盡之時，莫說八兩，八錢也沒處張羅！」「不，山窮水盡疑無路，柳暗花明又一村。我這裡尚有九兩八錢銀子，你先用上，八兩銀子還債。一兩八錢拿去辦些年貨，回去過年好了。」意益說道：「萍水相逢，我真不好意思……」格格不讓意益再說下去，把銀子塞在他身上：「別推三阻四，走吧，走吧。」說著，硬把意益推出神案下，意益見此情景，只好接受；「好，恭敬不如從命，這銀子算是借你的。我馬上去還債，你就到我家去過年吧。」「這可不必，彼此了不方便，我只在此地躲到子時回去就無礙了。」「那這樣，我去辦些年貨，煮好取來在此跟你一起過年。你等著！」說畢飛奔出廟。

意益理清債務，到市場去辦年貨，但此時已到譙樓二鼓，各家商鋪早已關店。意益走過路通橋時，看到橋下漁火，靈機一動，找到漁人，果然在漁舟中買到一些魚蝦之類，而且還買到兩尾鰻魚，急匆匆地回到家中，把詳情告訴妻兒，一家歡歡喜喜地決定燉好鰻魚，提到廟裡去。不料，心急如火的意益，卻碰翻水桶，兩尾鰻魚竟然鑽入破地板下面。一家人急忙撬開地板，抓到一尾，還有一尾卻鑽入深處。意益手執鋤頭，追蹤掘進，忽聽得「寬當」一聲，鋤頭似是擊中罈罐之聲，其妻忙用雙手扒開泥土，發現地下埋著一個酒壇，意益開蓋一看，竟是一壇白銀，還有一塊小磚頭，上面有字：「勤能補拙儉養廉，且與子孫留些錢，薄利多銷廣積德，硯池無稅種心田。」至此意益一家恍然大悟，原來世代留存家訓，絕不能售賣祖屋，意竟在此。此時意益得到祖上遺產，不忘患難友人。急忙取出十錠元寶，一路飛奔來到尚書廟，對格格說出原委，叫他立即還

債。這一來兩家皆大歡喜平平安安地過了一個好年。

正月初一日，兩家雙雙拜過年，一齊來到尚書廟，在神前立誓許願：「每年除夕之夜出資聘請閩劇班，徹夜演戲至天亮。」以便讓躲債窮人都到廟中看戲，因為廟中看戲的人都有同病相憐之感，債主也不敢入廟索債，相沿成俗，萬壽尚書廟演出躲債戲，就成為家喻戶曉的習俗了。解放後，尚書廟已無躲債人眾，但是除夕之夜，尚書廟仍有演戲，還是通宵達旦。

這正是：

> 勤能補拙儉養廉。
> 為人須存好心田。
> 薄利多售廣積德。
> 子孫福澤億萬年。

資料來源：福州・李齊樞

這則傳說講述的是尚書廟躲債的風俗，反映過去傳統社會窮人的辛酸與突顯尚書公慈悲的特質，並照見風俗習慣在傳統與現代社會的流變。另外，《中國民間故事集成・福建卷福州市鼓樓分卷》還收錄有〈從尚書公顯聖竹林境說起〉[43]一則，這是現在可見最早流傳關於尚書公顯聖和建廟的傳說，但這座廟已不復存，可用來參酌尚書廟發展的歷史。

二　詩詞、戲劇與報刊中的陳文龍

詩詞部分，福州當地至今仍感念陳文龍的信士眾多，因此為其作

---

43 據《海峽兩岸紀念民族英雄陳文龍叢書詩聯散文集》，頁163所載，這則〈從尚書公顯聖竹林境說起〉在一九八八年根據時已九十五歲高齡的清末塾師林濤圖先生的口述，將此傳說收編在《中國民間故事集成・福建卷福州市鼓樓分卷》一書中。

詩緬懷者眾，例如：

> 《尚書船》福州‧劉湘如
> 旌旗閃金黃，閩水寒後暖。
> 薰風著意吹，桅檣升風帆。
> 隔年送尚書，英靈故鄉返。
> 車鼓震天地，涼傘蔭久安。
> 榕荔弟子親，海峽信眾廣。
> 滿載虔誠心，馨香世代傳。

又福州風俗竹枝詞也有《迎尚書》：

> 湄洲風烈振頹波，節義文章泣且歌。終古英雄護榕嶠，燈宵三
> 日例行儺。

這類詩詞作品眾多，固然素質良莠不一，但其創作意識與對尚書公信
仰傳播的影響仍深具意義。

報刊與戲劇部分，筆者透過《申報》資料庫與電子報搜尋，發現
許多有待研究的素材，例如《福州晚報》二〇一七年所刊〈陳文龍故
事被搬上閩劇舞臺 昨在閩侯文山村演出〉：

> （福州晚報首席記者顧偉）昨天中午，閩侯縣南通鎮文山村熱
> 鬧非凡，十里八鄉的鄉親們聚集在陳氏祠堂前，欣賞新編閩劇
> 《陳文龍水部尚書公傳奇》。
> 陳文龍……他是抗元名將，民族英雄，歷代史傳、詩文、戲曲
> 等都對他褒揚有加。……明清時期，歷朝皇帝都委派新科狀元
> 率冊封團赴琉球（今沖繩）、臺灣冊封當地官員。冊封團在海

上行船為祈求平安，將陳文龍立於船中祭拜。由此就有了「官
船拜陳文龍、民船拜媽祖」之說。閩臺及東南亞等地，都將陳
文龍當作「海上保護神」，福州人稱文龍為「尚書公」。
《陳文龍水部尚書公傳奇》由陳榕生、周茂侃、歐成斌歷時兩
年多，數易其稿完成劇本創作，福州晉安區閩劇團搬上舞臺，
並得到福州陽岐尚書祖廟的資助。該劇講述的是陳文龍剛正不
阿、不懼權貴，在宋庭內憂外患、民族存亡之際，力挽狂瀾、
嚴懲貪官污吏。在受貪腐集團排擠、罷職回鄉後，見家鄉長樂
連年水患成災、民不聊生，便傾盡家資，修復陳塘港，造福一
方百姓……[44]

又如《福州晚報》二〇一四年九月二十一日管柏華〈三保的口述史〉
中載：

三保還是福州最大的大米銷售市場……福州歌謠裡就有「糴秫
米拿公樓，拿公樓有溪行」……福建省境內溪河縱橫交錯，東
南臨海，故傳奇水神頗多，主要三大水神有媽祖、陳文龍、拿
公，為海上航行業者所必祀。[45]

透過上述報刊所載，我們可以發現在報刊中也有許多對陳文龍信仰的
相關記載，再如：一八八九年十一月十九日《申報》第二版有一則新
聞，標題為〈福州大火〉，以下截錄重點：

44　顧偉：〈陳文龍故事被搬上閩劇舞台昨在閩侯文山村演出〉，《福州晚報》，2017年1
　　月3日。《福州晚報》電子版網頁：http://news.fzen.com.cn/news/info/2274492.shtml。
　　上網日期：2017年12月20日。
45　管柏華：〈三保的口述史〉，《福州晚報》，2014年9月21日A18版：閩海神州。

……出南關六七里許，有地名五保七社者，為商賈輻輳之所，
一路均高築磚牆。原以南臺為丙丁火地，而預防火患也。乃本
月十九夜三鼓，二保和盛洋煙館失慎時，西南風吼聲如雷，火
即分道疾驅，……其餘居民所有衣飾器件皆就近搬入尚書公
廟，廟本向南，林江為西南船隻出入之要港，不料忽轉東北
風，與祝融氏相助為虐，霎時間將該廟化為焦土，即左右一帶
人家盡付一炬，數百災民進退無路，皆奔至渡頭沙陂上，潮水
適至，越漲越高，幾占滅頂，火勢尤異常猛烈，竟乘風將附泊
漁舟數十艘一律延燒。

這則新聞記載了福州大火燒毀尚書公廟一事。但新聞中被燒毀的尚書
公廟究竟是哪一座則尚待更多資料輔助追索，方能釐清。

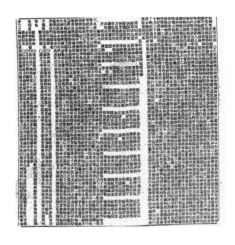

圖十一　〈福州大火〉，《申報》
　　　　（1889年11月19日第2版）

圖十二　〈三保的口述史〉，《福
　　　　州晚報》）（2014年9月
　　　　21日第 A18版）

最後，筆者還在《漢文臺灣日日新報》中發現，一九一一年四月二十
五日第三版專欄〈湖海訪國榕垣近信〉（十八日發）載〈迷信一則〉，

報導內文對南臺地區「迎迓尚書公」的信仰習俗相當不以為然，嗤為迷信，但卻意外保留一九一一年時迎尚書公之信俗，補足了歷史文獻之不足。

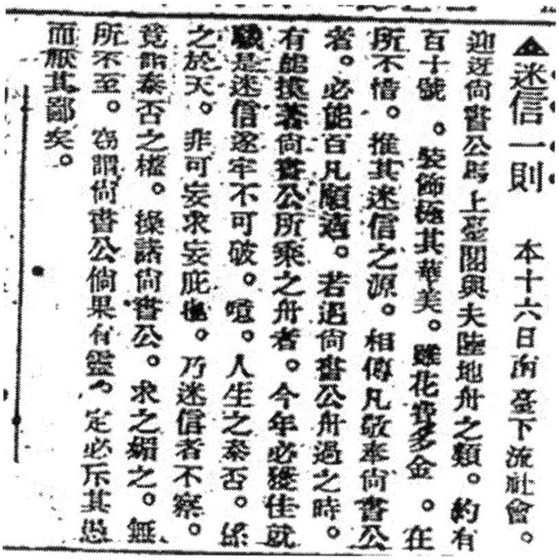

> ▲迷信一則　本十六日所盛下流社會。
>
> 迎迓尚書公馬上菩閣與夫臨地舟之類。約有百十號。裝飾極其華美。鏤花費多金。在所不惜。惟其迷信之源。相傳凡敬奉尚書公者。必能百凡順遂。若迎尚書公舟過之時。有龍揆著尚書公所乘之舟者。今年必獲佳就。戮是迷信湥牢不可破。噫、人生之泰否。係之於天。非可安求安庇憚。操諸尚書公。乃迷信者不察。覓節泰否之權。所不至。竊謂尚書公倘果有靈。定必斥其愚而脈其鄙矣。

圖十三　〈迷信一則〉，《臺灣日日新報》（1911年4月25日第3版）

第六章
臺灣天官武財神傳說與信仰研究

　　臺灣天官武財神信仰以北港武德宮（以下簡稱武德宮）[1]為信仰發展的核心，主祀由中路武財神趙公明為首，並招寶天尊——蕭升為東路武財神、招財使者——陳九公為南路武財神、納珍天尊——曹寶為西路武財神、利市仙官——姚少司為北路武財神的「天官五路武財神」，其聖誕為農曆三月十五日。

　　民國五十九年（1970）陳茂霖奉家中「內神」指示，雕刻神像一尊以供奉正殿參拜，並出示尊號「天官武財神爺」，北港武德宮就此創宮，主祀以趙公明為中路的五路財神，是全臺天官武財神信仰的開基祖廟。

第一節　北港武德宮的起源與創建

　　武德宮，創建於民國五十九年，是臺灣財神信仰的重鎮，更是武財神趙公明的開基祖廟。而保生堂位於雲林縣北港鎮中山路，是武德宮的前身，也是天官武財神信仰的起源地。保生堂是武德宮創辦人陳茂霖生前行醫的中藥行，後改名為德昌中藥行。武德宮的創辦人陳茂霖是一名中醫師，民國四十四年（1955）買下北港鎮中山路六十一號開設保生堂中藥鋪，此處即為武德宮舊址。但民國五十年左右，陳茂霖的夫人身體狀況突然走下坡。民國五十二年（1963）新港東興廟池府千歲出巡行經北港時，乩身扶乩指示，陳氏家宅中有「內神」，虔

---

[1]　北港武德宮位於雲林縣北港鎮華勝路三三〇號。

誠敬奉之，則夫人可保平安。陳茂霖為求夫人早日恢復健康，依指示在家中地上設一只香爐早晚虔誠敬奉，未久夫人即不藥而癒。民國五十九年（1970）經扶乩告知，宅中「內神」即為玄壇元帥趙公明，同年創宮名「武德宮」，主祀以武財神趙公明為首的五路財神。此後隨著臺灣經濟發展財神信仰也日漸蓬勃，現今的武德宮不僅只是雲林地區具有指標性的財神廟，更是臺灣武財神信仰的指標，也因其廟宇在短短數十年間迅速擴張分靈，故對香火起源地更加保護。武德宮香火的擴張由早期個人分靈香火奉請為起點，隨著武德眾爐會的設立，分靈數量急遽增加。[2]

天官武財神信仰分靈始於民國六十五年（1976）春，陳茂霖奉神諭先雕刻了三尊分靈，但隨後立刻都被奉請回家，請示武財神後又降旨再雕十尊，是為武德宮首批分靈香火，因前三尊無名號，僅以大爺、二爺、三爺稱之，故依序排至十三爺，始有十三天尊之說。[3] 分別由十三位居處雲嘉地區的信士迎請供奉。歷時四十多年後的今日，北港武德宮已發展成分靈數千的宮廟，分靈香火遍及臺灣各地並同時向海外發展，而保生堂也成為武德宮保存發展過程與重要信仰文物的基地。武德宮在今現址華勝路入火安座後，保生堂仍保留原始的祭祀空間，在陳茂霖過世後改名為德昌中藥行，現已歇業。舉凡重大慶典有遶境活動，保生堂都是香路必經之地，武德宮將保生堂視為信仰發展的重要基地，「財神信仰研究中心」也擬將牌掛於此處，象徵武德宮對起源地的重視與發展信仰研究的願景。本章前半段就保生堂的香

2　武德宮明確的分靈數量與分靈年代數據統計仍有待進一步調查，其分靈狀況研究有待他日另撰專文探究。

3　武德宮雖於民國五十九年（1970）已有「宮名」，但尚無現今位於華勝路的廟體建築，主要的扶乩問事等服務都仍在陳茂霖的保生堂中藥舖進行，所以早期信眾與現今廟宇執事人員講起「早期的武德宮」，仍習慣以「保生堂」稱之，而以民國六十九年（1980）武德宮廟宇建成入火安座後稱「武德宮」，本文在行文稱謂上從之，為避免讀者閱讀時與受訪者口述內文出現混淆，特此說明。

火緣起與十三天尊分靈後的香火傳布網絡，探究北港武德宮對文資保存的維護與發展，並檢視十三天尊彼此間的香火網絡與祖廟的連結，相信透過有形的文物保存與無形的香火網絡探析能一窺武財神信仰的起源脈絡與擴張的發展歷程。

一　保生堂與十三天尊奉請者

　　北港武德宮在甲午年（2014）舉行百年大醮，建醮前曾針對十三天尊拍攝一名為《聖跡十三天尊》的紀錄片，由鄧民偉導演帶領武德宮攝影組一一拜訪十三天尊奉請人，並拍攝照片留存影像紀錄，但影片紀錄雖有強烈的視覺呈現，卻缺乏細部的訪談與文字記載，故筆者透過影片中所能追溯的奉請資料，再一一回訪，希望能夠過實際的訪談與紀錄，瞭解十三天尊奉請者與北港武德宮的關係，以下就田野調查結果逐一論述：

（一）大爺奉請人：黃江忠（歿）

　　黃江忠於四年前病逝，太太吳金枝無法獨立供奉先生遺留下的大批神尊，故目前大爺由黃江忠生前的資深員工楊永松（61歲）奉請回自宅，楊永松為第二代奉香人。黃江忠奉請大爺的緣由，據其妻吳金枝表示：

> 北港武德宮與嘉義文財殿之間的神蹟，同為新港東興宮池府千歲所點化，於地面上一只香爐開始祭拜。並在文財殿重建後，因武財神十三天尊而再度結緣！[4]

4　受訪者：吳金枝、吳金葉。採訪時間：二〇一七年七月八日，上午十一點，採訪地點：嘉義市吳宅。

保生堂要分靈武財神的消息一出，黃江忠拔得頭籌，擲得首張財神符令，成為大爺的奉請人。事實上，黃江忠與財神爺的淵源是非常深厚的，黃江忠是新港東興廟的委員，黃夫人為文財殿開基主事吳熊的二妹，身為妹婿的黃先生深知文、武財神之間的淵源，於得擲筊奉請當天凌晨天仍黑，就已前往北港擲筊，畢生供奉武財神。

據吳金枝所言，黃江忠時任東興廟委員，長年在廟宇服務，武財神降鸞文時正是由他「觀手轎」，因此得知此訊，有此機緣。壬辰年（2012），年事已高的黃江忠考量體力已大不如過往，徵得夫人同意，尋覓接續奉祀武財大爺的有緣善信。剛好已於其工廠服務四十年的資深員工楊永松，前來家裡探望病中的黃先生，在請示武財神後，獲得連三聖筊將大爺請回厝內祭拜。由於十三天尊有特殊地位的歷史殊榮，武德宮決定恭迎十三天尊回到財神祖廟參與甲午年百年大醮，方有紀錄片的誕生。

根據筆者前往嘉義實地探訪的過程發現，楊永松因感念黃先生自他年輕時便一路任用他，他也將黃老闆視為親人，故自己事業有成後仍常前去探望老闆，也是因此巧合，才有奉請大爺的機會。但楊永松僅知自家的武財神尊分靈自北港武德宮，並不知大爺的特殊身分。直到北港武德宮年建醮前，主委林安樂登門拜訪，邀請大爺回祖廟參與建醮，楊永松方知自家武財公是大爺。[5]

（二）二爺奉請人：林俊雄，民國三十四年生。

林俊雄，現任北港武德宮副主委，當年奉請時因自臺北南下路途遙遠，錯失迎請大爺的機會，擲筊請回二爺。二爺由阿賢師雕刻、入寶，隨後奉請回新莊。民國八十五年十二月，臺北住家街區失火，二爺也遭祝融，隔年待房子修繕完畢，回祖廟依公版重新入靈，每年祖

5　受訪者：楊永松。採訪時間：二〇一七年七月八日，下午二點，採訪地點：嘉義市楊宅。

廟禮斗法會或武財公聖誕，會將二爺迎回祖廟。依林俊雄所言：

> 當初原本財神爺指示只有三尊分靈，但最後因詢問者眾，才又
> 降旨再刻十尊，丈人（陳茂霖）為了不重複，並讓更多北港在
> 地的雕刻師傅有參與雕刻分靈神尊的機會，有特別說明，希望
> 奉請者帶回只有圖形、沒有文字書寫的符令後，自行找尋師傅
> 為神尊塑像，我找的是阿賢師，神尊入寶的五寶內含古錢、虎
> 頭蜂、鐵釘等五項物品。現在主要是禮斗法會會請回武德宮。[6]

林俊雄為主委林安樂之父，周末亦常往返臺北、北港，但主要廟務都
由主委負責，他表示現在家中供奉的二爺、副尊以及當初由丈人在民
國七十七年間所雕刻的第二尊武財公（沒有賜名號），都是慘遭祝融
後又回祖廟依公版金身重新入寶，過去原始的二爺樣貌已無法追尋亦
無留下照片。

（三）參爺[7]奉請人：林瑞發（歿）

參爺奉請者林瑞發去世多年，奉請時是十三天尊奉請人中年紀最
長者，現在參爺由其孫林銘哲與孫媳蘇慧婷供奉。依林銘哲所言：

> 「北港內神」的傳奇，始於新港東興宮池府千歲的提點，於是
> 向陳前主事顯化神蹟，使重病的陳夫人痊癒。當時天官武財神
> 尚未立廟，然而武德香火就此綿延。從我小時候祖父在新港奉
> 天宮街前經營金紙行，家中主祀了分靈自東興宮的池王，並配
> 祀著武財神尊。但也就是跟著拜，完全不知道祂是參爺，直到

6　受訪者：林俊雄。電訪時間：二〇一七年七月十三日，下午四點。
7　因為參爺神尊底部刻有「參」字，故此處作「參」爺，而不作「三」爺之稱。

北港武德宮的人找來，說要拍片，我們才知道。[8]

武德宮於二〇一四年建醮前到訪，初聽聞這段歷史的蘇慧婷表示，原本僅知時任東興宮委員的阿公與池王的因緣，現在更對於能同時供奉武財神的歷史意義，感到與有榮焉。林瑞發生前不僅是東興廟的委員，同時也擔任過新港奉天宮的董事，故家中除了供奉武財神外，也供奉東興廟池王與笨港水仙宮的關聖帝君。

（四）四（賜）爺奉請者：吳明人，民國三十二年生。

四爺現在由吳明人供奉於財神堂[9]內，吳明人早年家在博愛路一帶，與陳茂霖並不相熟，是因為有一年保生堂熱鬧做大戲，住在保生堂附近的胞妹邀他去試看看，能不能擲筊請回武財神，吳心想可以一試，方促成這段因緣。因為創宮首批十三尊皆自雕，樣式承襲何金鳳（陳茂霖妻）敘述之武財公法相[10]來雕刻，此為北港財神爺最早的金身形體，故此尊分靈神尊照開基中路武財神樣貌來雕刻，下方衣襬中間處有個「賜」字，因為四不好聽，臺語的「四」音近「賜」，故以此區別。據吳明人的說法：

> 當初是沒有限定奉請者對象，只要連續三聖筊應允即可，即賜一張符令，信眾再據符令自行找雕刻師雕神尊。是故，十三天尊樣貌、尺寸皆不相同。因為民國五十九年過年前雕出第一尊武財神神尊，故農曆十二月初九日為開光紀念日。我找的師傅

---

8 受訪者：林銘哲、蘇慧婷。採訪時間：二〇一七年七月十三日中午，採訪地點：瑞發金香鋪。
9 財神堂乃吳明人所創辦，位於北港鎮長安街四十三號。
10 何金鳳曾夢見武財公是黑臉、一手持元寶、一手持奏板。

姓張，名字內有個凱字，全名我不記得了，但人不在了。[11]

經過訪查得知，吳明人奉請四爺後因保生堂需要幫忙，他遂開始參與堂務，擔任扶鸞時正乩的副手，當時的乩身是黃春雨，並加入武元德爐會，也擔任過爐主，日後武德宮創宮，吳明人經過七七四十九天的訓鸞，成為首代南路鸞生。

（五）五爺奉請者：黃春雨（歿）

五爺現在已由第三代奉香人黃字春供奉於六斗村，奉請者黃春雨是保生堂乩身，因為民國五十九年起至六十五年間，保生堂所用的乩身多半是借調新港東興廟的乩童，或借調其它非扶單一神祇者，但陳茂霖為了能確保扶乩的品質，於民國六十五年起開始在保生堂內獨立訓乩，才逐漸發展成五路財神各訓鸞生，形成現在「專神專用」的型態。二〇一四年武德宮官方調查載五爺奉請人為黃錫斌，乃黃春雨之子，但經筆者實地訪查發現，二代奉香人黃錫斌也已離世，目前由黃字春夫妻供奉，黃字春是黃春雨小三歲的弟弟，年事已高。據黃字春表示：

> 那時候春雨住在北港，也在中山路附近工作，是中藥店的業務，專門負責幫中藥店老闆送藥材，也因為工作的關係，才認識同樣開中藥行的陳茂霖，之後就請了五爺回來到現在，我早晚上香，拜習慣了。[12]

---

11 受訪者：吳明人。採訪時間：二〇一七年七月十三日，下午二點，採訪地點：北港財神堂。

12 受訪者：黃字春。採訪時間：二〇一七年七月十三日，上午十點。採訪地點：六斗村黃宅。

可見黃春雨參加保生堂的活動是有地緣與工作上的關係，並在結束北
港的工作後才回六腳鄉定居。

（六）六爺奉請者：紀嘉和（歿）

六爺現在的奉香人為紀嘉和之妻紀黃金春（66歲），現在六爺由
她供奉於興南街自宅，紀家人以販售豆腐為業，在北港鎮內小有名
氣。據紀黃金春表示：

> 我先生六、七年前離世。當初因為他熱衷神明事，家離保生堂
> 又近，先生得空時就會去保生堂幫忙，同時也是陳茂霖的客
> 人，家中所需中藥都是購自保生堂，因時常出入保生堂，方得
> 知十三天尊擲筊奉請活動，所以順利迎請回六爺，起初供奉於
> 博愛路的工廠，多年後才請回自宅，因為工廠前蓋起了房子，
> 不好祀奉神明。[13]

紀黃金春仍保留初一、十五犒軍的祭祀慣例，對她來說六爺照顧紀家
多年，即使現在只剩她獨居做生意，也堅持按照過去的習慣。六爺出
自俊雄師之手，就其工法看來十三天尊有不少都出自於俊雄師，可惜
他也離世，並無傳人，生前所經營的「華德雕刻店」[14]也僅餘招牌在
光明路五十二號。

（七）七爺奉請者：蔡惠慶，民國三十年生，蔡源哲（子）

蔡源哲過去曾於住家經營一山家教中心，現在招牌仍懸於家門，

---

13 受訪者：紀黃金春。採訪時間：二〇一七年七月十二日，下午五點。採訪地點：興
　南街紀宅。

14 據吳明人表示，華德雕刻店由蔡俊雄、蔡俊明兩兄弟一同經營，與保生堂關係也相
　當緊密，蔡俊明隨後還當過武德宮東路鸞生。

據蔡惠慶先生表示：

> 我與保生堂老主事陳茂霖並不算熟識，當年與黃春雨（五爺的
> 奉請者）及口湖的陳先生是好朋友，三個人時常到保生堂，有
> 時有信眾謝事去看大戲，有時是幫忙保生堂事務，後來協助起
> 乩時扶手轎，才更常在保生堂出入。我是北港鎮人，祖厝就在
> 朝天宮前的中山路上，原本經營家庭五金行，隨後以開雜貨店
> 為業，直至妻子過世，才停止開業。保生堂在決定創宮之時徵
> 選宮名，我站在武財神面前，佇立許久，發現前面二柱上分別
> 寫有以武德兩字為首的對聯，我才決定以武德宮之名參與徵
> 選，最後是連得十八聖筊雀屏中選，此即為武德宮之名的由
> 來。我覺得很欣喜之餘也奉獻了一口銅製香爐至保生堂，現在
> 仍於保生堂使用中。[15]

蔡惠慶表示當初也是因為看大戲，並與在隔壁中藥店工作的黃春雨交
好，才接觸保生堂。當時有許多信眾請求武財公向玉皇大帝請願，希
望玉皇大帝降三尊武財公分靈，讓信眾可以請回家供奉，故那時的分
靈皆由武財公開符令，由信眾帶回自雕金身，再將符令入寶金身內，
故在創宮時是信眾一個一個來求武財賜分靈金身。但到了求分靈金身
的第三人後，覺得這樣太麻煩了，武財靈驗而信眾想求分靈的太多，
一個一個都扶乩問允是非常辛苦的過程，武財公感念信眾扶乩降下十
道分靈符令，奉請者再自行雕塑金身，擇日入神。因十三天尊出自不
只一位工匠之手，可仔細觀察十三天尊之面容、手持元寶的方向等細
節，皆有所差異。蔡惠慶也因為不只是十三天尊的奉請人，更是武德
宮的命名者，故陳茂霖惠賜「惠澤永慶」匾額，現仍懸掛於蔡家。

---

15 受訪者：蔡惠慶。採訪日期：二〇一七年七月九日，採訪地點：光明路蔡宅。

（八）八爺奉請者：陳易鴻，民國十八年生。

陳易鴻，是保生堂時期的筆生，同時也是首代北路武財神鸞生。據陳先生所言：

> 我因為與陳茂霖是親同，再加上住所與保生堂鄰近，所以陳茂霖常常請我前去幫忙，保生堂的乩身是向新港東興廟的池府王爺借來的，我則負責筆生工作，當初奉請到八爺時，也是由乩童扶鸞告知神像樣貌，再由奉請人各自去找雕刻師，我找的是與我同村的俊雄師，神尊入寶時放入金、銀、銅、寶、五穀等五寶。[16]

八爺現今供於住宅二樓，陳易鴻身體硬朗，早晚上香祭拜。陳易鴻表示，武財神顯化時，並無乩身，因此陳主事徵求有意願者前來「訓乩」，即是在正式濟世前，坐禁四十九天，藉由這個過程，得知所屬何神、通曉神意，鍛鍊為真正神示的媒介。陳易鴻坦言，當初並不相信乩身所示，抱著存疑的心態參與訓乩，若是沒靈就無法出字，奇妙的是，自然而然就知道自己所屬，並且可以執行神務，最終成為北路武財神的乩身。後來因年事漸高且住家離武德宮有一段路，才比較少出現在宮內活動。

（九）九爺奉請者：陳明輝（歿）

現在九爺二代奉香人為陳明輝之女陳玫伶，及其子陳政宏（35歲）。據陳政宏表示：

> 我爸生前非常熱衷於宮廟活動，鄰近廟宇大小事幾乎都有參

---

16 受訪者：陳易鴻。採訪日期：二○一七年七月九日，採訪地點：安和街陳宅。

與，家中早期迎回奉請的神尊多到香火足以把天花板熏黑，神
明供桌則多達三層，簡直是一間宮廟的規格，原先供奉於中山
路的中藥店鋪，同時也是住宅，隨後因一場大火，導致許多神
尊遭受祝融，陳家才搬至現在光明路的巷弄內。三年前父親離
世，擲筊請示九爺，經得神明同意才繼續供奉九爺。父親終其
一生都對神明事相當虔誠，但沒有加入宮廟幹部，直到中藥鋪
結束營業後，才到北港朝天宮服務，擔任執事人員，協助信眾
解籤等工作。同時家中也有奉請武德宮虎爺，但在眾多因素影
響之下加上父親離世，遂於前年將虎爺請回武德宮。[17]

陳政宏在父親離世後，負責平日的祭拜供奉，九爺神像旁還供有九節
鞭法器，相當虔誠。但因過去陳政宏並不參與這類祭祀活動，故亦不
知家中武財神是十三天尊中的哪一尊，直到筆者前往調查告訴他，他
才明白，因為九爺神尊底座的字跡已被消磨至無法辨識。陳政宏是目
前奉請人中最年輕的一代，祭祀風格也展現在神桌上，他有時也回武
德宮祭拜，帶回新的文創商品就擺放在九爺神尊旁，與父親請回的兩
尊武財神副尊相映成趣，可說是最具體陳設武財神信仰的奉香人。

（十）十爺奉請者：蔡名津（歿）

十爺現在主要奉香人為蔡承哲，是蔡名津的次子。據蔡先生表
示：

父親從保生堂時期就有參與相關事務，從保生堂奉祀之初，見
證了開花散葉的拓展過程，並在民國七十六年間，受到武財神

---

17 受訪者：陳政宏。採訪時間：二〇一七年七月十二日，下午四點，採訪地點：光明
　路陳宅。

欽點為武貞德爐會首屆會長。[18]

蔡名津會參與保生堂事務與十三爺的奉請人侯榮貴有密切關係，容後於十三爺處說明。

（十一）十一爺奉請者：詹春泉（歿）

　　十一爺目前送回武德宮內殿供奉，第二代奉香人為詹宜璋、詹宜錫，皆詹春泉之子。詹家於北港鎮經營「文昌糧食工廠」，離武德宮不到一公里。奉請十一爺的詹春泉先生，與武財神結緣極早，奉其一生於武德宮，職任副主任委員。由於積極於地方事務，於民國六〇年代起擔任北港鎮鎮民代表，至七〇年後希冀藉由擔任公職，獲得更多回饋鄉里的機會，因此在武財公降鸞指引下，當選了第十一屆北港鎮長。詹春泉逝世後由其次子詹宜錫供奉。詹宜錫延續乃父之風，出任鎮民代表以造福鄉梓，同時延續武財神香火，以行動體現信仰，為武儀德爐會、轎班會長。據長子詹宜璋表示：

> 我們家奉請武財神很久了，也拜很久了。但父親當時怎麼與保生堂結緣我不知道，奉請回家、入寶的細節也不清楚，最近覺得應該讓十一爺回宮內一陣子，一個多月前我請回武德宮了，打算過陣子再請回來。[19]

經筆者詢問武德宮執事人員黃大哥表示，十一爺確實正在宮內，一般信眾多半是因為家中整修或有需要回宮供奉，才會暫時寄存神尊，但

---

18 受訪者：蔡承哲。採訪時間：二〇一七年七月十二日，下午三點，採訪地點：信義路蔡家。

19 受訪者：詹宜璋。採訪時間：二〇一七年七月九日，下午四點。採訪地點：北港武德宮。

武德宮以三個月為期，以免神尊有毀損等問題，易引起不必要的糾紛。

（十二）十二爺奉請人：蕭煌桐（歿）

十二爺神尊底座下方目前還清楚可見「十二」字樣，但已由第三代奉香人蕭秋忠與蕭秋燕女士供奉。二〇一四年武德宮前往探訪時，仍由蕭夫人蕭李合供奉，延續武德香火。但蕭秋燕表示：

> 我媽媽去年也走了，但十二爺還在這邊，我們覺得還是要維持一個家的樣子，所以每個月初一、十五，我們還是會從桃園、嘉義趕回來這裡祭拜，我也想把這裡重新整理，好好保存我父親留下來的文物。[20]

蕭秋忠表示：

> 爸爸以前有經營家將館，現在也還在，那時跟叔叔蕭壁龍一起，叫「聖德堂」。父親是熱衷神明事的人，附近廟宇有事請他去幫忙，他一定都到。也是因為這樣去保生堂幫忙扶手轎，才與武財神結緣。大概二十年前，我婚後父親要我把十二爺請去桃園，保佑我工作順利，一直到十年前我才又把十二爺請回北港，現在桃園住家是當初一起請上去的玄天上帝。[21]

根據蕭家子女所言，十二爺當初是父親自己畫原稿，發揮畫家將臉譜的專長於神尊的雕刻上，才將圖稿送到阿賢師手上雕刻、入寶。但阿賢師也已離世，並無傳人，不清楚當初神尊入寶放入何物。但父親事神甚為虔誠，還加入武元德爐會，子女們為了紀念父親也維持蕭家的

---

20 受訪者：蕭秋燕。採訪時間：二〇一七年七月九日中午。採訪地點：益安路蕭家。
21 受訪者：蕭秋忠。採訪時間：二〇一七年七月九日中午。採訪地點：益安路蕭家。

傳統精神，現在雖不常居北港，但仍是武元德爐會會員，六年前也當
選過副爐主。

（十三）十三爺奉請者：侯榮貴（歿）

十三爺目前由二代奉香人侯清煒（1968-）供奉於自宅，他是侯
榮貴的次子。侯榮貴先生為開基老主事的親家，當武財神發跡於保生
堂時即見證了聖顯，於現址建宮後，畢生擔任本宮首任副主任委員，
全心投入宮內事務。據侯清煒所言：

> 父親早年在中山路開業，經營百貨行，因與陳茂霖熟識多有往
> 來，遂安排大哥與陳茂霖的二女兒相親，隨後於民國六十六結
> 成親家，並於同年加入武元德爐會，未曾擔任爐主。父親過世
> 後，我為了避免觸景傷情，雖持續供奉十三爺，但選擇退出武
> 元德爐會。[22]

侯家除了與陳茂霖有姻親關係外，侯榮貴與蔡名津是連襟關係，所以
蔡名津在侯榮貴的影響下，才與保生堂有諸多互動。

從上述十三天尊奉請者與保生堂的關係連結，我們可以發現，武
德宮的發跡與新港東興廟有非常深厚的淵源，就神祇信仰起源來看，
保生堂所拜之內神是東興廟池府王爺所點化。就人際網絡的發展而
言，老主事陳茂霖與東興廟主事者們的交友關係、借調乩身等奉神祭
祀的支援，都顯現東興廟對武德宮初期的發展有關鍵的影響力。新港
東興廟與北港武德宮，嘉義文財殿過去有一段很深的淵源，原來是武
德宮與文財殿的建廟起源皆由東興廟池府王爺點化而起。《嘉義縣

---

22 受訪者：侯清煒。採訪時間：二○一七年七月十三日，下午三點。採訪地點：信義
　路侯宅。

誌・宗教篇》對東興廟有所介紹，[23]東興廟門的石堵上捐獻人為武德宮創建者陳茂霖，且武德宮內也祀奉池王，每當武德宮有重要的祭祀活動皆可看見廟方誠心邀請東興廟共同參與，池府王爺聖誕武德宮也都極力參贊，二〇一六年十二月武德宮為了感念池王爺點化建廟之恩，武財神降鸞指示捐贈三百六十萬給東興廟，以為購地擴建的資金，讓人感受到神靈之間互相提攜的情誼，也為紀念過去建廟先賢的情誼，望東興廟能整頓擴建後重興香火，以上例證在在顯見武德宮建廟傳說是池府王爺點化來由不假，也透過十三天尊奉請人與東興廟的關連印證兩廟長久以來的情誼。

二　武德宮初期的香火網絡發展

現在武德宮分靈六千，但其中金尊有封號者少之又少，百中難有一二，通常是肩負建宮使命或位階較高者才有之，例如現在供奉於保生堂的「武冠德」神尊。並且絕大多數有封號者均在降鸞派出時即褒封，只有少數是在請回奉祀數年後，因機緣才再獲賜封號。從最初十三天尊均無封號，即可明白為何現在多數分靈都沒有封號。

武德宮在林安樂主事後意識到十三天尊對祖廟有其重要性與歷史地位，故於二〇一四年五月底至六月初有過一系列的回訪與調查，既是釐清十三天尊目前的供奉概況，也是連繫祖廟與早期分香網絡的情感。否則許多分靈都是「各人拜各人的，互不相知」[24]，經筆者實地

---

23 關於《嘉義縣誌》對東興廟的介紹如下：東興廟，主祀神：池府千歲。位於新港鄉宮後村大興路七十一號。登記證號：九二嘉縣寺登字第○四四八號。祭典日期：農曆六月十七日。建立於民國六十六年（1977），民國八十五年（1996）重修建一次，廟宇組織型態以管理委員會制，登記信徒人數有四十一人，目前的主任委員是林宗勳，其選任方式係由信徒選舉產生。詳見《嘉義縣誌・宗教篇》（嘉義縣：嘉義縣政府，2009年12月），頁280。

24 吳明人於受訪時表示，因為十三天尊被奉請的時間都不一樣，再加上當初奉請回家

調查發現，確實有些奉請人是直到二〇一四年祖廟上門探訪，才知自家武財神的地位，以及鄰近有誰同樣奉請十三天尊。因為對於第一代奉請人與現在的奉請人而言，第一代奉請人奉請回家後，未必有對家人言明自家的武財神有何特殊之處，而對於現在的奉請人來說，他們也僅知自家神尊是歷史悠久的武財神，或知其神尊上有數字，但不明所以然。整體而言，武財神最初分靈「十三天尊」，奉請人皆為地緣上淵源極深之雲嘉地區的信徒。前三尊都為嘉義子弟請走，後十尊則幾全由北港善信奉請。可知武德宮創宮時期的香火網絡集中在嘉義新港一帶，更精準的說，十三天尊的奉請人除了陳茂霖的女婿與林瑞發之外，其他奉請人住宅都距離保生堂一公里內，有密切的地緣關係，甚至影響了日後武德宮的發展。從上述的調查我們可知，奉請人中有武德宮宮名命名者，有保生堂時期的乩生與副手，武德宮首代二路鸞生、新港東興廟委員、武德宮首任副主委、現任副主委、甚至有與創宮者陳茂霖有姻親關係者。

可見由保生堂時期發展至武德宮可說是由家族與執事人員就地緣關係、同姓宗親及東興廟池府王爺系統支援而成，顯現一個新港家族在遷居地方後透過姻親、鄉紳之力，藉由宗教信仰落地生根的過程。而保生堂也隨著武德宮創宮而走入歷史，據林俊雄表示，因創宮後保生堂神尊都移往武德宮，保生堂仍需要持續供奉神尊，因此再刻「武冠德」尊神供於保生堂。武冠德的供奉可視為保生堂時期與武德宮的分水嶺，更是日後武德宮開始出現大批分靈之始。

> 武德宮坐落於華勝路，地當公路出入北港的首衝地段，因為宮譽廣揚，加上交通便利，一年到頭，善男信女穿梭不停，朝奉

時陳茂霖有留下精細的紀錄，奉請者多半也認為廟方有留存資料就好，導致十三天尊彼此間根本毫無連繫，連誰有奉請十三天尊也不清楚。

不斷，廟前金爐廣納四方錢財，爐火昌盛，日日不絕，形成北
港朝天宮外的另一股信仰熱潮。[25]

武德宮的地理位置具有信仰發展優勢，海納眾多進北港的香客，因而
使天官武財神信仰得以發揮，但在地利優勢背後更多的是因為人際交
遊、家族關係與地方宮廟勢力交織而成的香火網絡。以上為武德宮初
期的香火網絡發展，大批分靈後香火網絡又再起變化，繼民國六十五
年敕下符令雕鑿「十三天尊」，隨後則有武財神副尊之分靈——左
輔、右護、後衛各三十六天尊（合計總數為108）。民國六十六年冬成
立，武元德、武亨德爐會，武德宮早期的四個爐會以「元、亨、利、
貞」命名，在大批分靈後藉由爐會的力量與各路鸞生的分點到府服
務，武德宮在彰化、臺中一帶得到許多企業家的支持，爐會逐漸茁
壯，也培養出更多的鸞生，維持武德一脈的信仰核心，方造就全臺各
地分靈宮的創立，如草港財神會、北巡武德宮、彰化福山宮都是如
此。至民國七十三年（1984），首次出現武財神欽定聖號的「後」十
三天尊，分別為「官、侯、將、相、爵、仁、義、禮、智、信、堯、
舜、禹」，「後」十三天尊多數皆為分靈宮的主祀神，香火網絡與保生
堂時期明顯不同，礙於資料眾多篇幅有限，他日另撰專文討論。

第二節　北港武德宮的文資保存

民國六十五年武財公敕下十三天尊首三張符令時，降下了鸞文：
「虔誠喜愛求吾尊，時刻雕奉起心疑，天官賜令須謹記，神人合一相
扶持。」[26]「心誠則靈」是武德宮強調的最高信仰宗旨，也製匾懸掛

---

25 莊雪珠總編輯：《臺灣寺廟大觀——朝聖的足跡》（臺北市：道觀出版，1989年），
　頁234。
26 降鸞文日為丙辰年二月二十七日。鸞文提供者：林安樂。

於廟簷之下，認為凡事應在人自我努力後，才可得「神人合一」的善果。這也是武德宮發跡至今，並無特殊儀軌與祭祀方式的原因。因為開壇濟世是例行「宮」事，故武德宮濟世鸞文數量驚人，現階段利用資料庫電子化的方式，保存鸞文用以宣揚神威，也作為宮務行政依據。多數媒體報導將此完整的文獻保存歸功於現任主委林安樂具商業管理的專長，但筆者認為，武德宮能擁有文資保存的高度完整性原因有二：一是武德宮是年輕廟宇，發展的脈絡尚在可追溯的時間範圍內；另一則是陳茂霖的文資保存意識，這點是最重要的關鍵，我們亦可由保生堂看起。

　　保生堂為一傳統兩層樓建築，隱身於朝天宮商圈一隅，周邊商店林立，現今一樓空間可概分為前後兩部分，前半部多半維持原先保生堂藥房的空間布置，如藥櫥、櫃檯等。後半則將過去供奉內神之處以鐵柵欄圍起，防止閒雜人等進入，也象徵對內神起源之處的崇敬。唯有在上元遶境或特殊祭典（如圓醮遶境）時，才擺放祭壇並對外開放，香客與信徒始見其貌。二樓則單純為祭祀空間，以供奉「武冠德」武財神為主，在陳茂霖離世後由親友供奉，保留建築原始樣貌。保生堂時期即開始提供信徒問事，多半為問家運與身體健康等，陳茂霖以手寫筆記的方式，逐一詳記信徒所問之事與神祇所降之文。甚至是五路齊鸞後，陳茂霖也依據各路神尊所降之文分門別類的筆記，不僅如此，開始有分靈神尊之後陳茂霖更是將神尊編碼造冊，奉請人姓名、住址，神尊大小等細項皆鉅細靡遺的逐一筆記，且字跡絕對工整。陳茂霖離世後留下大批的筆記本，數量之豐令繼任主委的林安樂深感震撼，決定奉守外公保存文資的精神，將鸞文全面電子化後紙本亦留存，並設置可搜尋的雲端資料庫。

　　保生堂於二〇一八年進行內部整修，據主委林安樂表示以裝修一樓內部空間，改造為漢方咖啡館為主，因有感於中山路商圈朝香信眾與遊客眾多，但商圈店舖性質太過重疊，可以有更多元的選擇以吸引

人潮，同時也是提供各方信徒來北港朝香的暫歇場所。另一方面，則是活化保生堂的使用空間，將典藏文物或武財神相關研究資料放置於此處，例如保生堂時期所使用的鸞轎[27]，重新設計出典藏空間，以為「財神信仰研究中心用之」。既對舊有的信仰發源處加以維護，也保留原本的祭祀空間，更企圖將旅遊與文物典藏相結合，展現武德宮自創宮以來對文物資料保存的用心。

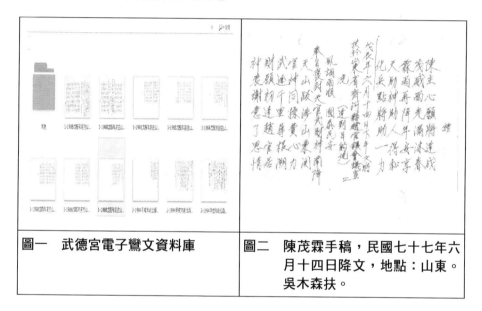

圖一　武德宮電子鸞文資料庫	圖二　陳茂霖手稿，民國七十七年六月十四日降文，地點：山東。吳木森扶。

天官武財神信仰起源於北港，保生堂時期開始分靈，始於民國六十五年的十三天尊，初時奉准敕三道符令讓信眾請筊，乞得者得奉令雕塑此三尊分靈金尊。開放求請當天，大爺由嘉義文財殿開基吳主事的妹婿黃江忠先生一早就求得，林俊雄請到了二爺，三爺則由時任東興廟的委員請回。三尊之後，沒能請到的信眾不斷反應希望能再奏請雕塑新分靈金尊，經逾月後始奉上諭又准敕十道符令雕塑十尊金尊，這十尊與先前奏准的三尊，合稱十三天尊。北港內神的顯化，預告了往後

---

27 鸞轎目前暫時存放於「樂咖啡」展示。

武財神信仰蓬勃的發展，而最初分靈之十三天尊，為日後左輔三十六天尊、右護三十六天尊、後衛三十六天尊的基礎，除了見證武財神的源起，更是至今六千分靈的信仰根基。

　　保生堂時期發展至武德宮，可說是藉由神緣（東興廟池王爺）、親緣（姻親）、地緣（北港、嘉義地區）、業緣（中藥鋪經營）等關係，相互交織而成的信仰香火網絡，由家族與執事人員就地緣關係、同姓宗親及東興廟池府王爺系統支援而成，顯現一個新港家族在遷居地方後透過姻親、鄉紳之力，藉由宗教信仰落地生根的過程。而保生堂也隨著武德宮創宮與陳茂霖辭世而走入歷史，但保生堂並未就此消失，正因為武德宮仍是年輕宮廟，所以在文物與資料的保存及匯整上更顯用心。保留實體的信仰發源地並加以維護，網路雲端同時保存紙本鸞文圖像與電子化文字檔。從保生堂的發展與武德宮的文資保存可以發現，武德宮有意識到妥善保存文物資料才能讓香火得以延續，甚至這樣的意識可上溯到創宮人陳茂霖，以手寫筆記的方式完整地保存鸞文與分靈神尊明細，有系統地將神尊編號造冊，甚至連尺寸也詳細記載。因為陳茂霖完整且清晰的一手筆記才能有電子化的後續保存，更讓武德宮在宣揚其宗教信仰時有神諭之憑，也藉由保生堂的發展歷史向社會大眾推廣民間習俗與廟宇文化。

附件一　十三天尊與鸞轎

大爺，筆者攝於楊文雄家 （攝影日期：2017年7月8日）	參爺，筆者攝於新港瑞發金香鋪 （攝影日期：2017年7月13日）

四爺，筆者攝於北港財神堂 （攝影日期：2017年7月13日）	五爺，筆者攝於黃字春家 （攝影日期：2017年7月13日）

六爺，筆者攝於紀黃金春家
（攝影日期：2017年7月12日）

八爺，筆者攝於陳易鴻家
（攝影日期：2017年7月12日）

九爺，筆者攝於陳政宏家
（攝影拍攝日期：2017年7月12日）

十爺，筆者攝於蔡承哲家
（攝影日期：2017年7月12日）

十一爺，筆者攝於武德宮內殿
（攝影日期：2017年7月9日）

十二爺，筆者攝於益安路蕭家，圖左為蕭
秋忠，圖右為蕭秋燕（攝影日期：2017年
7月9日）

十三爺，筆者攝於侯清煒家
（攝影日期：2017年7月12日）

保生堂時期所用鸞轎，筆者攝於樂咖
啡（攝影日期：2017年6月1日）

第三節　北港武德宮傳說與鸞文研究

　　民間通常稱趙公明為趙天君、玄壇爺、寒單爺等，仇德哉《臺灣之寺與神明（四）》蒐羅了臺灣各地寺廟與神明，文中對供奉趙公明多種身分如玄壇元帥、財神、元帥爺等的廟宇分別做了詳細的調查與研究，且書中同時記錄當時臺灣財神廟宇經登記者僅北港武德宮一座，武德宮創宮以來即以趙公明為「天官武財神」主祀，視其為統帥天下各路財神的大財神。常見的趙公明形象乃頭戴鐵冠，手持鐵鞭，面黑多鬚，身跨黑虎，根據《三教搜神大全》記載，趙公明原本主要的職掌是負責收妖伏魔。在《封神演義》當中，是姜太公奉元始天尊之命，封趙公明為「金龍如意正一龍虎玄壇真君」，專門負責金銀財寶及迎祥納福，是故武德宮有以《北港武德宮天官武財尊神金龍如意玄壇真經》為寶典，是武德門生的修行圭臬。趙公明能夠使人宜利和合、發家致富，正符合世人求財的願望，因此受到民眾普遍的敬重與奉祀。而武德宮自創宮至今，有不少傳說神蹟為信徒所津津樂道，而這些神蹟多半透過鸞文顯現，包含建廟傳說、靈驗傳說、黑虎傳說等，本節以武德宮相關傳說與鸞文為主，以下逐一論述之。

一　先拜池王、再拜財神

　　雲嘉地區流傳有「先拜池王、再拜財神」[28]之說，經過筆者考察方知傳說中的池王，所指的乃新港東興廟（以下簡稱東興廟）[29]的池府王爺。這個認為拜北港武德宮與嘉義文財殿（文、武財神）之前理

28　此說乃由居住於新竹的黃忠勤先生於二〇一七年「虎爺暨動物神祇信仰國際學術研討會」會後討論時向筆者揭露，方知其說之來由，同時此說亦可見網路平臺上有諸多分享與轉發。

29　新港東興廟位於嘉義縣新港鄉宮後村大興路七十一號。

當先敬池王的說法，顯示東興廟的池府王爺與雲嘉地區的財神信仰有
深厚的淵源。

　　東興廟，原為東興壇，位在新港奉天宮正後方，建於一九七七
年，主祀池府王爺，是新港東頭馬氏祖顯大陸請來的家鄉神。[30]廟方
根據大陸元威殿〈池王爺祖廟史記〉記載：王爺俗姓池名然，明代金
陵人士，於萬曆年應試為舉人，嗣後，為善盡保國衛民之責，遂棄文
從武，高中武進士，奉派為漳州府府尹。傳說其在赴任途中偶遇二
人，無意中得知二人奉玉皇大帝旨令，前往漳州散播瘟疫，池然唯恐
百姓遭此大難，決定捨身護民，於是託辭借看瘟疫藥粉，乘其不備盡
數服用；不久毒發身亡。玉帝感其愛民精神，親授「代天巡狩總巡
王」。池府王爺神龕底下供奉全臺唯一的兔爺公為「內神」，神像是由
活兔製成標本，也稱兔將軍。

　　東興廟與武德宮、嘉義文財殿過去有一段很深的淵源，原來是武
德宮與文財殿的建廟起源皆由東興廟池府王爺點化而起。《嘉義縣
誌‧宗教篇》對東興廟有所介紹，[31]東興廟門的石堵上捐獻人為武德
宮創建者陳茂霖，且武德宮內也祀奉池王，每當武德宮有重要的祭祀
活動皆可看見廟方誠心邀請東興廟共同參與，顯見武德宮建廟傳說是
池府王爺點化來由不假。武德宮與文財殿的起源傳說與相關訊息詳見
下表：

---

30 關於臺灣池府王爺的由來可見鄭志明：《神明的由來（臺灣篇）》一書，大抵與代民
　受罪、吞食瘟藥的母題傳說有關，與瘟神的信仰關係極為密切。東興廟的池府王爺
　來由也屬吞食瘟藥類傳說。

31 關於《嘉義縣誌》對東興廟的介紹如下：東興廟，主祀神：池府千歲。位於新港鄉
　宮後村大興路七十號。登記證號：九二嘉縣寺登字第○四四八號。祭典日期：農曆
　六月十七日。建立於民國六十六年（1977），民國八十五年（1996）重修建一次，
　廟宇組織型態以管理委員會制，登記信徒人數有四十一人，目前的主任委員是林宗
　勳，其選任方式係由信徒選舉產生。詳見《嘉義縣誌‧宗教篇》（嘉義縣：嘉義縣
　政府，2009年12月），頁280。

	北港武德宮	嘉義文財殿
建成年代	前身保生堂（中藥鋪）／民國六十九年（1980）入火安座	前身大興宮／民國六十三年（1974）新建文財殿／民國七十五年（1986）入火安座
主祀神明	天官武財神——趙公明	文財尊神——比干
建廟傳說	創辦人陳茂霖出身水林中醫世家，年輕時至北港發展，民國四十四年買下中山路武德宮舊址所在店面懸壺濟世。該店面前幾任的屋主營生與居住皆不得安寧。據幼時曾住過該處的耆老黃先生表示，幼時半夜起來，曾在大廳看到面色黝黑、高大的武將在大廳行走著，未久即舉家搬遷。陳茂霖接手該處後卻生意興隆。但民國五十年左右，陳夫人身體狀況突然走下坡。民國五十二年一次新港東興廟池府千歲出巡經北港，乩身扶乩指示，陳居士宅中有內神，虔誠敬奉則夫人可癒，陳依指示，夫人即不藥而癒。 　　民國五十九年獲得「內神」的回應，扶乩告知其為玄壇元帥趙公明。陳氏遵照指示，為財神爺雕塑金身，並於自宅設壇供人膜拜，武德宮遂成。	創辦人吳熊為接骨師，早年吳熊因家中子女經常就醫，其母命其前往嘉義縣新港東興壇，迎請奉旨出巡之池府千歲金身，蒞家扶乩，請示休咎。在池府千歲扶乩降示後才知，原來吳熊所住房子以前是聖廟地，該地神祇負有救世重任，只要吳熊能設置神位，並以紅紙書寫「財」字安貼於神位，稱呼「內神」，早晚焚香膜拜祈求，必有感應。吳氏依指示行事，果然從此家運漸好，吳氏亦因此產生敬神之觀念。後來民國六十年（1971）池府千歲再次駕臨吳家，扶乩降示應雕刻金身奉祀，並表示此一「內神」即是掌管天下財庫之「文財尊神」。
創辦人／職業	陳茂霖／中藥行老闆	吳熊／接骨師
起始神尊／正名	內神／天官武財神	內神／文財尊神

	北港武德宮	嘉義文財殿
經神明題點改建	嘉義新港東興廟池府千歲	嘉義新港東興廟池府千歲
信仰特色	扶鸞問事	地方文教事業

綜觀上表並結合田野調查可知，文財殿與武德宮，兩宮廟之創辦人為至交好友，[32]同樣供奉財神爺，並且在創立過程中，都經歷了「內神」時期，最後也都在東興廟池王爺的指示下，才順利建廟，信仰始成。據《嘉義縣志‧宗教篇》可推測這可能與嘉

圖三　文財殿內的詩文牌匾

義地區早期的王爺信仰蓬勃發展有關。[33]而兩財神廟皆透過東興廟池王爺指點一事，在文財殿服務處內有一塊詩文牌匾可以為證，同樣的牌匾，武德宮也存有一塊，[34]詩文中對池府千歲的促成建廟有所記載，今刊錄此一牌匾如下，由牌匾的內容，即可看出文財殿和武德宮建廟過程的諸多巧合。牌匾詩文中顯露武德宮與文財殿的淵源，兩廟「歲歲平安文扶武」也確立兩廟的關係。因為武德宮、文財殿都是靠東興廟池王爺的牽成建廟的傳說，於是雲嘉地區流傳有「先拜池王，再拜財神」之說。

---

32 此為文財殿委員吳憲育之語，他的父親吳熊與陳茂霖因為工作上的頻繁接觸而成為好友。

33 據《嘉義縣志‧宗教篇》所載，在日治時期嘉義地區則以主祀王爺的廟宇數量最多，達一一九間，可以窺知當時嘉義地區王爺信仰之盛況。見《嘉義縣志‧宗教篇》（嘉義縣：嘉義縣政府，2009年12月），頁34。

34 武德宮將此牌匾存放於舊址保生堂。

二　黑虎將軍的傳說、祭祀與鸞文

(一) 黑虎將軍的來歷與傳說

　　趙公明的形象為身著戰袍的武將，《三教源流搜神大全》寫祂「頭戴鐵冠、手執鐵鞭」[35]，黑臉濃鬚，左手托元寶或金輪，跨黑虎，所騎的黑虎也被尊稱為「黑虎將軍」。武德宮以黑虎將軍為武財神座騎，供於正殿神龕之下，神像造型為蹲坐閉口露齒之貌，頭部渾圓比例較大，外貌可愛討喜。關於趙公明與黑虎的傳說，主要據《封神演義》第四十六回〈廣成子破金光陣〉故事，姜子牙協助周武王討伐暴虐無道之紂王，商朝聞太師屢戰屢敗，乃請趙公明協助攻擊西周。趙公明即自峨嵋山下山，正愁無坐騎，適遇一大黑虎，遂用二指將其定住，並以絲繩套住頸部，復於此畫一道符，虎便四足生風，立即到達聞太師營帳前。[36]除《封神演義》中趙公明伏虎之事跡外，峨嵋山下之伏虎寺亦流傳趙公明收伏老虎之故事：

　　　　趙公明有三個妹妹金霄、銀霄和碧霄，原來在峨嵋山之三霄洞
　　　　中修練，有一天深覺煩悶，於是瞞著兄長而下山至伏虎寺遊
　　　　玩，於途中遇上一頭吊睛白額大黑虎。三個人分別使出法力，
　　　　但卻無法制服黑虎。突然間趙公明出現，眼見老虎正攻擊妹妹
　　　　們，遂將金鞭向老虎一晃，金鞭變成紫金連環，而將老虎纏
　　　　住。老虎意欲掙脫，不料愈掙扎卻反而纏得愈緊，終至動彈不
　　　　得。趙公明又取出一只金圈，套在老虎之脖子上，並以紫金連
　　　　環勾住金圈，而將老虎拉動起來，便帶著牠與妹妹們一同回山

35　佚名：《繪圖三教源流搜神大全》（上海市：上海古籍出版社，2012年11月），頁142。

36　《新刻鐘伯敬先生批評封神演義》，第46回，頁170-171。

上繼續修練。從此伏虎寺一帶未再傳出老虎傷人之情事。被收伏之虎便成為趙公明之坐騎，而跟其一起修練。

武德宮陪祀的還有三仙姑，據傳就是故事中的三位妹妹，現為信眾求姻緣、求子的崇拜對象，這兩則故事大抵可說明以黑虎為趙公明座騎陪祀的來由。根據主委林安樂先生表示，在保生堂時期即供有虎爺，總幹事陳再良先生也說小時候到武德宮拜拜曾被長輩提醒過神桌下還有虎爺，也要拜並且上一炷香，讓他印象深刻。武德宮宮務向來由武財神掌管，依神駕降文為憑，雖無法考證開始供奉虎爺的年代，但透過鸞文可確定民國六十五年（1976）後，才開始配祀黑虎。武財公降駕揮鸞時，總由黑虎先行，會先降一篇虎駕之文。相傳黑虎將軍是武財神為玄壇元帥時期，於深山所收服之部將。民國六十五年，武財公供奉於保生堂時，即降鸞指示同祀「黑虎將軍」：

> 丙辰年（1976）四月二十一日
> ……（前略）
> 徵得虎將為侍從，鎮守靈穴驅魅魔
> 修足正果保群生，享受香煙曆萬年[37]

由上可知，武德宮建廟之初即同時供有虎爺應是可信之說，同時鸞文也明白表示黑虎將軍有鎮守廟地與驅魔之能，相關的靈驗傳說將於下文有所說明。

---

[37] 本書鸞文皆由武德宮主委林安樂先生授權助理洪揚恆先生提供，武德宮的鸞文皆透過資料庫電子化收藏。部分鸞文於武德宮官網也可尋得，此篇篇名〈也是「不居功的承擔」——黑虎將軍篇〉，發布時間：二〇一四年五月十九日。網址：http://www.wude.org.tw/news.aspx。上網時間：二〇一六年九月三日。

圖四　武德宮鎮殿黑虎將軍（後）與虎爺
　　　會黑虎將軍（前）
　　　（攝影日期：2016年12月10日）
　　　武德宮官方授權提供使用。

圖五　武德宮鎮殿黑虎將軍座
　　　前，等待信眾奉請的黑
　　　虎將軍神尊。
　　　（筆者攝影，攝影日
　　　期：2016年12月10日）

（二）黑虎將軍的祭祀活動與黑虎會

　　北港地區可說是虎爺信仰的重鎮，北港俗語：「暗街仔暗眠摸，溪仔底虎爺公」說的是舊時虎爺信仰的區域在溪仔底（即今日的北港鎮博愛路，民主路和中正路之間），故溪仔底自古又稱「虎爺街」。[38]朝天宮的虎爺會，成立於康熙三十三年（1694）[39]，關於朝天宮虎爺會的論述前人研究已豐，此處不再贅述。以下就武德宮黑虎將軍的祭祀活動與黑虎會展開說明。

---

38 每年農曆三月十九、二十日伴隨著北港朝天宮媽祖出巡，虎爺轎班也會以特殊的七
　星步顛轎而行，並口喊「風來虎嘯」，而虎爺「吃炮」也是出巡的重頭戲，時常引
　來大批信眾圍觀。

39 顏昭武等編撰：《從笨港到北港》（雲林縣：雲林縣政府，2002年），頁32。

1　黑虎將軍的聖誕祭祀活動

　　由於虎爺的誕辰目前並沒有統一的說法，[40]武德宮以農曆六月初六為黑虎將軍聖誕，那天也是民間所稱的「天貺節」，[41]是屬於動物的節日。因此，武德宮自二〇一二年起奉武財神鸞文指示「眾生平等」都特別結合虎爺誕辰舉辦「千萬要守護動物」的動物保護計畫，分十年挹注一千萬，主要推動雲林地區的動物 TNR 結紮（誘捕、絕育、釋放），由於雲林縣沒有動物收容所，因此這樣的絕育方式最能有效減少流浪貓狗的數量，也讓黑虎將軍誕辰，成為農曆三月之後，另一個吸引信眾回宮的重要節日。

　　黑虎聖誕當日除了公益活動之外，也會有許多善信前來賀壽，廟方會於內殿舉行祭典，祭祀哪些供品需請示過黑虎將軍才能擺放，聖誕當日黑虎將軍也會由下壇被請出至外面置於神桌上供奉，方便民眾參拜。二〇一四年的聖誕相當特別，黑虎將軍特別指示由宮內唯一一隻「黃」虎出外上桌供民眾參拜，此一黃虎為信徒請來廟中後未請回者，至今已有六年之久，並非武德宮的虎爺。虎爺會會長王景麟受訪時表示，過去虎爺誕辰時廟方準備的供品為肉類「五牲」以及「山珍海味」，[42]但不包含魚類，因為虎爺不吃魚。關於祭祀虎爺的供品許多廟宇都以生豬肉或生蛋為主，但武德宮內殿平日即不供牲禮葷食，每年虎爺誕辰也重申「本宮內殿不敬供牲禮葷食，勿以生肉生蛋祭祀黑虎大將軍」。[43]但二〇一四年開始，黑虎聖誕祭典又有了些許改變，乙未年（2015）六月初六日，黑虎大將軍聖誕，眾多善信前來祝壽，

40　高佩英：《臺灣的虎爺信仰》（臺北市：遠足文化事業有限公司，2005年12月），頁110-111。

41　「貺」為農曆的六月六日。《宋史》卷8〈真宗本紀3〉載：「丙申，詔以六月六日天書再降日為天貺節」。天書再降日被視為是祥瑞之兆，故以農曆六月六日為天貺節。

42　山珍海味指的是拜拜時的供品，由紅豆、鹽巴、老薑、糖四樣東西碗裝組成。

43　田野調查時間：二〇一六年十二月九日，地點：武德宮廟埕。

也攜入了包含生肉雞蛋等諸多牲禮，當日適逢內壇[44]，老武財公（中路武財神）降文：「天虎何食人凡物」。唱生問道那如何敬奉？上諭：「帛、花。可。」意即準備虎爺金與鮮花素果素禮與虔敬之心即可。[45]這道鸞文一來顯示武德宮為一服膺神治之宮廟，二來表示祭品的改變，以不殺生為主，且往後祭儀皆比照辦理。丙申年（2016）武財神聖誕剛過，農曆三月十五日在後殿廣天大道院開內壇，老武財公甫降駕，首文都還未出，即明顯不悅加重出筆力道頻頻揮出「虎座不食」數次，急忙遣人至前殿虎龕察看，才發現又是眾多熱心信眾攜肉品前來敬供，經移至外殿並廣播向善信說明後，聖駕方才繼續出筆。由此可知，不僅黑虎聖誕當日，目前武德宮供奉黑虎將軍已不再使用葷食。

另外，上文所述之「天虎」並非指黑虎將軍為天虎系統[46]之意，絕大部分財神廟宇所配祀之虎爺都屬地虎系統，在民間信仰觀念中，虎爺神職位階較低，主要是神明的坐騎並鎮守廟宇安寧，因此地虎系統的虎爺皆供於神明案桌之下，黑虎將軍目前仍供於正殿神桌之下，事神之禮，當遵神之示而事，武德宮於今年黑虎聖誕仍一再重申相關儀節萬望配合，以上為武德宮黑虎聖誕的祭祀方式。

---

44 內壇係指降鸞主神為中路老武財公，開壇時間不一，多為宮內重要事務請示，偶爾也接受信眾委託情節重大的案件請示，多以生死大事為主。

45 田野調查時間：二〇一五年十月三十日，地點：武德宮樂咖啡，受訪人：主委林安樂先生。

46 臺灣廟宇中的虎爺可分地虎和天虎系統，主要是以被供奉於桌上或桌下來區分，但對於一般民眾的認知而言，兩者大同小異，近年來天虎系統的虎爺有增加的趨勢，除了本身信仰靈感應之說流傳以外，廟宇間相互往來所造成的模仿現象也是天虎系統虎爺不斷增加的原因。相關討論詳見高佩英：《臺灣的虎爺信仰》（臺北市：遠足文化事業有限公司，2005年12月）。

2　黑虎會

　　武德宮自二〇一三年起經武財神降鸞指示需成立黑虎會，會長王
景麟表示，五年前得知廟中需成立虎爺會即有心參與，但沒想到在武
財神遴選名單中雀屏中選成為會長，他本身也是武德宮虔誠的信徒，
從小在北港讀書就學，時常會來參拜，促成了這段機緣。後因虎爺會
需要一尊專屬虎爺，王會長還特地找了三塊質地色澤俱佳的木頭，讓
黑虎將軍親自挑選，結果黑虎將軍選了三塊木頭中樣貌最不起眼、色
澤最黑的臺灣牛樟作為神尊的造材。因為黑虎將軍聖誕是農曆六月初
六，且鎮殿黑虎將軍也自有聖誕慶典，故武財神降鸞指示黑虎會的黑
虎將軍聖誕以農曆十一月十一日為是，同日亦舉行「過爐大典」，黑
虎將軍在過爐大典三日後也會由新任爐主奉請回家，奉請過程是以轎
迎或車迎則由爐主自行決定。二〇一六年新任爐主由黃銘宗先生以連
續得三聖筊擔任，二〇一五年的爐主吳先生則高達七聖筊。[47]

　　武財神出巡遶境時，黑虎將軍屬開路先鋒，抬轎者為黑虎轎班的
成員，黑虎會轎班成員因為多在廟宇有需要虎爺轎時才會幫忙任務執
行，多數會員也是北港朝天宮虎爺會成員，這種情況在各地虎爺會中
皆有所見，而長居於其他縣市的成員則加入當地的虎爺會，故若虎爺
會需要人手相助，爐主需負責協調能參與活動的會員，並協助處理活
動相關事宜。因武德宮虎爺會甫成立六年，以神明會的歷史而言不算
悠久，再加上虎爺轎若出巡需要年輕力壯的轎班成員，所以整個虎爺
會成員平均年齡約在三十至五十歲之間，整個會成員人數約兩百人左
右，大部分是原籍北港的外移人口與當地住民。目前主要活動為參與
二〇一七年圓醮大典的遶境活動與友宮遶境入境北港時的接駕隊伍，
用以表示對對方廟宇的敬重。如二〇一六年十月十七日起府城六合境

---

47 田野調查時間：二〇一六年十二月九日，當日為農曆十一月十一日，即過爐大典舉
　　行之期。訪談地點：武德宮廟埕，受訪人：會長王景麟先生、副會長蔡東林先生。

永華宮三百五十五年來首次舉辦「環臺祈福會香」遶境行經北港，便是由黑虎會轎班以黑虎轎迎接永華宮聖駕，盡地主之誼也展現兩宮的情誼。虎爺會成員平日多有自己的事業，參與虎爺會是虔誠信仰下自願的活動，以原戶籍在雲林縣北港鎮及臨近鄉鎮的青壯年居多，這些會員現居臺北、桃園者亦不在少數，故若有活動需求他們便會南下，還曾因北部會員人數眾多而僱用專車南下北港。會員號召以網路社團與人際關係網絡串聯為主，詢問副會長蔡東林先生，虎爺轎班成員如何選擇，蔡先生表示，因為扛虎爺轎者只需極具膽識者，因無特殊踩踏的步伐，故無需特別找尋有經驗者，但因虎爺喫炮數量驚人，所以有膽識者並不多，新加入的會員在虎爺喫炮時一定站在轎邊外圍，因為越靠近神轎危險性越高，會更需要資深的轎班成員參與。

　　以分香狀況而言，多數奉請虎爺的信眾多以供奉武財神者為主、一同配祀虎爺，極少有單獨奉請虎爺回家供奉的情形。黑虎會成員組織如下：會長王景麟、副會長蔡東林、爐主、總幹事、顧問、會員（含轎班成員）。每年過爐儀式如下：設壇、宴王宴祭拜、過爐、擲爐主、新任爐主祭拜上香。爐主人選由黑虎將軍決定，會長為有意擔任爐主的黑虎會成員擲筊，獲得連續聖筊眾者即為新任爐主。今年共有十六名爐主候選人，丁酉年新爐主為黃銘宗先生，整個過爐儀式於當日下午三點起舉辦，儀式完成後則有祈福平安宴。但黑虎會的過爐祭典祭品則以牲禮、山珍海味、宴王宴為主，平安宴亦為葷食，此與武德宮黑虎聖誕祭典不同。

圖七　乙未年武德聯境南巡會香財神起駕虎
　　　爺先行。
　　　（攝影日期：2016年1月28日）
　　　武德宮虎爺會會長王景麟先生提供。

圖六　丙申年武德宮虎爺會
　　　黑虎將軍聖誕暨過爐
　　　大典現場。（筆者攝
　　　影，攝影日期：2016年
　　　12月10日）

（三）黑虎將軍的相關鸞文與靈驗故事

根據李添春〈臺灣的動物崇拜〉所載：

> 澎湖廳的傳說，虎爺對治療小孩腮邊腫脹，是一位極有辦法的
> 神。據傳說，如果小孩腮邊生出腫脹時，可用金（白）紙在虎
> 將軍的腮處撫摸，然後將金紙攜回，貼付於小孩腮邊時，腫脹
> 將立即消除。[48]

虎爺善治小孩腮腺炎是臺灣民間常見的民俗信仰，也因虎爺時常是可
愛易於親近的形像，故亦被視為孩子的守護神，但武德宮的虎爺目前

---

48 李添春：〈臺灣的動物崇拜〉，《南瀛佛教》第13卷第11期（臺北市：臺灣總督府文
　教局社會科內南瀛佛教會，1935年11月），頁13。

未有治病的職能與案例，二〇一五年起提供虎爺平安符，取「虎」、「福」之諧音，謂平安就是福製作而成。許多財神廟或土地公廟也將虎爺視為財神，認為虎咬財來，故有換錢水的求財服務。先前武德宮也提供信徒跟虎爺「換錢水」，但因錢水供於神龕之下反而成為宵小覬覦的對象，不堪廟宇宮壇成為有心人士行竊流連之所，現在已取消這項服務。[49]雖然黑虎將軍無治病與求財的功能，但筆者在田野調查過程中也採錄到幾則關於虎爺的靈驗故事，可呼應上述鸞文所言黑虎能「鎮守靈穴驅魅魔」一事。

1 鎮家安宅

二〇一六年虎爺會爐主的母親受訪時表示，家裡曾因過去東路武財神的鸞生家中經營雕刻藝品店，而雕了一尊約大拇指大小的木製虎爺相贈，但因家人只當是藝品供於神桌，隨著時日過去也漸漸遺忘，並未特別加以供奉。直到有一天家裡其他神尊，因吳先生有家業經營，故還供有武財神、媽祖、關公等神祇，神明降旨指示：家中將軍太凶，驚嚇了老祖先。但吳先生摸不著頭緒，因為家中並未供奉將軍，苦思許久才想起是鸞生所贈之黑虎將軍，遂焚香正式祭告祖先，這是家堂敬奉的黑虎將軍，希望先人勿憂勿懼。從這則靈驗故事我們可知，對於信眾而言，安奉於家中的虎爺仍具有安境保家，「生人勿近」的功能。[50]

---

49 這樣的問題並非只發生在武德宮，如臺南市東門伍德堂（主祀蘇府王爺）也有類似的困擾，堂主葉大成表示現在雖仍提供信徒與虎爺換錢水，但因伍德宮供奉的虎爺不只一尊，有黃虎也有黑虎，甚至還有約十公分大小的迷你木雕虎爺，故迷你虎爺常遭信眾偷請回家，現在堂內虎爺數量已經變少，也讓管理者十分無奈。資料來源為田野調查結果，時間：二〇一六年十一月九日，下午二點。

50 田野調查時間：二〇一六年十二月十日，地點：武德宮偏殿，受訪人：吳太太。

2　保護鸞生驅魅魔與鎮守靈穴

中路武財公重掌宮內大務後，遴選了創宮以來第一位女性鸞生──蔡淑如。據蔡淑如表示，她平日很少感應到黑虎將軍的存在，但只要前往大陸地區，黑虎將軍往往就會現身在她下榻的飯店房間內，彷彿是為其清淨居所。問其黑虎樣貌，她說：「相當巨大，感覺占據房間，但祂往往就是靜靜的趴著，十分友善」。她若前往其他國家，黑虎似乎就不會出現。問其樣貌，她說：「黑色，眼睛閃著金光，但身上條紋不是白色，是銀色的，閃閃發亮。」[51]無獨有偶的，佳里子龍廟永昌宮的委員謝先生也表示見過武德宮的黑虎將軍，二〇一五年武德宮舉行「百年大醮」活動，永昌宮謝先生因協助佳福寺參與「百年大醮」而前往北港，車行甫至臺七十八線快速道路還未下交流道，即見一龐然大物屹立於遠方，是一黑虎，謝先生即明白是虎駕示現表示歡迎之意，而黑虎所立之處即是武德宮廟地所在。鸞生蔡淑如所言黑虎之貌也可找到兩則相應鸞文：

（1）癸酉年（1993）正月初四子時降

　　　黑彩白紋鎮山前

　　　虎嘯龍泉見根基

　　　大公於善善惡分

　　　將緝捕私公正容

　　　軍吼一震山河動

（2）乙亥年（1995）三月二十四日酉時降

　　　黑底白紋吾之形

　　　虎騰龍骨如意尊

---

51 田野調查時間：二〇一六年七月二十九日，地點：武德宮樂咖啡。

將過千秋上天闕

軍二合守居蓮池

虎駕所降之鸞文通常皆為自出的藏頭詩，意即並非主委稟事所回，虎駕之文降後方是武財公降文，多半也是藏有「天官武財神」之詩文。黑虎將軍供奉於正殿神龕下方，司守衛之職，威猛善戰、鎮邪除魔，而其形貌皆為財神爺所示「黑色、白紋、口不開、白眉、眼金黃色」。過去相傳黑虎因危害百姓而被趙公明收服為腳力，故許多民間武財神的塑像皆腳踩黑虎，但武德宮的黑虎獨立供奉於正殿的神龕之下，能驅邪鎮煞，守護廟境，造型是頭大身體小，臉部表情凸出露出的虎牙之形狀。

3 聽從武財神之調派

筆者武德宮進行田野調查時採訪對象除了廟方工作人員之外，也找尋願意接受訪談的對象。二〇一六年八月二十日，於樂咖啡偶遇信徒張建忠先生，根據張建忠先生所言，他平日居住臺中，當初為了做生意，苦尋店面，又因經濟條件限制，希望店租在六萬元左右，後尋得一店面符合條件，但聽聞先前承租者皆不平穩，導致生意難以經營，張先生無法下決定，擔心選錯店面導致無可挽回的結果，遂回祖廟請示，武財神表示前人所遇之難是地基主干擾所致，會派黑虎為其去除干擾。回去後張先生半信半疑的承租了該店面，也供奉了一方武德宮令旗，偶然一天在店，卻見令旗在無風的狀態下煞煞飄動，張先生當下明白是黑虎將軍來了，事後果然生意平穩至今。[52]

從武德宮黑虎將軍的祭祀與靈驗故事可知，黑虎信仰在趙公明信仰體系下有所改變，由《封神演義》中害人性命四處為惡的猛獸，成

---

52 田野調查時間：二〇一六年七月二十九日，採訪地點：武德宮樂咖啡。受訪人：張建忠先生。

為座騎，而即使臺灣無虎，但在趙公明信仰於北港開基之始，黑虎仍未被遺忘，成為廟境中的守護神，並具有護駕、守境、前鋒的功能，這是祭祀地位的微幅提升也是強化其配祀的功能性。從危害到守護，黑虎將軍從虎獸變成守護民眾甚至是小動物的神獸，虎因其獸性與體魄對大自然中的各種生物造成危害，這也反應人類對生命遭受威脅的恐懼，透過神明的收服，野獸的獸性被馴化，隨著神明修行也享受香火奉祀成為動物神祇，原本的勇猛體魄不變反而帶給信徒安全感，由俗而聖的轉變也相映主祀神的神威顯赫，也因虎與生俱來的氣勢與形象，而在神職上轉而為具有驅逐邪穢的功能。

黑虎將軍因為在小說情節的發展上具有宗教性因緣，武德宮黑虎將軍更因具有除魔、護境與保護鸞生的功能再加上造型討喜受到神祀，並在廟宇經營策略與公益活動中扮演重要的角色，並且充分發揮武財神使者的職能，在廟會活動中恰如其分的詮釋其先鋒角色。

（四）其它

武德宮在祭祀活動與廟宇經營上都不忽略黑虎將軍，充分運用其可愛討喜的形象與配祀神先鋒的功能，例如二〇一六推出象徵「財福綿長」的財虎麵與金紙搭配供奉為祭祀供品以及於二〇一六年「武德聯境南巡會香」之前打造「黑虎將軍藝閣花車」，同時為因應部分縣市的特殊要求，如行經市區、校區禁用鞭炮等情況，故這種特殊情況黑虎轎不出，因為虎轎出需「喫炮」，而改用汽油車「黑虎車」取代，在藝閣與先鋒轎的備用品上，都能看出武德宮黑虎信仰的特色。同時，武德宮在文創商品上也努力經營，這在其它廟宇比較罕見，例如二〇一六年十二月十日開放購買的一卡通「黑虎大將軍卡」銷售量比「北港武德宮財神卡」略多，正反映了虎爺信仰受人喜歡的現象，顯見武德宮對黑虎將軍的經營並不馬虎，廟境中也隨處可見黑虎將軍

的身影[53]，與其神職功能兩相呼應。另外，有時廟方公告也會藉由黑虎將軍之口來提醒信眾重要訊息，例如：二〇一六年因為手機遊戲「Pokemon Go」在臺開放，引起大批民眾爭相下載遊戲，四處抓「精靈寶可夢」，衍生許多交通事故，武德宮的 FB 專頁出現了以下這則公告：

> 本宮周圍五百公尺之寶可夢已由本宮黑虎大將軍收服，十方善信欲奉請寶可夢者切勿在周邊馬路或廟區道路左顧右盼。請逕至黑虎將軍案前擲有三聖筊後即可迎請，油香隨喜，祝您心想事成，五路進財。

這種順應現代化社會生活型態改變，善用文創商品與網際平臺達到信眾與神明「零距離」的傳播信仰方式，理當也是動物神祇特有的魅力。

圖八　乙未年武德聯境南巡會香，黑虎將軍藝閣花車。筆者攝影，地點：嘉義市興嘉公園。（攝影日期：2016年1月25日）

圖九　武德宮虎爺平安符與文創商品筆者攝影，地點：樂咖啡。（攝影日期：2016年12月10日）

---

53 樂咖啡前即有兩尊約一成人高的巨型黑虎公仔。

三　武德宮與東興廟的情誼

　　東興廟池府王爺，舊稱東頭池府千歲，據傳初奉於道光年間，時以「後角仔池府千歲廟」稱之，並成立有東和成轎班會。一度以新港池府千歲名之，時至一九七一年六月舉行徵號廟名活動，才有「東興廟」之名。此事雖無史記載，但能尋得線索可證。因為東興廟之廟名命名者即為北港武德宮創辦人陳茂霖，當時陳茂霖所提之廟名雀屏中選，東興廟贈與當選紀念品，現存於北港保生堂。但在一九七一年廟名徵號結束活動後，並未立刻更改廟名，有段時間以「東興壇」稱之，至少一九七二年仍以東興壇為名，一九七四年開始由初期委員與信眾自由樂捐添購廟地，搭建鐵皮屋，一九七六年方正式改名為「東興廟」。

圖十　東興廟贈與陳茂霖之紀念品像。（筆者攝影，攝影日期：2017年3月5日，地點：保生堂二樓。）

圖十一　陳茂霖（左上2）參與東興壇祭祀活動。從照片中明顯可見壬子年（1972）仍以東興壇為名。照片資料由北港武德宮提供。

　　東興廟據《嘉義縣志》所載，建立於一九七七年，主祀池府千歲，廟地本位於新港奉天宮後，後來因為廟後市場街道改建與道路拓寬，東興廟迫遷於現址。一九九七年重建入火安座後廟地侷促，緊臨馬路，導致廟宇外觀看來較為窄小，廟方有意擴建，但苦於缺乏經

費。池府千歲神龕下供奉兔爺公，據說是神明降駕指示該地為「兔穴靈地」，需供奉「內神」以安地。東興廟遷移現址後本想在廟地內圈養兔子，但想不到群兔無故死亡，廟方只好將亡兔製成標本，即為現在神龕下所敬奉的兔爺公，又稱「兔將軍」。這應該是全臺唯一一座以亡兔標本供奉的「兔將軍」[54]，並非王爺座騎，而是風水地理演變而來的動物神祇信仰。東興廟的虎爺供於神桌之上，在池府千歲座前，故池府千歲的腳力當以虎爺為主。謝恩得〈神桌供虎爺桌下拜兔神〉有相關報導：

> 東興廟主委林宗勳表示，東興廟主祀池府千歲，二十年前興建目前寺廟時，神明特別指示寺廟所在是兔穴，因此供奉兔爺為內神。但東興廟仍有虎爺，供奉在神桌上。另外，一般寺廟前都放牧草等當糧草，東興廟則是放兩個番薯葉盆栽，林宗勳，兩年前寺廟辦慶典活動時，兔爺突然指示乩童要再放置番薯葉。[55]

文中指出一般寺廟前都放牧草等當糧草，東興廟則是放兩個番薯葉盆栽。這與嘉義太保牛將軍廟有異曲同工之妙，以新鮮的牧草、鮮花、水果、甘蔗及一桶乾淨的清水祭拜牛將軍，當地也有建廟在「牛穴靈地」風水寶地的傳說，人們為了紀念這類由風水寶地穴位轉為具體神祇的動物神，其祭祀方式也保留餵食該動物原本賴以維生的食物為主，東興廟除了番薯葉盆栽外，供奉於兔將軍前最常見的祭品還有紅

---

54 在新北市中和區有一咸明堂兔兒神殿，殿中所供奉的兔兒神是守護同志愛情的守護神，但並非是動物神祇信仰，兔兒神為胡天保，清朝福建人，清代袁枚《子不語》卷19對其來歷與成神經過有所載。

55 謝恩得：〈神桌供虎爺桌下拜「兔神」〉，發布時間：2014年9月8日，聯合新聞網：https://news.housefun.com.tw/news/article/18292278079.html。上網時間：2016年7月11日。

蘿蔔與番薯，通常紅蘿蔔是盤裝、番薯則以袋裝。

臺灣祭祀兔將軍的廟僅見東興廟，當初建廟的風水靈地傳說對照今日擴建的困境讓人感受到廟宇經營的無奈，一個最新的例證是二〇一六年十二月武德宮為了感念池王爺點化建廟之恩，武財神降鸞指示捐贈三百六十萬給東興廟，以為購地擴建的資金，讓人感受到神靈之間互相提攜的情誼，也為紀念過去建廟先賢的情誼，望東興廟能整頓擴建後重興香火。

第四節　北港武德宮對現代香火議題的關注

金、香是傳統民間信仰中極重要的祭祀用品，香於漢代之際傳入中國，原先為薰香，唐代使用於佛教用香，發展更趨完備。但隨著中國文化的發展形成獨特的祭祀用品，並廣泛運用在民間信仰的膜拜。但近年來因政府法規日趨嚴密，針對噪音與空氣汙染的政令宣導與取締都有增加的趨勢，而反應在民間信仰上影響最為顯著的部分即是祭祀香火與遶境鞭炮的問題。

這些問題既是民生問題也是文化問題，影響常民日常生活使宮廟形象備受考驗。有感於部分宮廟封爐不再燃香，甚至是不再使用金紙，而這些活動都受政策所引導，故二〇一七年七月二十三日，由武德宮組織捍衛信仰守護香火大聯盟，號稱史上最大科的宗教嘉年華「眾神上凱道」。活動乃透過象徵傳統遶境儀式的遊行活動，表達訴求。聯盟成員在很短的時間內便累積到一定的數量並取得共識，這場集會的成因乃在於宮廟間長久以來感受到的壓力集結所觸動，有宮廟因此封爐，大部分宮廟都在一爐一香的底限下感到無所適從，因此才透過此活動表達訴求，希望能得到政府的承諾與回應。此活動是武德宮自創宮以來，除了遶境會香以外最大規模的號召行動，故本節擬透過眾神上凱道活動的回顧，以及現階段發展的現況做一討論，希冀能

就傳統信仰與現代香火的問題有初步的探析。

一　「眾神上凱道」活動緣起

　　隨著都市發展，人口增加，建築物越來越多，加上車輛擁擠，廟宇的遶境活動比過往複雜許多。在城市中的廟宇更考驗著主事者的應變能力，在維護傳統信仰與廟宇及環境關係的同時，還會面臨社會觀感與政府法規的壓力。關於香火在民間信仰的作用，劉枝萬認為：

> 香在中國民間信仰上，實有通神、去鬼、辟邪、袪魅、逐疫、返魂、淨穢、保健等多方面作用，尤以通神與避邪為最，則由香烟與香氣之二要素而演成者；蓋香烟裊裊直上昇天，可以通達神明，香氣蕩漾，自可辟禦邪惡，乃是人類所易於聯想到之作用。[56]

香可以通達神祇，這大概是民間信仰普遍的共識，但政府推動的政策乃全面性替代香跟金紙，長程（十年）目標為：

1. 執行廟宇室內外空氣品質標準
2. 全面替代拜香及金紙，落實不燒作為

替代的環保祭祀作法之三

1. 推動「以功代金」觀念
2. 推動「以米代金」觀念

---

56 劉枝萬：《臺北市松山祈安建醮祭典》（臺北市：中央研究院民族學研究所，1967年），頁129。

　　3. 推動「封爐」

　　4. 推動「網路祭拜」

　　5. 環保廟宇示範宣導[57]

　　這些正待推動的政策對於許多宮廟來說相當難以接受，特別是封爐，封爐等同於滅香，而以米代金的觀念則顯現政府對民間信仰的陌生，企圖以稻米取代金紙，解決燃燒金紙的問題，雖然稻米的捐獻能賑濟貧苦家庭，但忽略信民的感受與心理接受度，如何說服信眾相信原先供奉給祖先、神祇的金紙能以食用米取代呢？「以物易金」恐怕並非一夕間透過政令宣導即可移風易俗。

　　然而面對這樣的政策走向，宮廟又是如何反應呢？除了上凱道的集結活動外，以武德宮為例，近年來武德宮對此議題有相當的執著與努力，例如：透過武德靜心小盤香發表會的記者會[58]說明「存好心　燒好香　過好年」。近來環保署號召許多廟宇出面響應禁止香金燃燒的祭祀方式，為環保盡一份心力，但金燭香炮的使用並非臺灣環境汙染的主因。燒香燃金乃民間信仰敬神、謝神的重要祭儀，馨香一炷上達天聽。線香，歷來為百姓與神明溝通的媒介，不僅供養天地諸神也求神賜福、以香傳信，心誠感神自然惡除福至。民間信仰隨著時代發展演變至今，燒香燃金仍是神、人之間情感交流的方式，香燭的使用是信徒謝神的敬意展現，也是臺灣民間信仰獨特的文化風情，在政府積極推動無形文化資產調查與登錄的同時，是否也該思考，禁止燃香放炮等民間祭祀活動後，在外力介入引導下的民俗風情有何在地性與獨特性？失去民俗傳統的臺灣又要如何吸引異文化觀光客的目光與人潮？民間信仰是穩定社會的力量，關心環境汙染議題首當解決的絕對不是

---

57 廟宇宗教領袖推動減燒會議簡報中所提出的執行策略目標。資料來源：《艋舺龍山寺》季刊，第35期，2017年3月，頁45。

58 記者會日期：二〇一七年一月二十四日，記者會地點：北港武德宮廣天大道院。

廟宇燃香燒金的問題。武德宮在號召活動之前，已經達到所使用或販售的香品通過經濟部標準檢驗局、及 SGS 超微量工業安全實驗室檢合格。類似這樣用心經營香品，希望香客能安心使用的廟宇不在少數，甚至是金香業者也大力宣導香燭商品是合乎規範的，並願意公開製香過程。而這些措施有許多都在上凱道之前已然如此，故可知宮廟仍有自律與響應政府規範之作為。

二〇一七年六月，以武德宮為首，串聯友宮與志同道合的廟宇主事者，共同成立捍衛信仰守護香火大聯盟。很快的便由武德宮中路武財神降鸞於內壇開示北上遊行，並決議時間為二〇一七年七月二十三日。串聯活動於數日間便集結了龐大的團體，隨後於七月四日召開說明會與發布新聞稿如下：

「史上最大科眾神上凱道」活動香火不能斷、信仰與環保並行由北港武德宮號召發起，全臺上百間宮廟共同參與的「捍衛信仰守護香火大聯盟」，將於七月二十三日北上凱達格蘭大道遊行，這場定名為「史上最大科眾神上凱道」的遊行活動，主要活動宗旨乃為傳統信仰發聲。近年來政府公部門透過地方政府主張、勸說、誘導，希望寺廟減香甚至封爐，以及倡議金紙集中於垃圾焚化爐焚燒，並以環境污染為由，將累進蓄積已久的空污問題矛頭指向

寺廟燃金燒香的祭祀活動。但事實的真相並非如此，燒香燃金銀紙皆非日常生活的主要汙染源，甚至排不上日常污染源的前三十名，工業（31%）與交通工具（37%）的污染占比都遠高於香金燃燒（0.3%），政府不該誤導民眾，甚至捉小放大，對主要污染問題無所作為，讓民間信仰被視為污染空氣的仇敵。環保是世界趨勢，宮廟不會置身事外。政府應該站在輔導寺廟添購設備，並教導社會大眾正確的燃金銀紙觀念。因此「捍衛

信仰守護香火大聯盟」藉由此次遊行活動，提出一個接受、一個贊成、一個相信、一個要求：

（一）、我們接受一爐一香，為環保盡力，由各宮廟自決，公部門不再介入。（二）、我們贊成，金紙一定要在爐內焚燒。但公部門不應倡議、勸說、誘導金紙集中焚燒，更不應倡議、勸說、誘導寺廟封閉金爐不燒金紙。（三）、我們要求，環保機關不應再違反比例原則，蓄意突顯明明對環境影響微乎其微的信仰活動，以環保之名挑起民眾對立。（四）、我們相信，民間宗教能自主管理。任何涉及傳統信仰之規範，制訂時必要納入民間宗教參與者的充分討論、理解與接受，始得執行。

請不要將它視為是一場「抗議遊行」，這是一場此生難再遇到的宗教盛會，許多難得出門的知名大廟主神，都將於當日在凱道共聚一堂，例如：南投松柏嶺受天宮的玄天上帝、母娘信仰發源地花蓮聖地慈惠總堂的瑤池金母、國定古蹟學甲慈濟宮與祀典興濟宮的保生大帝、嘉義城主國定古蹟嘉義城隍廟城隍爺、北港武德宮的五路武財神、乃至全臺開基永華宮的廣澤尊王等。

透過眾神上凱道的新聞稿我們可以知道，這場集會活動始終以理性表達訴求為核心宗旨，從新聞稿的發布到活動主辦人的發言，無一不重申這樣的立場，目的正是不希望宗教訴求被扭曲為政治活動。但無奈的是，於活動開始之前，透過部分媒體的報導，眾神上凱道活動仍被誤導為反對執政黨的政治活動或抗議示威活動，於是在活動行前大聯盟復發聲明。

〔史上最大科。眾神上凱道〕活動行前聲明

一、本活動從無取消或縮減規模,活動自始至終均聚焦理性訴求、溫馨廟會。

二、七月四日上午記者會,是本活動首次也是唯一一次記者會,當天首位發言人武德宮林主任委員開宗明義即表示:「這不是一場抗議」,而是溫馨廟會,理性訴求。並無媒體所謂「不抗議了,改為宗教嘉年華」,因為活動從頭到尾,定調皆是如此。

三、媒體至今,從不查證,也不顧主辦單位呼籲,綠營民代甚至以「動機不單純」、「有心人惡意造謠」、「有政治目的」等與本活動無關的聳動指控,操弄議題,更對參與宮廟與林主委個人造成名譽之傷害,應即刻澄清。

四、還原七月四日記者會的四個聲明:

(1) 我們接受,一爐一香為環保盡力,但這已是底線,各宮廟既有香爐是否要再減少,由各宮廟自決,公部門不再介入。

(2) 我們贊成,金紙一定要在爐內焚燒。但我們要求,公部門不應倡議、勸說、誘導金紙集中焚燒,更不應倡議、勸說、誘導寺廟封閉金爐不燒金紙。

(3) 我們要求,環保機關不應再違反比例原則,蓄意突顯明明對環境影響微乎其微的信仰活動,以環保之名挑起民眾對立。

(4) 我們相信,民間宗教能自主管理。任何涉及傳統信仰之規範,制訂時必要納入民間宗教參與者的充分討論、理解與接受,始得執行。

五、經七月二十上午民進黨中央黨部前來與本聯盟會談,進一步具體將當前傳統信仰遇到的困境,做出以下六點訴求,希望

於遊行當日得到正面回應：

（1）各級政府以金香「零燃燒」、「不燒」、「全面替代拜香
　　　與金紙」等為長期目標，應承認失當，調整方向，肯
　　　定廟宇這些年來自主管理的成效，不應再提倡減量。

（2）以提升金香品質代替鼓吹金香減量。

（3）現行金紙集中焚燒機制實是將金紙當垃圾處理，實為
　　　不當，應由政府輔導各地建置專用焚化爐。

（4）訂定廟會活動燃放鞭炮的標準與規範取代消極禁止，
　　　讓相關信仰活動有原則可遵守。

（5）以協助廟會文化活動品質提升代替管控廟會活動。

（6）訂定規範民間信仰的相關法令與政策時，應邀請民間
　　　信仰代表參與討論並主動公開，取得共識始得執行。

六、本活動專注信仰議題，恕不歡迎與此議題無關的團體、機構
　　藉本活動表達與信仰無關之訴求。

活動當天各個團體紛紛抵達臺北，集合地點為自由廣場。遊行活動過程並未引發任何衝突，活動順利結束。而媒體報導與網路平臺的直播則反映了社會各界的看法。但大聯盟並未隨著活動結束而解散，主事者希望能為這場盛會保留紀念並同時維繫各團體間的情誼，於是打造「捍衛鐵牌」（280mm x 400mm）。由武德宮管理委員會親自送達，除了致意，也針對活動結束滿月以來大聯盟夥伴們對執政黨處理迄今，聽其言觀其行的意見與後續因應，表明信仰不能斷，並且希望各界一起努力的立場。

二　媒體報導與評論

這場以宗教訴求為主的集會引發媒體討論，不論是電視節目或新

聞媒體的報導,都有諸多討論。可惜的是,在政論節目與主流媒體的帶領下,活動為政治色彩所渲染,對主辦單位政治立場的想像與揣測的討論多於活動本身的訴求,也讓大聯盟感到無力與遺憾。以下針對學界看法與社會評論作分析,探查這場活動所引起的效應與各界看法。相關討論與評論〈有燃燒的溫度:談民間信仰中的香金文化〉、謝宗榮〈知其然並知所以然:香火與環保共存之道〉、林美容〈萬年香火:民間信仰中的香火觀〉、〈為何宮廟特別強調「萬年香火」?解析民間信仰中的香火觀〉、旅德藍貓〈香火是民間信仰的核心觀念,「心香取代實體香」是胡扯中的胡扯〉、〈創意無法替代民俗文化:評荒謬的米功代金政策〉、林書竹〈信仰不能沒有它,香火千萬不能滅〉、黃彥昇〈扛香擔責任重大,香火萬不可斷〉、溫宗翰〈宮廟為何走上街頭?環保單位只想操弄議題不想解決問題〉、魏宏晉〈眾神上凱道,反映當今的理性傲慢與靈性反撲〉等。民間文化研究為主的學術界也發起國家勿干預民間信仰自主發展的連署。這並非學界為宮廟站台,而是希望政府單位勿用公權力來干預民間信仰的自主發展,也因此學界連署得到海內外眾多學者的認同。透過學界評論與聲明書,我們可以知道重點在於強調香火的使用在民間信仰的重要性,以及認為民間信仰不能在沒有討論與共識的狀況下被政策完全改變。

　　相反地,也有不同的反對聲浪,質疑上凱道的正當性與環保本位的論述,例如:金人彥〈宗教經濟鏈 VS.鬼扯香火觀〉、魚夫〈一爐一香大遊行,中華民國總統蔡英文設香案恭迎聖駕,有影無?〉、〈臺灣府城城隍:不一定要焚香、燒金漢拜神的證據在這裡〉、〈北港武德宮林安樂將繼顏清標之後成為廟宇經營之神了〉[59]魚夫認為他是反鞭炮不是反宗教。洪敏隆〈小弟搶當大哥?宗教學者分析抗議廟宇遊行

---

59 參考網址:http://yufulin.org/archives/1618。發表日期:2017年7月24日,上網時間:2018年9月28日。

原因〉[60]內文大量引用江燦騰的說法，認為大聯盟成員是訴求滅香火，達到民眾對政府的反感，避免宗教法的監督，以達到在政治上「重新」取得發言權。並認為參與團體普遍皆屬儒宗神教，走的都是企業化經營，設立商品宗教店，相較於傳統大廟都有設立財團法人或社團法人組織，它們是不希望受到財務監督。

金人彥則認為「肇造假議題的來源宮廟用以證明蔡政府有意「滅香」的公文，就已白紙黑字反證了該宮廟的造謠之實」真正該視「滅香」政策為敵的，是那些宗教信仰經濟鏈裡的基本成員，他們的日常生計當然會受「減香」、「減爐」甚至是「滅香」、「封爐」這種環保政策的實質影響。[61]

而隨著上凱道的時間越接近活動日期，隨之而起的討論焦點竟是大聯盟主事者的政治立場，隨著媒體報導與政論節目的影響，宗教活動的訴求轉變為政治傾向的討論，導致武德宮主委林安樂與溫宗翰一同上政論節目澄清。可惜事與願違，政論節目為求收視率，所操作的話題與方式並未如大聯盟預期，自然也未能有所澄清，只能透過活動行前聲明再次呼籲各界不要讓議題失焦，更不要模糊焦點。[62]

三　參與上凱道的宮廟系統與連結

一般宮廟活動的動員與連結往往都是具有系統性的串聯，以同一主祀神為動員目標，例如以媽祖為系統串聯。但此次活動則跨越屬性與系統，表達共同為信仰發聲的理念。以下透過大聯盟公布的遶境番號序列表（見表一），復以 google 逐一搜索該信仰團體之地址、神明

等相關資料整理出部分數據，以茲討論。[63]

以參與團體數量而言，最多的為臺南市，有十六個團體，占五分之一（21%），其次為新北市，有十二個團體（16%），再來是臺北市，九個團體（12%），但以整體數據而言，中南部（臺中以南）的團體共計四十五個，約占百分之五十。

而以各鄉鎮數量而言，則是臺南市中西區居首，這與大聯盟主要成員開基永華宮有關，透過永華宮主委楊宗保的大力奔走，中西區許多友宮紛紛響應。但這並非只是交陪宮的連結，同時也是困於現況的反應。臺南市中西區廟宇數量龐大，就地緣關係而言又緊密相鄰，因此每逢神祇出巡遶境，往往都陣仗驚人而鞭炮聲不絕於耳。中西區道路狹小，當大量人車湧入時，往往出現塞車的困擾，也因此檢舉事件不斷。宮廟因此面對環保局開罰等諸多壓力，但對於地方宮廟而言，主事者為求環保與交通安寧，通常加派諸多人力與要求友宮接路關時減少鞭炮的使用，但現場狀況未必能盡如人意，即使清潔部隊尾隨對伍清掃環境，也不一定能在短時間內完成所有清潔工作，而一旦面臨民眾檢舉或環保單位開單，主事宮皆首當其衝，日積月累導致衝突不斷，而上凱道的活動成為他們表達訴求與不滿的管道，希望透過這次機會為傳統信仰發聲，也表達宮廟自治的立場與心聲。

然而，若以主祀神而論，王爺信仰系統的團體最多，有三十三個，占百分之三十六。財神信仰居次，五營信仰、北帝信仰與觀音信仰數量一致，均為八個。除了王爺信仰系統占絕對多數以外，其它主祀神信仰類型的數量並沒有太懸殊的差別。

雖然上凱道成員的組成分子是人為的決定，結合眾多團體，但武德宮仍秉持一貫諸事服膺神治的風格，由中路武財神降鸞指示隊伍的

---

63 相關資料亦可見宗教地景GIS網站，「0723史上最大科，眾神上凱道參與信仰團體地圖」，參考網址：http://gisrl.ascdc.sinica.edu.tw/religiontw/?q=map0723。上網日期：2018年9月1日。

編排方式，顯示由神祇帶領隊伍的精神。神轎群在遊行過程乃以三正面並聯行進，逾百宮壇熱情襄贊，為利大聯盟場控作業，許多發起廟宇以信仰系統為中心整併至祖廟，即僅由祖廟出轎，大聯盟亦順利將轎番縮減至六十頂神轎，窗口整編至一百個單位左右，唯隊伍即便在精省陣仗下，若照傳統一番接一番的排列方式下，估算恐仍逾五、六公里。在路權限制與超大路面寬度的允許下，神轎群採三正面並聯，如此方能將隊伍長度縮短至兩公里內，並使隊伍能以三分之一的時間進入凱道駐駕，以利活動進行。且因團體眾多，故十人以下單位，直接編入最後方隨香團體。

表一　眾神上凱道遶境番號序列表。資料來源：「捍衛信仰守護香火大聯盟」臉書公告。

遶境番號序列表

A	B	C
A01.南投松柏嶺受天宮	B01.學甲慈濟宮	C01.全台開基永箏宮
A02.中華武當南岸玄帝之流協會	B02.中州朝儼安宮	C02.下太子開基昆沙宮
A03.麗井龍泉岩	B03.中和共敬堂	C03.米街廣安宮
A05.木柵濁濟宮	B05.新江清源軒	C05.中營龍福宮
A06.清水三元宮	B06.鄉成功祖廟	C06.大殿音亭祀典興濟宮
A07.台北社子澤臨堂	B07.台中德安宮	C07.大溪福山寺順澤宮
A08.鹿水川港鎮南宮-周倉將軍	B08.北邑武德宮	C08.台南開基共善堂(開勝爺)
A09.桔權關安宮	B09.佳里佳福寺	C09.府城四聯境普濟殿
A10.台中浩天宮大庄媽	B10.永和普天宮	C10.嘉義城隍廟
A11.柏樓萬興宮蘇府王爺	B11.佳里子龍廟永昌宮	C11.嘉義慈濟宮
A12.新店真武宮	B12.麻城永靈宮	C12.台北尊王府
A13.台北威澤堂	B13.挂里青龍祠	C13.松山霞海城隍廟
A15.台北城下馬綱繡堂	B15.台北大無限天宮武財神	C15.台北藝術文教推廣基金會
A16.艋舺振敬堂	B16.和美龍華慈惠堂	C16.嘉義九天殿共義堂
A17.永和龜山太元宮	B17.惠德陳家慶	C17.西螺福興宮
A18.台北大真顯宮	B18.藏沼慈惠宮	C18.港口宮
A19.北邑忠義堂	B19.崙山青龍寺	C19.嘉義新天門震天宮
A20.台北廣聖會	B20.芳苑蕭上田封玄宮	C20.新港東興廟
A21.新竹都西甫揰	B21.田城順元宮	C21.民雄武澤堂
A22.中和梁府天上聖母會	B22.中華武德武侯宮	C22.臺邑天聖宮
A23.台北林宮澍龐會	B23.中台武德武邑玄元會	C23.高雄濟安潮龍寺
A25.台北市文山廣聖武宮	B24.社團法人中華道教聯合總會	C25.高雄前金萬興宮
A26.岳法壇		C26.神宵玄雷壇
A27.艋舺福興宮[神]龍頭會		C27.鹿尾五金山岡山寺
A28.大岡山佛山互助聯誼會		C28.高雄小高雄漁商會
A29.桃園市九天玄女聯合會		C29.新港玉天宮
A30.桃園龜山中聖會		C30.崇事宮
A31.新莊布天宮暨桃園金虎爺會		C31.北港朝天宮
A32.新莊邢龍宮		C32.嘉邑新港媽祖會
A33.玄帝文化交流協會		C33.高中鳳山等里王堂府安鎮濟◎土
A35.基隆玄法府-草嶺神轎會		
A36.基隆玄法府-草嶺鄉社會		
A37.宜蘭玉天府金闕太子宮		
A38.宜邑聖天宮玄池堂		
A39.中華奉祀道教協會(桃園道竹南天地)		
A40.高雄前金五聖堂		
A41.左營壽源壇		

據公告指出，此活動逾百宮壇熱情參與，但為場控作業之故，許多參與宮壇以信仰系統為中心整併至祖廟，即僅由祖廟出轎，分靈宮廟出人員的方式相挺，例如武德宮整併中部分靈宮廟，將參與者兩千人整併為一個單位。統計「遶境番號序列表」所載名單，計有八十九個單位。臺灣宮廟神壇所祀神祇，為數甚多，常常一座宮廟內便有許多尊神像，通常以廟宇神明的空間配置位序，將神明分為主祀神、陪祀神、配偶神、分身神等等。其中最重要的是主祀神，是廟中主要供奉的神祇，亦是最初立廟祭拜的對象，因此未必是神格最高的神明，於是便有像是主祀福德正神，陪祀天上聖母、關聖帝君的情形。另外，主祀神也不只限定為一位，如三山國王有三位、五府王爺則有五位等。陪祀神多與主祀神有著某種關係或因緣而受到供奉，也有是為滿足信徒需要而供奉。以此次活動發起宮廟之一的武德宮為例，主祀為五位主神五路武財神，偏殿陪祀神包括三官大帝、關聖帝君、池府千歲、文昌帝君、天上聖母、福德正神、境主公。統計參與單位的主祀神明種類極多，依照信仰對象大致可以分為：王爺信仰、五營信仰、財神信仰、北帝信仰、媽祖信仰、恩主公信仰、母娘信仰、保境神、醫藥神、聖賢高僧等，與其他十二類。

四　眾神上凱道活動周年的回顧與展望

離凱道活動已屆滿周年，但宮廟與學界對於這個議題的關注並未消失。武德宮原擬於凱道周年（2018）發表《凱道周年紀念專刊》，並希望每年在七月二十三日都有凱道系列活動，用以彰顯對香火議題的用心。但在凱道周年，礙於諸多現實因素，武德宮並未如願有相關的紀念活動或是刊物出版，對於議題討論的熱度稍顯冷卻，但這個問題仍持續發生，環保是無可避免的趨勢，而香火則是信仰的核心，如何順應現代人的生活方式讓傳統信仰與城市發展相結合恐怕需要。然

而武德宮冀望凱道活動得以用其他方式延續，這並非單純是為了廟宇的金紙銷量或累積廟宇名氣，因為早在上凱道之前，武德宮藉由百年大醮的機會，在二〇一四年底，已經做過二十四小時的露天燃燒測試，這些金紙燃燒時，周遭會鋪砂與水，再以數千塊空心磚搭建臨時金爐。真正竹製金紙，即便露天燃燒，排放都不會超標。只有兩個時段有測出超過空污標準，一個是上午七至九點，另一個是十七至十九點，在燃燒的金紙堆旁能測到的汙染，卻都是尖峰時間通勤車輛所造成，顯示香火的使用並非空污的主因，傳統信仰卻因此遭受誤解。

眾神上凱道當天，總統府表示派員接受團體陳情。在活動接近尾聲時，總統府方邀請大聯盟主要核心成員代表進入總統府，當時進入總統府的成員有北港武德宮主委林安樂（筆者陪同）、永華宮主委楊宗保、行政院雲嘉南區聯合服務中心執行長許根尉、民進黨社會運動部主任宋岫書等人，入府前眾人都接受安全檢查，包含隨身行李、手機等通訊及金屬物品皆無法攜入，故府內晤談的過程僅能憑記憶補充。府方由公共事務室接受陳情，過程由府方官員筆記團體代表發言，並允諾會上呈總統，但並無具體承諾與其他回應。

這個活動並非是一時氛圍凝聚的激盪出的火花，大聯盟仍希望針對香火使用與政府規範之間能有共識或積極爭取進一步改善的空間，因此在活動結束後，北港武德宮曾積極規劃「用信仰發電」的環保香爐，概念是在與現有香爐「天庫」相對應下製作「地庫」，而地庫的作用是協助鄰近宮廟或是武德系統宮廟燃燒金紙，再將這些熱能轉化為電力。而這項建設需要龐大的資金與政府的協助，故武德宮也曾召開說明會，希望能得到相關單位的回應，甚至是挹注。

以聯盟而言，自然希望這個議題能得到政府相關單位的重視，並且持續有議題的討論與發揮。而這個信仰與環境關係的問題，其實需要長時間的關注與凝視，方能看出在時間的推動下，政府作為與宮廟活動如何影響信徒的決定以及扭轉宮廟文化所帶給人的負面觀感。

　　但就上凱道屆滿周年的現況來看，今年普度活動政府仍鼓勵以米代金，甚至是「支票取代紙錢」[64]，根據報導彰化縣社頭鄉清聖宮每年普度法會時要燃燒大量的金紙，廟方從去年起改為薄薄一張的「幽冥支票」，讓好兄弟收到後就能跟玄天上帝換錢，結果大受歡迎，二〇一八年受理七二〇〇個牌位，比去年增加一成以上。透過這樣的新聞我們可以知道，廟方認為這樣可以節省人力，也為環保盡力，而受理的牌位數量增加則可知此方式受到信徒的認同。二〇一八年七月，宜蘭三清宮也配合政府環保政策減爐[65]，將原本的五個香爐改為三個香爐，引發眾多討論。認為是遭政府封爐的傳聞一時甚囂塵上，導致三清宮出面澄清是配合政策減爐而已，並非封爐。上述這些廟宇類似的處理方式，清聖宮與三清宮可能不是單一的個案，真實的情況或許需要進一步全面性的調查，數量應該更多，但這也表示，大聯盟的期許與現實狀況不全然符合，更顯示傳統香火與現代環境的關係仍處於不斷變動的狀態，需要更長時間的觀照，方能看出這個問題如何取得平衡，以及民間社會如何接受與選擇。

　　筆者透過田野調查，訪問部分參與上凱道活動的宮廟，考察上凱道前後在廟宇香火或相關問題上的差別。永華宮主委楊宗保表示，上凱道之後來廟參拜的香客明顯變多，這是預期外的收穫。香客多半表示對上凱道活動的肯定與對民間傳統信仰用香並顧及環保作用的支持，也有人專程為表達謝意而來。而永華宮也認為在活動結束後，政府相關的取締措施變得較為嚴謹，針對性降低，而廟宇在遶境時的環境清潔與鞭炮的施放也更為自律。

---

64 陳冠備：〈支票取代紙錢，普度心意不變〉，《自由時報》，2018年8月14日。參考網址：http://m.ltn.com.tw/news/local/paper/1224177。上網日期：2018年9月2日。

65 陳宣良：〈道教總廟三清宮遭封香爐？廟方澄清：配合環保減爐非封爐〉，《葛瑪蘭新聞網》，2018年7月11日。參考網址：https://www.kamalan-news.com/local/4/3365。上網日期：2018年9月3日。

　　祀典興濟宮則表示，在上凱道之前，為了響應環保，每次的遶境活動廟宇都安排掃街車與志工，負責尾隨隊伍打掃環境，維護清潔。在鞭炮的施放上已改用電子炮，而香枝則是一爐一香，這些都是廟宇自治的努力與改善，希望政府能在底限上給予肯定，而非滅香封爐，此舉的確對傳統民間信仰傷害甚鉅。

第五節　小結

　　臺灣天官武財神信仰以武德宮為首，在林安樂主事後分靈宮的創立與分香的數量都達到過往高峰，顯示信仰的崛起除了信仰本身的特質外，也與主事者的經營及宮廟活動的交陪有高度正相關。而隨著網路的蓬勃發展，早期分靈或信徒分香可能是透過口耳相傳，如今則是透過網路平臺的作業，有大量的信徒透過網路活動與網路專頁認識武德宮，求財本為常民信仰中常見的一環，即時的網路發布訊息對於繁忙的現代人來說，更容易追隨信仰。故在十三天尊之後，武德宮的分香神尊有了公版訂製，前往奉請神尊的信眾也隨著網頁的公告，進一步達到宣傳的效果，無形中為武德宮打開知名度，同時也透過大型企業的核心信徒，如櫻花集團與奧迪汽車中部代理公司等，支持一個信仰的發展。而這些信徒多半是受鸞文點化而有所受益者。武德宮是服膺神治、扶鸞濟世的廟宇，傳達神祇旨意與替信眾指引迷津，均透過神祇降駕乩生出文，以桃筆揮灑出七言藏頭詩與嵌字詩。受鸞文指引而趨吉避凶的信徒眾多，積累出無數個感應故事，舉凡二○○八年金融海嘯、企業西進大陸的調控、甚至是國內重大土地與 BOT 標案，都見財神信仰的痕跡。在香火廣傳的同時，有許多企業家都受武財神指引，感應故事也在信仰圈中流傳，造就企業成果與信仰發展的新頁。

　　網路的發展迅速且普及常民生活，但祭祀活動多透過具體儀式與實體供品來達到祭祀的作用，有宗教意涵與發展邏輯，是傳統文化積

累的成果。網路固然方便,但坐在電腦前透過網路點燈或點香,與身體力行的祭祖或敬神都有相當大的差距,其虔敬的體現自然也有所差別。民俗文化更是普羅大眾因應日常生活所發展出的一種約定俗成的文化模式,它涉及民間的生活態度、人民的行為模式與價值判斷乃至於信仰的確立,是長年調整、沉澱的結果,因此香火使用與環保平衡上有待雙方進一步的溝通與理解,香火與環保共存之道的研議與政策制定才是符合社會期待的大方向。

第七章
結論

　　閩南文化是中國傳統文化中一個極具鮮明特色的地域文化。閩南文化的形成與發展，經過漫長的歷史演變與文化融合，以及東南沿海地帶獨特的地理環境等多種因素逐漸造就的。中華文化的核心價值培育了閩南文化，而深具地域特色的閩南文化又使得中華文化的整體性顯得更加豐富多彩。

　　區域文化研究近年來得到學界熱烈的關注，閩南文化更是備受矚目的焦點，雖然是區域文化，但輻射範圍卻相當寬廣。以地理概念而言，閩南地區指的是福建南部包括泉州、漳州、廈門所屬的各個縣市。然而就文化傳播的角度而言，閩南文化輻射範圍卻遠遠超出了以上的區域。由於閩南文化在歷史長程發展中都具有面臨大海的特徵，不斷地向東亞的海洋地帶傳播。影響範圍包含浙江沿海、廣東南部沿海、海南沿海，甚至是臺灣、澎湖、金門、馬祖、琉球，皆深深受到閩南文化的影響，呈現即使是在東南亞地區以及海外地區，閩南文化都深具影響性的事實。因此，閩南文化既是地域性的，同時又是全球性的。在當今世界一體化的趨勢之下，研究閩南文化尤其顯得深具意義。

第一節　成果與價值

　　本書所討論的地方水神，由河道航向海道，成為涉海民眾崇拜的對象，認為祂們能掌管海事並保佑豐收致富。在析論地方水神相關傳說的特色後，可以發現呈現出傳說結合歷史人物或地方賢達的特性，

明顯展現在地傾向的發展。例如：金元七總管。金總管在歷史方志文獻中，他原稱「利濟侯金元七總管」，傳說是元代一位能陰翊海運，被封為「利濟侯」的總管，明代發展成庇護漕運的神祇，成為壯大漕運的傳說人物。明末漕運沒落，又順應江南農村的人民生活，信仰形象隨之轉變，受封為「隨糧王」，地方總管廟每年皆有慶典祭祀。隨著時代發展，江南地區百姓甚至有將他視為財神供奉者。但在張家港地區的傳說和民間信仰中，以其特殊面貌存在，他搖身一變成為「金神」，是抗倭英雄，得到百姓的愛戴與祭祀，並編成寶卷講唱，在民間傳說、信仰風俗中都有他的身影，並年年盛典加以緬懷。而太湖流域地區也是金總管信仰分布的區域，沿著環太湖區域都有總管廟的存在，當地農民以金總管為地方性的守護神，祈求農作物豐收。湖州地區為漕運必經之地，總管廟林立，是總管信仰發展的核心地區，而張家港金村所保留並持續發展的金村廟會，則是現今規模最大的總管廟會。[1]

其次，傳說來自民間長期積累下的集體創作，與民間信仰相結合後，展現常民文化的刻記，也展現閩南文化的特徵。傳說反映的即是常民的生活經驗，也是百姓生活的印記，如拿公守護井水而自願服毒的傳說，說明水資源的重要性與不可或缺。同時，水神轉為具有財神性格或臺灣對天官武財神信仰的崇拜，都是常民對理想生活的追求與企盼。閩南文化既保有中國傳統文化，也保有地方性文化的特質，希冀地方文化傳承，在一定程度上滋養了閩南區域文化，同時也藉由國家社會經濟的生命力，使得閩南社會及其文化影響區域能有所開拓。透過本書的討論，我們可以發現明清兩朝隨著中琉冊封關係，而蓬勃發展的福建水神信仰能有全面性的觀照與思考，對中琉民間信仰與水神信仰的傳播關係研究也有所補充。同時對臺灣天官武財神信仰的起

1　詳見拙作：〈金元七總管傳說與信仰之調查研究──以張家港市與湖州地區為例〉，《成大中文學報》第63期，2018年12月，頁101-136。(THCI)

源與發展加以析論，呼應水神也發展出財神性格的現象，也補充現階段對財神信仰研究的不足。

以閩南文化的觀察視角反映民間信仰的概貌，從中選擇深具代表性與特色的神祇與宮廟著重予以介紹。力圖由民間信仰的視野，體現閩南與臺灣之間深遠緊密的文化淵源，展現民間信仰流播對閩南文化擴散至其他區域的重要性。而中國沿海地區與臺灣、琉球等地均受海洋文化影響甚深，沿海居民的生活方式與想望也相當類似，因此各地都出現將水神視為財神崇拜的現象，使得財神信仰愈發蓬勃。故我們更不能因此忽略與水神傳說與信仰有所相關的財神趙公明，而在臺灣，主祀財神趙公明的北港武德宮，是天官武財神信仰的開基祖廟，深具研究價值與重要性，故本書為了呼應閩南文化影響下的水神與財神信仰研究，特別將北港武德宮的研究納入討論範圍。

最後，在價值方面。透過水神與財神相關傳說與信仰的考察，我們可以發現，地方神祇的信仰發展，除了依靠傳說的流傳，地方仕紳與國家權力相結合後，可使信仰更具生命力。而當信仰在地化後，香火興盛程度與主事者的經營方式，則進一步影響該信仰是否能穩定發展或往其他區域突破，以形成系統性的信仰圈。而拿公廟的蕭條與北港武德宮的迅速崛起都呼應了這樣的現象，說明民間信仰的發展需要地方人士與主事者的積極運作，從而影響廟宇香火的興衰，靈驗傳說更在此扮演極其重要的角色，故本書的價值即在與將傳說與信仰共同討論，觀察兩者間的融攝與互動。

第二節　省思與開拓

本書就閩南文化影響下地方水神與財神傳說及信仰之流播研究為題，進一步擴及琉球與福建的民間信仰為討論對象。在本書的研究過程中，筆者多方蒐集水神與財神的相關傳說，另一方面也努力考證傳

說中的人、事、物。同時透過田野調查工作來關注傳說與信仰最新的流傳與發展。然而，無論是資料輯佚、考證傳說以及田野調查工作的進行，其目的都在希望能恢復或建構世人對總管神、蘇府王爺、拿公、水部尚書、天官武財神的集體記憶和認識，並進一步了解其信仰的內涵。

本書資料的蒐羅除了民間故事集、小說或其他民間文學作品外，清代文獻與琉球文獻也是本書積極尋覓的對象，特別是方志的記載，使得民間傳說與信仰靈驗故事不致流於荒誕之談。例如：我們若以民間寶卷《金神卷》、《總管寶卷》對應歷史方志中的金總管，都可發現正德《姑蘇志》對金總管信仰的重要性，保留歷史文獻中的原型但結合地方傳說，至此之後便以這樣的形像與職能，成為民眾所需要的地方性神祇。金總管與土地、城隍、周王等均屬地方性保護神，活躍於江蘇地區的民間信仰之中，金總管的傳說故事在不論是在哪個版本的寶卷中均已大量脫落原先護守漕運的職能。寶卷中記載金總管的生平、顯靈事蹟、修道過程，是民眾信奉的地方性的神祇，江蘇各地還有為數不少的總管廟，常熟一帶當民眾家中有事需要宣卷時，便會因應居家區域宣講不同的地方性神祇寶卷，《總管寶卷》就是其中之一。金總管的傳說與信仰受百姓認同而得以流傳，當然也與神佑靈驗有關，這使民眾信仰更加堅定，也因與地區民眾生活息息相關，隨時間轉變而成為抗戰英雄。故正德《姑蘇志》的記載證實了參酌方志對民間文學與信仰研究的重要性。

此外，除了文獻的爬梳，本書的完成還仰賴大量的田野調查工作。時常受益於受訪者的熱心相助，也多有令人驚喜不已的發現。這些感受與收獲都是親臨現場才有可能獲得的體驗，當我們在湖州、張家港、馬祖、北港進行采錄時，聽到受訪者如何比手畫腳，侃侃而談他們對傳說與信仰的認識，充分顯現民間傳說深刻地存在人們集體記憶之中。而對於那些前所未聞亦未見載錄的訊息的獲得，更是研究的

新發現。例如：筆者於二〇一七年六月二十二日上午訪問位於張家港市鳳凰鎮恬莊東街的總管廟，該處總管廟由陳姓負責人照管，總管廟平日因管理人去上班而大門深鎖，廟對門有個小店舖，由老闆娘保管鑰匙，非初一、十五要入廟參拜者需先借得鑰匙，方能參香。筆者在當地文史工作者虞永良先生的協助下順利取得鑰匙，因廟地狹長而又位於邊間，故廟內龍邊供奉多尊小型觀音塑像，大、小總管居中，千聖小王供於虎邊，內有香爐五座。雖然廟宇規模較小，但從香爐數量與大、小總管聖像前又擺放三尊較小的財神神像，可知該廟香火略顯興旺，信徒也明顯有前來求財者。筆者進一步採訪當地的講經先生——狄秋燕[2]，以了解《總管卷》在總管信仰的實用性。

　　狄秋燕表示「總管名金元，排行老大。從小就知道有這座廟宇，成為講經先生後每年總管誕辰都去，宣《總管卷》，今年三月初七，也有去。」三月初七日總管生日，七月二十二日是財神帛師生日，總管廟兩大例祭。信眾均會前往祭祀，佛事時間為早上七點至晚上五、六點左右，當天講唱之宣卷有：《香山卷》，《上壽卷》，《灶皇卷》，《財神卷》，《總管卷》，《公路卷》，《猛將卷》，《高神卷》，《解結卷》，《獻花卷》，《獻元寶》。宣卷結束後紙製蓮花與元寶要一起化給菩薩，而《總管卷》一般也僅用於總管誕辰，其它時候不常宣講，除非業主特別要求宣該卷。由此我們可知，從所宣唱之寶卷的種類可以看出神祇的特性與功能性，而屬性相同的神祇所用之寶卷也會同場使用，例如總管誕辰不僅宣《總管卷》，也宣《猛將卷》與《高神卷》，劉猛將、高神都與總管雷同，是地方性的土神，也多有抗敵助戰的傳說故事。

　　採訪狄秋燕的同時，另一位講經先生吳國良也表示：

2　狄秋燕為當地知名講經先生狄建新之女，講經資歷二十餘年。採訪時間：二〇一七年六月二十二日。採訪地點：張家港市新苗村陳先生住宅。

除了神誕、例祭之外，幾乎不太用到《總管卷》，但若是先前
總管管轄的區域，有時候就要宣，神主會主動要求，宣講時間
不一定，只有少數幾個村這麼做。《財神卷》則是普遍都用，
幾乎都要用到，用來招財或祈求菩薩給好運。[3]

由此可知，雖然總管有財神的性格，但對張家港地區的民眾而言，宣
《總管卷》與《財神卷》的功能明顯有別，寶卷與民眾的社會生活有
密切的關連，民眾也從念跟聽之間獲得養分並建立善惡、是非等道德
觀念，而因應社會經濟發展之故，求財成為普遍常民的共同期待，使
得總管神職也衍生新功能，也有人到總管廟求財富與好運，長期為社
會中下層的民眾所供奉，總管信仰方能流傳至今。

　　誠如彭衍綸所言：「田調對於從事民間文學研究者來說，是非常
重要的工作」[4]。雖然能透過田野調查獲得珍貴的第一手資料，但不
一定每次都能盡如人意，田野調查事前準備工作，如器材與受訪人的
聯繫等自然不能輕忽，即便如此，還是有相當多因素會影響田野調查
的成果。以筆者二〇一七年所進行的馬祖水部尚書傳說田調工作而
言，便獲得了許多當地對水部尚書信仰的看法與認識。但也面臨部分
傳說無法獲得與知情者已亡故的遺憾。對於如此的結果，需進一步省
思的是：當面臨文獻資料薄弱、田野調查未有所得，而傳說更可能隨
著耆老凋零而不復存在時，研究該如何繼續？現階段僅能先保存資
料，留待日後資料更為充足或有新發現時再行討論。前文僅就水神與
財神信仰進行了一定的梳理，實際上閩南文化影響下的水神與財神信
仰尚有許多值得深入討論的層面，有太多未及之處，需要進一步細緻

3　採訪地點：陳關明先生住宅。採訪時間：二〇一七年六月二十一日。受訪者：吳國
　　良。
4　彭衍綸：《高雄遊憩名山傳說研究——以大崗山、半屏山、打狗山為對象》（臺北市：
　　里仁書局，2011年），頁716。

的研究，我們當然樂見更多有志者共同關心水神與財神信仰研究，乃至於水神、財神信仰全面且整體的建構。

參考文獻

一　文獻史料

〔明〕吳　寬、王鏊修　《姑蘇志》　上海市　上海書店　1990年

〔明〕張　燮　《東西洋考》　臺北市　臺灣商務印書館　1979年

〔明〕黃仲昭　《八閩通志》（上）　福州市　福建人民出版社　2006年

〔明〕黃仲昭　《八閩通志》（下）　福州市　福建人民出版社　2006年

〔明〕謝　純編　嘉靖《建寧府志》　明嘉靖刻本　上海市　上海圖書館館藏

〔明〕謝肇淛　《五雜俎》　卷15　〈事部3〉　明萬曆戊午年刻本　臺北市　新興書局　1977年

〔清〕方濬師　《蕉軒隨錄》　收入沈雲龍主編　《近代中國史料叢刊》第38輯　臺北市　文海出版社　1974年

〔清〕吳嘉賓　《道光乙未恩科直省同年錄》　北京市　文奎齋　1844？年

〔清〕李鼎元　《使琉球記》　收錄在臺灣銀行經濟研究室編　《臺灣文獻叢刊》第292種　臺北市　臺灣銀行經濟研究室

〔清〕汪楫　《使琉球雜錄》　收錄在臺灣銀行經濟研究室編　《臺灣文獻叢刊》第293種　臺北市　臺灣銀行　1960年

〔清〕里人何求　《閩都別記》第2冊　臺北市　臺北市福州同鄉會　1979年

〔清〕里人何求　《閩都別記》第3冊　臺北市　臺北市福州同鄉會
　　　1979年

〔清〕周　璽　《彰化縣志》　臺北市　宗青圖書出版有限公司
　　　1995年

〔清〕林　楓　《榕城考古略》　福州市　海風出版社　2001年

〔清〕姚元之　《竹葉亭雜記》　臺北市　文海出版社　1969年

〔清〕姚　瑩　《東槎紀略》　臺北市　臺灣銀行經濟研究室　1957
　　　年

〔清〕楊廷理　《東瀛紀事》　臺北市　臺灣銀行經濟研究室　1957
　　　年

〔清〕趙　新　《續琉球國志略》　清光緒八年刊本　國立臺灣大學
　　　圖書館藏

〔清〕蔡廷蘭原著　陳益源、柯榮三選注　《蔡廷蘭集》　臺南市
　　　國立臺灣文學館　2012年12月

〔清〕穆彰阿　嘉慶《大清一統志》（四部叢刊續編景舊鈔本）　上
　　　海市　上海古籍出版社　2002年

〔清〕錢　琦　《澄碧齋詩鈔》　上海市　上海古籍出版社　2010年

〔清〕謝金鑾、鄭兼才纂修　《續修臺灣縣誌》　臺北市　行政院文
　　　化建設委員會　2007年

二　專書

西里喜行、赤嶺守、豐見山和行　《國立臺灣大學圖書館典藏琉球關
　　　係史料集成》（四）　臺北市　臺灣大學圖書館　2017年5月

中國第一歷史檔案館等合編　《清代媽祖檔案史料匯編》　北京市
　　　中國檔案出版社　2003年

Jonathan Smith, To Take Place, Chicago: The University of Chicago Press,
　　　1987.

Valerie Hansen: Changing Gods in Medieval China, 1127-1276, 2014.

中國人民政治協商會議廈門市同安區委員會文史資料委員會編 《同安文史資料》 第19輯 1999年

王元林 《國家正祀與地方民間信仰互動研究：宋以後海洋神靈的地域分布與社會空間》 北京市 中國社會科學出版社 2016年

王兆祥 《中國神仙傳》 太原市 山西人民出版社 1992年

王振漢 《悠悠浯江水》 臺北市 秀威資訊科技發行 2012年

王浩一 《在廟口說書》 臺北市 心靈工坊文化 2008年

臺灣銀行經濟研究室編 《臺灣私法人事編》 南投縣 臺灣省文獻委員會 1994年7月

臺灣銀行經濟研究室編 《臺灣南部碑文集成》 南投縣 臺灣省文獻委員會 1994年7月

石萬壽 《臺南府城防務的研究：臺南都市發展史論之一》 臺南市 友寧出版社 1985年

石萬壽 《樂君甲子集》 臺南市 臺南市政府文化局 2004年

江柏煒 《海外金門會館調查實錄之馬來西亞篇》 金門縣 金門縣文化局 2007年

佚 名 《繪圖三教源流搜神大全》 上海市 上海古籍出版社 2012年

吧生雪蘭莪金門會館編 《吧生雪蘭莪金門會館金禧紀念刊》 1996年

呂清華 《琉球久米村人──閩人三十六姓的民族史》 《臺灣歷史與文化研究輯刊》第7冊 臺北市 花木蘭文化出版 2016年

李秀娥 《蘇府大二三王爺開基祖廟鹿港奉天宮簡介》 鹿港奉天宮管理委員會 1997年

李厚基等修、沈瑜慶、陳衍等纂 《民國福建通志》（一） 南京市 鳳凰出版社 2011年

李　喬　《中國行業神》下卷　臺北市　雲龍出版社　1996年

李鼎元　《使琉球錄》　《國家圖書館藏琉球資料匯編》上冊　北京市　北京圖書館　2000年

汪毅夫　《閩臺緣與閩南風》　福州市　福建教育出版社　2006年

卓克華　《從寺廟發現歷史》臺北市　揚智文化事業公司　2003年

卓克華　《寺廟與臺灣開發史》　臺北市　揚智文化事業公司　2006年

卓神保　《鹿港寺廟大全》　彰化縣　鹿港文教基金會　1984年

周宗賢　《血濃於水的會館》　臺北市　文建會　1988年

林小雨、梅慧玉　《伍德宮廟誌》　臺南市　安平団仔宮社伍德宮管理處　1999年

林　良　《中秋博狀元餅》　金門縣　金門縣文化局　2010年

林美容　《臺灣民俗的人類學視野》　臺北市　翰蘆圖書出版社　2014年

林國平　《閩臺民間信仰源流》　福州市　福建人民出版社　2003年

林國平　《籤占與中國社會文學》　北京市　人民出版社　2014年

林朝成、鄭水萍　《安平區志》　臺南市　臺南市政府　1998年

林焜熿　《金門志》　臺北市　臺灣銀行　1960年

林學增等修、吳錫璜纂　《同安縣志》　臺北市　文成出版社　1967年

邱正畧、李淑如、歐純純著　《臺灣文財神開基祖廟：嘉義文財殿誌》　臺南市　大城北文化　2012年

金門縣文獻委員會編　《金門華僑志》　金門縣　金門縣文獻委員會　1960年

金門縣立社教館編印　《金門縣志》　金門縣　金門縣政府　1992年

施添福　《鹿港鎮志‧地理篇》　彰化縣　鹿港鎮公所　2000年

洪建華編　《白沙屯天德宮》　白沙屯天德宮　出版年不詳年

相良吉哉　《臺南州祠廟名鑑》　臺南市　臺灣日日新報社臺南支局
　　　1933年

徐明福計劃主持　《臺南市古蹟使用調查與評估（附錄）》　臺北市
　　　文建會　1996年

真陽居士　《臺灣廟宇榜》　臺北市　子午線出版社　1986年

馬　鏞　《清代鄉會試同年齒錄研究》　上海市　上海科學技術文獻
　　　出版社　2013年2月

高佩英　《臺灣的虎爺信仰》　臺北市　遠足文化事業有限公司
　　　2005年

張子文　《臺灣歷史人物小傳——明清暨日據時期》臺北市　國家圖
　　　書館　2003年

張秀蓉　《日治臺灣醫療公衛五十年》　臺北市　臺灣大學出版中心
　　　2012年

許雪姬　《鹿港鎮志・宗教篇》　彰化縣　鹿港鎮公所　2000年

陳宏田　《臺南地區王爺信仰》　臺南縣　臺南縣政府　2010年

陳垂成　《泉州習俗》　福州市　福建人民出版社　2004年

陳清南　〈金門新頭伍德宮簡介〉　金門縣　新頭伍德宮　2000年

陳龍貴、周維強主編　《順風相送：院藏清代海洋史料特展》　臺北
　　　市　國立故宮博物院　2013年

陳龍貴主編　《清代琉球史料彙編——宮中檔硃批奏摺（下）》　臺
　　　北市　國立故宮博物院　2015年

黃啟權　《福州神俗》　福州市　福建人民出版社　2010年

楊天厚、林麗寬　《金門寺廟巡禮》　臺北市　稻田出版公司　1998
　　　年

楊樹清　《金門影像紀事》　臺北市　稻田出版公司　1998年

鈴木清一郎著、馮作民譯　《增訂臺灣舊慣習俗信仰》　臺北市　眾
　　　文圖書公司　1989年

臺灣銀行經濟研究室編　《天妃顯聖錄》　臺灣文獻叢刊第77種　臺
　　　北市　臺灣銀行　1960年

趙世瑜　《小歷史與大歷史：區域社會史的理念、方法與實踐》　北
　　　京市　生活‧讀書‧新知三聯書店　2006年

趙　新　《續琉球國志略》　卷之2　收錄於黃潤華、薛英編《國家
　　　圖書館藏琉球資料匯編》（下）　北京市　北京圖書館
　　　2000年

劉大可　《傳統與變遷：福建民眾的信仰世界》　北京市　社會科學
　　　文獻出版社　2011年3月

劉枝萬　《臺灣民間信仰論集》　臺北市　聯經出版事業公司　1990年

劉還月　《臺灣歲時小百科》　臺北市　臺原出版社　1989年

蔡平立　《馬公市志》　澎湖縣　馬公市公所　1984年

鄭國珍　《第五屆中琉關係學術會議論文集》　福州市　福建教育出
　　　版社　1996年

鄭　鏞　《閩南民間諸神探尋》　鄭州市　河南人民出版社　2009年

盧嘉興　《臺灣研究彙集》第1集　臺南市　自印本　1966年

盧嘉興　《臺灣研究彙集》第19集　臺南市　自印本　1979年

濱島敦俊　《明清江南農村社會與民間信仰》　廈門市　廈門大學出
　　　版社　2008年

謝必震　《福建史略》　北京市　海洋出版社　2011年

謝奇峰　《府城聯境組織研究》　臺南市　臺南市文化局　2013年

謝宗榮　《臺灣的王爺廟》　臺北市　遠足文化事業有限公司　2006年

謝重光、楊彥杰、汪毅夫　《金門史稿》　廈門市　鷺江出版社
　　　1999年

顏立水　《鳳山鍾秀》　金門縣　金門縣文化局　2010年

顏尚文纂修　《嘉義縣誌‧宗教篇》　嘉義縣　嘉義縣政府　2009年

顏昭武等編撰　《從笨港到北港》　雲林縣　雲林縣政府　2002年

三　期刊論文

王昌偉、許齊雄　〈清代福建水師與閩南地區的玄天上帝信仰〉
《走入歷史的深處：中國東南地域文化國際學術研討會論文
集》　上海市　上海人民出版社　2011年　頁498-507

石萬壽　〈臺南市宗教誌〉　《臺灣文獻》第32卷第4期　臺北市
臺灣省文獻會　1981年12月　頁3-55

任翔群　〈水部尚書・鎮海王・冊封琉球〉　《福建論壇・人文社會
科學版》1996年第1期

江鵬峰　〈福建地區陳文龍信仰及其社會功能〉　《福建論壇・人文
社會科學版》1996年第1期

李國祁　〈清代臺灣社會的轉型〉　《中華學報》第5卷第2期　臺北
市　中華學報社　1978年7月　頁131-159

李淑如　〈屏東地區土地公與財神信仰匯流研究〉　《走尋屏東土地
公論文集》　屏東縣　屏東縣政府　2017年　頁178-195

李添春　〈臺灣的動物崇拜〉　《南瀛佛教》第13卷第11期　臺北市
臺灣總督府文教局社會科內南瀛佛教會　1935年　頁2-15

林美容　〈由祭祀圈到信仰圈——臺灣民間社會的地域構成與發展〉
《第三屆中國海洋發展史研討會論文集》　1988年　頁95-
125

林碩君　〈福州南臺五座陳文龍尚書廟簡介〉　福州陽歧尚書祖廟理
事會供稿　無頁碼

林蔚文　〈《閩都別記》與福建古代海外交往〉　《海交史研究》
1998年2期　頁65-72

林衡道　〈臺灣世居住民的祖籍與神明〉　《臺灣地區開闢史料學術
論文集》　聯經出版事業公司　1996年6月　頁249-319

科大衛　〈祠堂與家廟——從宋末到明中葉宗族禮儀的演變〉　《歷

史人類學學刊》第1卷第2期　香港：香港科技大學華南研究
中心　2003年10月　頁1-20

范勝雄　〈臺南市區變革初探〉　《臺灣文獻》第34卷第3期　臺北
市　臺灣省文獻會　1983年　頁21-60

徐曉望　〈從《閩都別記》看中國古代東南區域的同性戀現象〉
《尋根》第1期　1999年　頁36-41

徐曉望　〈論馬祖列島的水神信仰與祖地福建〉　《臺灣研究》第91
期　2008年　頁58-63

莊馨岩　〈清代新頭伍德宮蘇王爺信仰的傳播〉　《金門》第83期
2005年　頁50-55

陳仕賢　〈鹿港金門館之研究〉　《2014金門學國際學術研討會論文
集》　金門縣　金門縣文化局　2014年　頁279-291

陳希育　〈清代的海外貿易商人〉　《海交史研究》第20卷　1991年
頁99-104

陳春陽　〈陳文龍由抗元英烈到三種神靈研究〉　《福建師範大學福
清分校學報》　2007年第4期　頁70-73

楊崇森　〈介紹一本奇書——《閩都別記》〉　《國家圖書館館訊》
2006年第4期特載　頁1-7

楊濟亮　〈福州疍民的精神文化生活〉　《閩都文化研究——「閩都
文化研究」學術會議論文集（下）》　福州市　海峽文藝出
版社　2006年　頁794-808

鄒劍萍　〈《閩都別記》中的海洋敘事及文化價值〉　《集美大學學
報（哲學社會科學版）》　2015年3期　頁6-11

劉阿榮　〈宗教作為文化涵化的要素：一種族群遷移的觀察〉　《佛
學與科學》第10期　2009年　頁10-18

劉海峰　〈狀元籌、博會餅與金廈科舉習俗〉　《科舉制度在金門論
文集》　金門縣：金門縣文化局　2016年12月　頁213-226

劉傳標　〈閩江流域疍民的文化習俗型態〉　《福建論壇・經濟社會
　　　　版》　福州市　福建社會科學院　2003年第9期　頁68-71

蔣竹山　〈宋至清代國家與祠神信仰研究的回顧與討論〉　《新史
　　　　學》第8卷第2期　1997年6月　頁187-220

蔣竹山　〈評介近年來明清民間信仰與地域社會的三本新著──濱島
　　　　敦俊，《總管信仰：近世江南農村社會民間信仰》　趙世瑜
　　　　《狂常與日常：明清以來的廟會與民間社會》　鄭振滿、陳
　　　　春聲編　《民間信仰與社會空間》〉　《新史學》　第15卷4
　　　　期　2004年12月　頁223-238

鄭振滿　〈安平的廟宇與儀式傳統〉　《古城、新都、神仙府：臺灣
　　　　府城歷史特展》　臺南市　臺灣歷史博物館　2011年12月
　　　　頁40-55

鄭振滿　〈媽祖是蜑人之後？〉　《華南研究資料中心通訊》第7期
　　　　香港科技大學　1997年　頁61

釋慧嚴　〈臺灣佛教史前期〉《中華佛學學報》第8期　臺北市　財團
　　　　法人中華佛學研究所　1995年7月　頁273-314

四　學位論文

林炳宏　《臺南府城虎爺信仰研究──以主祀保生大帝、福德正神廟
　　　　宇為論述中心》　臺南市　臺南大學臺灣文化研究所碩士論
　　　　文　2012年

林麗寬　《金門王爺民間信仰傳說之研究》　臺北市　中國文化大學
　　　　中國文學研究所碩士論文　2001年

金相範　〈唐代禮制對於民間信仰觀形成的制約與作用──以祠廟信
　　　　仰為考察的中心〉　臺北市　臺灣師範大學歷史研究所博士
　　　　論文　2000年

翁志廷　《金門蘇王爺之信仰研究》　臺北市　銘傳大學應用中國文
　　　　學系碩士論文　2005年

高佩英　《臺灣漢人社會虎爺信仰之研究》　臺北縣　臺北大學民俗
　　　　藝術研究所碩士論文　2005年

陳繡綿　《臺灣民間虎爺信仰之研究——以臺北市廟宇為例》　臺北
　　　　市　臺北教育大學臺灣文化研究所碩士論文　2009年

蔡淑慧　《金門蘇王爺信仰的傳播與變革》　金門縣　金門大學閩南
　　　　文化研究所碩士論文　2013年

五　電子資源

佚　名　〈2015年福州官路龍興正境拿公巡境2（新店腰鼓）〉　網址
　　　　http://v.youku.com/v_show/id_XOTAxMTUyNjg0.html?f=2351
　　　　5101&from=y1.2-3.2　上網日期：2016年12月26日

李厚威　〈「國姓」來自鼓屏路——鄭成功生前反『臺獨』〉　發布日
　　　　期：2016年10月10日　來源：《福州晚報》網址
　　　　http://culture.fznews.com.cn/node/10763/20161010/57fafbe1e73
　　　　8d.shtml　上網日期：2016年11月23日

李憑之　〈拿公傳說〉　訊息發布時間：2013年11月14日上午09：2
　　　　分　福建省連江縣人民法院網　網址 http://ljxfy.chinacourt.
　　　　org/article/detail/2013/11/id/1143420.shtml　上網日期2016年
　　　　11月15日

武德宮　〈也是「不居功的承擔」——黑虎將軍篇〉　發布時間：
　　　　2014年5月19日　網址 http://www.wude.org.tw/news.aspx　上
　　　　網時間：2016年9月3日

陳麗妤　〈金孔雀白孔雀降臨涵源宮〉　金門日報社發布　發布時
　　　　間：2009年3月11日　網址　http://web.kinmen.gov.tw/Layout/

main_ch/News_NewsContent.aspx?NewsID=2901&LanguageTy
pe=1　上網時間：2015年6月17日

董　駿　〈董執誼：閩都歷史文化的傳承者〉　發布於福建省姓氏源
流研究會董氏委員會　發布日期：2014年8月22日　網址：
http://www.fjdswyh.com/news/html/?392.html　上網日期：2016
年12月10日

福州老建築百科網站　檢索詞條：竹嶼竹林境　網址　http://webcache.
googleusercontent.com/search?q=cache:LWLl_JmG_5kJ:www.f
zcuo.com/wiki/%25E7%25AB%25B9%25E5%25B1%25BF%25
E7%25AB%25B9%25E6%259E%2597%25E5%25A2%2583+&
cd=10&hl=zh-TW&ct=clnk&gl=tw　上網日期　2016年11月
15日

穆　睦　〈竹林境拿公廟〉　網址 http://csfcsf88like.lofter.com/post/39
6452_1211a94。上網日期　2016年11月20日

謝恩得　〈神桌供虎爺　桌下拜「兔神」〉　發布時間：2014年9月8日
聯合新聞網　https://news.housefun.com.tw/news/article/18292
278079.html　上網時間：2016年7月11日

後記

　　水神與財神信仰研究是項重要而又複雜的課題，感謝匿名審查委員提供詳盡且獨到的寶貴意見，雖已盡力修改，但礙於時間與自身能力有限，本書在取材範圍、分析論述、行文筆調等方面，恐怕還有許多問題，期盼學者前輩及各方讀者不吝指正。

　　書中各個章節的完成，除了必須感謝王三慶老師、廖肇亨老師、戴華老師、葉濤老師之提攜；北港武德宮主委林安樂、下大道良皇宮魏總幹事、總趕宮許委員等諸位長輩之幫助；李豐楙、劉序楓、林正珍、劉秀美、唐蕙韻、蔡相煇、陳慶元、柯榮三、林敬智等諸位老師之講評提點以外，其實特別感謝陳益源老師十七年來諄諄教誨與傾囊相授的指導，若不是老師總細細講解、時時鼓勵，我恐怕早已是學術研究路上的逃兵。

　　最後，感謝萬卷樓圖書公司的編輯團隊，以及我的助理中文系碩士班蕭諭禪同學協助整理本書參考書目與相關資料。

　　謹藉此作，獻給辛苦養育我的雙親、永遠包容我的外子翔智，及總是給予諸多幫助與鼓勵的朋友們。

李淑如

二〇一九年四月六日於成功大學21120研究室

文學研究叢書・俗文學研究叢刊 0814002

閩南文化研究視野下的水神與財神信仰

作　　者　李淑如

責任編輯　廖宜家

發 行 人　陳滿銘

總 經 理　梁錦興

總 編 輯　陳滿銘

副總編輯　張晏瑞

編 輯 所　萬卷樓圖書股份有限公司

排　　版　林曉敏

印　　刷　百通科技股份有限公司

封面設計　斐類設計工作室

發　　行　萬卷樓圖書股份有限公司

　　　　　臺北市羅斯福路二段 41 號 6 樓之 3

　　　　　電話 (02)23216565

　　　　　傳真 (02)23218698

　　　　　電郵 SERVICE@WANJUAN.COM.TW

香港經銷　香港聯合書刊物流有限公司

　　　　　電話 (852)21502100

　　　　　傳真 (852)23560735

ISBN 978-986-478-283-3

2019 年 4 月初版一刷

定價：新臺幣 340 元

如何購買本書：

1. 劃撥購書，請透過以下郵政劃撥帳號：

　　帳號：15624015

　　戶名：萬卷樓圖書股份有限公司

2. 轉帳購書，請透過以下帳戶

　　合作金庫銀行　古亭分行

　　戶名：萬卷樓圖書股份有限公司

　　帳號：0877717092596

3. 網路購書，請透過萬卷樓網站

　　網址　WWW.WANJUAN.COM.TW

大量購書，請直接聯繫我們，將有專人為

您服務。客服：(02)23216565 分機 610

如有缺頁、破損或裝訂錯誤，請寄回更換

國家圖書館出版品預行編目資料

閩南文化研究視野下的水神與財神信仰 ／

李淑如著.-- 初版.-- 臺北市 ： 萬卷樓，

2019.04　　面 ；　　公分.-- (文學研究叢書 ；

0814002)

ISBN 978-986-478-283-3(平裝)

1.民間信仰　2.文化研究　3.文集

271.907　　　　　　　　　　　108004825